운명에서
희망으로

문재인이 말하고,
심리학자 이나미가
분석하다

문재인 구술,
이나미 씀

운명에서
희망으로

달book

심리학자가
인간 문재인을
분석하는 이유

"가장 분별 있는 행동은 스스로 지니고 태어난 일, 자기가 배워서 익힌 일에 힘쓰는 것이며, 다른 사람이 그들의 직분을 다하는 것을 방해하지 않는 것이네. 구두장이는 자기의 구두 골 앞에서, 농부는 쟁기 뒤에 있으면 되고, 군주는 나라를 통치하는 법을 알면 되는 것이겠지. 왜냐하면 정치라는 것도 배워야만 하는 직업의 하나이며, 그것을 이해하지 못하는 자가 주제넘게 개입해서는 안 되기 때문이네."[1]

해방 이후 많은 시행착오를 서치면서 험난한 민주주의의 길을 걸어온 한국은 2016년, 정치를 하면 안 될 이들이 권력을 잡게 되면 아무리 법과 시스템이 갖추어져 있어도 소용없다는 것을 뼛속 깊이 절감하게 되는 시간을 가져야 했다. 과거의 독재자들은 아예 그러려니 했

---

1 요한 페터 에커만, 장희창 옮김, 『괴테와의 대화 2』, 민음사, 2008.

지만, 그래도 자유와 민주주의와 정의를 수호하겠다고 공공연히 말하던 이들의 민낯이 드러나면서 원칙과 전통을 소중하게 생각하고 그에 대해 자부심을 갖고 있는 '보수적인' 사람들조차 참담하기 짝이 없다는 심정을 토로했다. 일부는 "과거에는 더 하지 않았느냐, 왜 이 정도를 갖고 불쌍한 대통령을 이 지경에까지 이르게 만드느냐"며 언론과 촛불 집회를 개탄하는 이들도 있었다. 어느 쪽에 서 있건, 미래의 대통령, 미래의 정권에서만은 지금과 같은 혼돈의 상황을 다시 만들지 않았으면 좋겠다는 희망은 아마 공통적이리라.

박근혜 대통령의 어떤 과오도 감싸줄 태세가 되어 있는 사람들도 그녀가 몇 명의 사람에게 둘러싸여 크고 작은 실수와 범법 행위를 하기까지 왜 미리 막지 못했는지 안타까워할 것이다. 그녀의 국정 농단이 용납할 수 없다고 분개하는 국민들 중에는 박근혜 대통령을 성원하고 응원했던 사람들, 그래서 더더욱 '어떻게 이토록 문제가 많은 대통령을 몰라보았을까' 하며 자신들을 책망하는 이들도 많았다.

'이제부터는 대통령을 뽑기 전에 심리 검사부터 해야겠다'는 말이 오히려 절실하게 다가왔다. 정신과 의사들은 오래 전부터 한국 정치인들의 심리를 분석해보면 문제 있는 이들이 대부분일 것이라는 농담 아닌 농담을 주고받기도 했다. 고위 관료, 고위 정치인, 재벌가 등 큰 재력과 권력을 갖고 있는 이들의 정신세계가 종종 황폐해지는 모습은 꼭 의사뿐 아니라 일반인들도 주변과 매스컴에서 적지 않게 접했을 것이다. 권력이라는 페르소나(persona)가 그 속에 감추어진 자아 기능을 타락시키고 퇴행하게 만든 부분도 있겠지만, 어쩌면 이미 문제가 많은 이들이 권력 콤플렉스에 사로잡혀 정치를 하겠다고 나선 경우도 많아 보였다. 특히 박근혜 대통령의 경우엔, 국가가 아니라 아버지의 한을 풀고 본래 자기가 물려받아야 되는 국가를 다시 되찾아온 후, 그 후로도 오랫동안 이 나라의 막후 권력으로 살고자 했던 것은 아니었나 생각하게 된다.

그렇다면, 총칼로 권력을 빼앗았던 군부독재 시대는 그랬다 치고, 직접 선거로 여러 번의 검증 단계를 거친 이들이 권력의 꼭대기에 올라가 번번이 나라의 안녕을 해치고 국격을 떨어뜨리고 국론을 분열시키는 과정에 이르기까지 무력하게 가만히 있었던 나 같은 이들에게는 아무 책임이 없는 것일까?

다시,
대한민국의 희망을 찾기 위해

2007년, 멀쩡하고 상식적인 이들이 "거짓말쟁이든, 사기꾼이든 돈만 많이 벌게 해주면 대통령을 뽑아주겠다"고 공공연히 말할 때, 나는 그들의 논리에 정교하게 파고들어 제대로 대응하지 못했다. 아마 진보정권에 대한 과도한 기대 후에 온 실망감 때문이 아니었을까. 지속적인 성장과 개발 시대를 거치면서 한국인들이 본래 지니고 있던 도덕과 가치는 실종되고, 오로지 욕망과 자본의 논리만 횡행한 사회 분위기에 휩쓸려 이느 딧 정치의 힘에 대해 냉소를 보내는 것에 익숙해지기도 했다. 도덕과 정의를 내세우는 진보적인 정치인 대신 욕망과 개인적인 이익 추구를 정치와 인생의 목적으로 삼는 것 같은 이명박과 박근혜가 대통령이 될 수 있었던 배경일 것이다. 그 후 국가가 입은 심리적 내상은 길게 설명할 것도 없다.

2012년, 일반적인 유권자들 중에는 논리적으로 따박따박 숫자를 따지는 이정희 후보의 말보다 국가와 결혼했다는 순수하고 욕심 없어 보이는 박근혜 후보의 알맹이 없는 이야기에서 오히려 더 동질감을 느끼는 이들이 많았다. 심지어 "증세를 하지 않고 어떻게 복지 예산을 감당하느냐"는 당시 문재인 후보의 질문에 "그래서 내가 대통령이 되려고 하는 것 아니냐"고 한 엉뚱하고 답답한 대답에서조차도 공감한 이들이 있었다.

박근혜가 지금까지 정치를 계속할 수 있었던 큰 동력 중 하나는 대중들의 동정심이다. 가혹한 억압과 독재정치를 했던 박정희 대통령의 실상은 어느덧 잊어버리고 "잘 살아보자"란 구호로 경제개발 논리를 내세웠던 것만 기억하는 이들은 그의 딸인 박근혜 역시 우리를 잘 살게 해줄 것이라고 믿었다. 그 기간 동안 나라의 경제는 바닥을 치고, 외교는 불안정해지고, 하나하나 간신히 쌓아갔던 통일 정책은 다시 허공으로 사라졌다. 그럼에도 박근혜 대통령이 우리나라를 북한에 팔아먹으려는 종북 세력으로부터 나라를 지켜냈다고 믿는 이들은 여전히 자신들의 신념에 의심을 두지 않는다. 그런 와중에 젊은이들은 희망을 잃고 냉소와 허무주의에 빠졌으며, 저소득층 노인들은 자신들의 노후가 왜 비참하게 되었는지 그 원인은 모르는 채 일부 매스컴의 일관된 주장인 북한과 종북 세력에 대한 증오감만 키우고 있었다.

블랙리스트라는 괴이한 문건으로 문화계와 언론을 장악했던 박근혜 정부와 주변 정치인들은 장기 집권 국가의 모델을 만들어가는 데 성공하는 것처럼 보였다. 한겨레와 조선일보가 K스포츠, 미르재단에 대한 심층적인 취재를 하지 않았고, JTBC가 문제의 태블릿 PC를 확보하지 않았다면, 어쩌면 박근혜 정부는 일본의 자민당처럼 수월하게 정권재창출에 성공했을 수도 있다. 불행 중 다행으로 언론인들이 더 이상 용인할 수 없는 수준의 엄청난 국정농단을 차근차근 취재하기 시작하면서 수면에 잠긴 줄 알았던 검은 비리들이 하나둘씩 떠오르기 시작했다. 정치 허무주의에 빠졌던 국민들이 조금씩 다시 눈을 뜨게 된 것이다. '촛불 정치'는 대통령의 탄핵과 조기 대선의 국면까지 몰아가는 엄청난 동력을 발휘했다.

많은 대통령 후보들이 앞으로 나서면서 정권 교체의 시간도 성큼 앞으로 다가오게 된 것 같다. 박근혜란 개인에 대한 분노와 그 해소만으로 멈춘다면 똑같은 일이 되풀이될 것이다. 선장이 거짓말쟁이거나 미쳤거나 많이 모자란 사람이라면 제아무리 훌륭한 배도 난파당하는 항로에 접어들게 되는 것이 뻔하기 때문이다. 세월호의 침몰은 대한민국이라는 배의 침몰에 대한 일종의 상징적 경고들이었다. 가만히 있기만 한다면 세월호에서 죄 없이 죽어간 이들의 희생을 무가치하고 의미 없는 사건으로 만드는 것이다.

그렇다면 무책임과 무능, 패배주의와 냉소로 나라를 사지로 몰고 간 일제시대의 미집한 지식인들과 과연 얼마나 다를 수 있겠는가. 그

많은 무고한 사람들이 희생되면서 지킨 이 나라의 독립과 민주주의 그리고 경제회생을 다시 무능한 대통령을 뽑아 잿더미로 바꿀 수는 없는 노릇이다. 누군가 민주화를 위해 젊음을 바쳤을 때, 누군가 가난한 집안에 태어나 온갖 화학약품분진으로 가득한 공장에서 제대로 먹지도 못하고 자지도 못하고 일해야 했을 때 나는 과연 이 나라를 위해 무엇을 했는가? 나와 같은 소시민적 무관심과 안일한 태도가 어쩌면 박근혜 정부의 부패를 시작하게 한 씨앗은 아니었을까?

우리의 미래를
그에게 맡길 수 있을까?

이 책은 이런 개인적인 반성과 의무감에서 시작되었다. 자질이 되지 않는 대통령이 만드는 무능과 부패의 폭포를 맞지 않기 위해 내가 할 수 있는 일은 무엇일까? 대통령이 될 가능성이 높은 사람들을 정신과 의사의 눈으로 면담하면서 차례로 검증해보고 싶었다. 한데 우연히 문재인을 만나게 되었다. 내 칼럼이나 책을 읽었던 적이 있는지, 금방 내가 누구인지 알아차렸고, 내 이야기를 적극적으로 들어주려고 했다. 의외였다. 나는 다시 그를 만날 일이 없을 것 같아 앞뒤 재지 않고 단도직입적으로 이런저런 주문도 하고 질문도 해보았다. 짧은 시간이니 무슨 소득이 있었겠냐마는, 시장통에서 장사를 하는 아주머니들이 대통령 후보를 만나면 손 붙잡고 좋은 정치를 해달라고 부탁하는 그런 마음이었다. 박근혜나 이명박처럼 대한민국이란 큰 배를 난파선으로 만들면 안 된다는 의견을 피력했던 것도 같다.

긴 시간은 아니었지만, 그에게서 정직하고 신뢰할 수 있는 사람이라는 인상을 받았다. 해서 내친 김에 문재인이란 대통령 후보에 대해 심층 분석해보고 싶다는 제안을 해보는 용기를 냈다. 환자도 아닌데 정신과 의사가 심리 분석을 하는 방식으로 질문을 하면 불편할 수도 있기 때문에 거절할 가능성이 높다고 생각했고, 그래서 내심 큰 기대는 하지 않았다. 한데 의외로 선선히 한번 만나보자는 대답이 돌아왔다. 자기의 마음을 정신과 의사가 분석한다는 데 거리낌이 없다는 자신감이었을까.

나는 궁금해졌다. 지나친 돈과 권력은 건강한 사람도 결국은 이상하게 만드는 일들이 허다한데, 그는 과연 어떨까. 그래도 그는 기본적인 인격이 반듯하기에 그동안 다른 대통령들이 겪었던 비참한 말로의 저주를 피해나갈 수 있을까? 그는 정말 어떤 사람일까? 그의 삶에서 우리가 들여다봐야 하는 것은 무엇일까? 그는 어떤 생각을 하고 있을까? 대한민국의 새로운 희망을 어떻게 그리고 있을까? 우리는 정말 우리의 미래와 희망을 그에게 온전히 맡길 수 있을까?

도덕성의 문제를 떠나, 문재인이 오바마처럼 성공한 대통령이 될 수 있다면 그뿐만 아니라 대한민국 사람들 모두에게 축복이 될 것이다. 나 또한 삼십 년 넘게 사람을 상담해온 분석심리학자로서 문재인이란 한 개인을 분석해본다면 그 어떤 증례 분석보다 의미 있는 작업이 될 것이었다.

인간 문재인,
어디까지 알 수 있을까?

사람을 만났을 때, 상대의 마음을 한 눈에 척 하고 알아보긴 쉽지 않은 노릇이다. 나는 삼십여 년 동안 수많은 환자들을 면담하고 분석하는 일을 해왔기 때문에 다른 사람들보다는 비교적 짧은 시간에 상당히 많은 정보를 캐내는 편이다. 옷차림, 목소리, 말하는 태도와 자세를 보고서도 학력, 직업, 부부관계, 현재 고민하는 문제들을 알아맞힐 때가 적지 않다. 경험에서 오는 직관이리라. 하지만 그런 인상이 딱 들어맞지 않을 때도 물론 있다. 때로는 나의 선입견 때문에, 때로는 반대로 자신을 잘 포장하는 상대방의 영리함 때문에 추측이 엇나가기도 한다. 매체를 통해서 접하는 정치인은 더욱 그럴 수 있다. 정치인들은 대중에게 어필하는 이미지를 만들어가는 사람들이기 때문에 일반인들이 쉽게 속는 것도 이상한 일이 아니다.

꼭 정치인이 아니더라도 사람과 사람 사이의 만남 자체가 갖는 제한점은 있다. 대부분의 만남은 자기가 보고 싶은 것만 보고, 듣고 싶은 말만 듣고, 결국 각자가 자기 하고 싶은 말만 하다 끝나기 때문이다. 우리에게는 누군가와 깊이 교감하고 소통하고 싶어 하는 본능이 있지만, 한편으로는 자기만의 성에 갇혀 있어야 안심이 되는 무의식적 폐쇄성이 있다. 호기심과 두려움, 신뢰와 의심의 마음들이 모든 만남에는 섞여 함께 공존한다. 누군가에게 도움을 받고 의지해야 하지만, 또 그 누군가에게 상처받고 살해당한 오랜 경험이 유전자에 내장되어 있는 군집 동물 중 하나인 인간으로서의 생존 본능 때문이리라.

걸으로 보기에 대단하다고 생각하는 이들과의 만남은 공허해질 가능성이 높다. 상대방의 겉모습에 대한 감탄, 기대, 질시 등이 뒤섞인 내 쪽의 문제일 수도 있고, 반대로 성공한 이들의 페르소나가 너무 공고해서 그 가면 속에 숨어 있는 자아의 문제와 병증 때문에 그럴 수도 있다. 때로는 관찰자 자신의 열등감이 상대방을 의식적으로나 무의식적으로 깎아내리기도 한다. 상대적으로 덜 성공하거나 약한 편인 자신을 무시하고 있다는 과도한 피해의식 때문일 수도 있다.

이런 경험들은 나보다 뭔가 잘난 것처럼 보이는 사람들과의 만남에 대한 회의 혹은 냉소로 번지기도 한다. 실제로 성공했다고 해서 다 그런 것은 아니지만, 자신의 세속적인 성공에 과도하게 사로잡힌 사람들 자체가 주는 씁쓸함도 있다. 만나는 시간 내내 자신에게 어떠어떠한 강점이 있으며, 또 무엇을 성취했는지 강조하는 나르시시스트로 보이기도 한다. 또 자신과 다른 생각을 가진 이들을 비난하니 속 좁은 망상형 성격장애로 보일 수도 있다. 유권자들에게 선택받고, 상대방을 이겨야 생존할 수 있는 선거판 속의 정치인들이 때론 추하고 때론 안쓰러워 보이는 까닭이다. 꼭 병적인 콤플렉스가 없었다 하더라도 권력을 추구하는 레이스에서 많은 사람들이 인간적으로 실망감을 주는 이유이기도 하다.

어쩌면 비슷한 과정을 문재인이라는 개인도 겪을지도 모른다. 나는 그와의 심층 면담이 결코 쉬운 일이 아니리라고 예상했다. 대선에서의 실패, 폐족 생활, 인권변호사 생활과 민주화 운동의 과거 등 그에게는 맑고 고상한 지사의 이미지가 있다. 한편으로는 권력의 정점인 민정수석, 당 대표 등 화려한 이력에 현재는 가장 유력한 대통령 후보이니 모든 것을 순순히 믿어도 될까 하는 경계의 시선을 완전히 배제할 수는 없었다. 더욱이 그동안 꽤 많은 매체가 문재인 개인에 대한 의심의 시선을 거두지 않았기 때문에 나 역시 그런 선입견에서 완전히 자유롭다고 할 수도 없었다.

하지만 몇 번의 만남은 비교적 그런 의심을 상당 부분 걷어주었다. 도발적인 질문에도 성실하게 대답하는 한편 정치에는 문외한이라고 할 수 있는 나의 주제넘은 조언들도 그는 주의 깊고 참을성 있게 들어주었다. 또 실제로 실천할 의지도 보였다. 적어도 내가 그동안 갖고 있던 정치인들에 대한 편견을 깨주는 신선함을 느꼈다.

그와 가까운 다른 지인들도 문재인의 평소 성품과 대화 스타일에 대해 비슷한 평을 하고 있었다. 꼭 일개 여의사인 내 말만 열심히 경청했던 것은 아니었다. 말하기보다는 듣는 것을 더 좋아하는 사람이라는 점, 자신에게 무언가를 가르치려는 조언을 열심히 경청하는 사람이라는 점은 확실했다. 자신의 의견을 먼저 내세우지 않고, 남의 의견을 일단 존중하는 소통 방식은 문재인이 스스로 좋아하는 철학자라고 말한 노자나 장자의 그것과 유사하다. 노자는 도를 물처럼 형체도 없고, 자기를 낮추고 변화시키면서 사람의 그 어떤 것도 포용해주는 마음의 상태라 가르쳤다.

만약 문재인이란 개인이 정말로 궁극적으로 노자의 도를 추구하는 정치인이라면 개인의 권리와 자유를 존중하며 다양성을 존중하는

21세기 민주주의 국가에 잘 들어맞는 지도자로 성장할 수 있는 가능성이 있다고 본다. 하지만 한편으로는 그런 물 같은 이미지가 과연 세력을 만들어나가 끝까지 자기 의지를 관철시켜가야 하는 강한 정치인의 면모와 어떻게 조화를 이룰 수 있을까 싶기도 하다.

세간의 평가대로 "사람은 참 좋다"라는 평가가 과연 임기 내내 변하지 않을 수 있을까. 분명한 건, 대담을 진행하는 동안 그가 보여준 자신감은 그런 세간의 의심스런 눈초리를 별로 상관하지 않아 보였다는 점이다.

2부
문재인의 삶 걸어온 길이 말해주는 것들

3부

문재인의 생각 새로운 희망은 어떻게 만들 것인가?

4부
문재인에게 보내는 고언 성공하는 리더가 되기를 바라며

끝내는 말

1부

심리학자의 시선

대한민국, 정치, 그리고 문재인

문재인 신드롬,
문재인 프레임

　정치인은 연예인이나 스포츠 선수처럼 대중들에게 심리적인 '투사(Projection)'의 대상이 된다. 투사란, 실제 대상을 있는 그대로 보는 것이 아니라 자신의 강한 감정 반응이 실리는 심리적 콤플렉스를 그 대상에게 갖다 붙이는 낮은 수준의 자기 방어라 할 수 있다. 쉽게 말해, 만약 아버지에 대해 부성 콤플렉스가 있는 사람이라면 아버지와 비슷한 유명인에게 아버지에 대한 감정을 그대로 이입하는 것이다.

　문재인 역시 정치인으로서 대중의 투사 대상이 된다. 원래 노무현 대통령에 비해 워낙 밖으로 나서지 않으려는 성품 탓인지, 그가 일반 대중의 관심을 받게 된 것은 민정수석이 된 다음이었다. 물론 그 전에도 노무현 대통령이 "나는 문재인의 친구"라고 이야기하며 문재인을 대중에 소개한 적이 있긴 했지만, 그의 존재를 아는 사람들보다는 모르는 사람이 훨씬 더 많았다. 민정수석이 된 다음에는 항상 노무현 대통령의 지근거리에 있는 모습이 보였고, 또 노 대통령이 무한한 신뢰를 보였기 때문에 한때 '왕수석'이란 별명이 붙었던 적도 있었다. 그러나 기자를 만나는 홍보 라인과 달리 실무를 담당하는 자리에 주로 있었기 때문에 그와 마찰을 겪으며 만났던 기자들은 상대적으로 적었고, 신중하고 올곧고 정직한 성격 때문에 "정치적으로는 어떨지 모르지만 사람은 좋다"라는 평가를 오랫동안 듣기도 했다. 청와대에서 근무하며 정권의 핵심에 있으면서 그런 이야기를 듣는 정치인은 사실 그동안 많지 않았기 때문에 노무현 정부의 지지율이 떨어지고 '폐족'이란 평가를 들을 때도 개인적으로는 좋은 인상을 남기고 무대에서 내려온 셈이다. 비교적 조용히 사라졌기 때문에 대중들의 관심도 멀어져갔고 그만큼 심리적인 투사의 강도도 강하지 않았다.

그가 다시 대중의 관심을 얻게 된 것은 노무현 대통령의 장례식 때부터였다. 권양숙 여사가 아들도 사위도 비서실장도 아닌 그에게 장례 과정을 총괄하는 일을 부탁하는 것 자체가 언론의 관심거리가 되었다. 실제 잘못한 것보다 훨씬 더 많은 비난과 조롱을 받았던 노무현 대통령 부부를 끝까지 지켜주었던 사람이란 반증이었기 때문이었다. 또 노무현 대통령을 죽음으로 몰고 가게 만든 이명박 정부와 언론에 대해 흥분하고 분노하는 대중들의 마음을 가라앉혀주고, 나라가 흔들리지 않도록 중심을 잡아주었기 때문에 대중들에게 강하지만 신뢰할 수 있을 만한 이미지로 각인되기도 했다.

그 후에 그는 대중의 지속적인 관심과 사랑을 받게 되었고, 결국 대선 후보까지 되었다. 노무현 대통령이 예상을 뒤엎고 대통령이 될 때 기성 언론이나 주류 지도자들이 경악하고 근심했던 것과 마찬가지로

실은 그가 대선 후보가 되었을 때도 당황한 이들이 적지 않았다. 노무현 대통령이나 문재인을 좋아하지 않는 이들은, 그들을 나라의 정치 지도자로 받아들일 준비가 되지 않았다는 말이다. 그런데 난데없이 나타나 높은 자리에 앉았으니 어이가 없고, 당황스럽고, 괘씸하고, 불안하고, 신뢰할 수 없다는 기분이 들었을 수도 있다. 게다가 노무현 대통령이 말한 구어체의 파격적인 단어들은 그전까지 "본인은…" 하고 말하던 권위적인 정치 언어와 달라 더욱 생경하고 하찮아 보이기도 했을 것이다. 이런 감정 반응이 노무현 대통령을 탄핵에 이르게 한 원인 중 하나라고 나는 생각한다.

문재인 후보 역시 오랫동안 인권변호사로 살았고, 대학 시절 운동권에 있었으며, 민주 투사였던 노무현 대통령의 오른팔이었다. 아무리 개인적인 성품이 점잖다 하더라도 불쑥불쑥 튀어나오는 언어들 중에는 주류 보수의 언어가 아니라 비주류 진보의 단어들이 적지 않다. 이른바 보수라 자처하는 이들이 그에 대해 감정적인 반감을 갖게 되는 이유 중 하나다. 게다가 그는 일반 미디어들의 평가에 별로 연연해하지도 않는 것 같고, 누가 뭐래도 뚜벅뚜벅 자기 길을 가는 이미지가 강하다. 그리고 그가 추구하는 사회는 공정한 사회, 기회가 균등하게 주어지는 사회, 남북이 평화롭게 사는 사회 등등 주로 지금까지 좌파들이 목소리를 높이며 추구했던 사회와 상당히 비슷해 보인다. 자기들의 방식을 고집하는 보수들, 혹은 가진 사람들의 시선에서는 그런 자신의 안온한 삶을 훼손할 것 같은 불안감이 생기는 것이다. 다른 한편으로, 그런 문재인에게서 소외된 사람, 낙오된 사람, 기회가 박탈된

누군가는 그에게서 '불안'을 읽고,
누군가는 그에게서 '희망'을 본다.
문재인을 '문제'로 보는 '문재인 프레임'과
문재인을 '대세'로 보는 '문재인 신드롬'은
사실상 쌍으로 가는 것이 아닐까.
큰 정치인이라면 그런 이분법을 극복하고
자신에게 쏟아지는 대중들의 투사에 휘둘리지 않을 것이다.
그리고 문재인에게선 그런 잠재력을 관찰할 수 있었다.

사람들은 희망을 보기도 한다. 버니 샌더스에 대해 적지 않은 미국 시민들이 열광했던 것과 비슷한 감정이자 긍정적 투사다.

따지고 보면, 문재인을 '대세'라고 보는 '문재인 신드롬'과 문재인을 '문제'로 보는 '문재인 프레임'은 사실상 쌍으로 가는 것이라 이해할 수 있겠다. 누군가에게는 사랑 받으면서 누군가에게는 혐오스런 존재로 낙인찍히기도 하는 게 이분법으로 나뉜 정치판에 서 있는 정치인들의 운명일 수 있다. 그러나 큰 정치인이라면 그런 이분법을 극복하고 자기에게 쏟아지는 대중들의 투사에 휘둘리지 않을 것이다. 대중의 인기로 권력을 얻게 되지만, 결국 대중들의 실망과 함께 권좌에서 물러나게 되었던 지난 수십 년 동안의 정치사를 가만히 살펴보고 중심을 잡고 중용의 도를 잃지 말아야 한다.

'문재인 신드롬'도 '문재인 프레임'도, 결국 문재인이란 사람 그 자체에까지는 도달하지 못하는 하나의 껍질일 뿐이다. 짧은 만남의 시간이었지만, 문재인에게는 그런 대중의 투사에서 자유로우면서도 정의로운 길을 택할 수 있는 잠재력을 충분히 관찰할 수가 있었다. 어쩌면 문제는 그의 주위에서 앞으로 만들어질 수 있는 인의 장막과, 너무나 높은 기대로 쉽게 실망하게 되는 대중들의 포용적인 배노가 아닐까 싶다.

한국 정치의 심리학

군락 동물을 가만히 관찰해보면, 인간 못지않은 정치적 행동과 시스템을 갖추고 있는 것을 발견하게 된다. 철새들이 이동할 때 자리를 바꿔가며 리더 역할을 하는 모습, 최선을 다해 처지는 멤버들을 보호하려 하지만 어쩔 수 없을 때는 전체 조직을 위해 버리고 가는 모습 등을 보면 조직에 대한 인간 이상의 충성심을 관찰할 수 있다. 죽을 때까지 자기 소임에 철저한 개미나 벌들의 사회성에 대해서도 익히 알려져 있는 바다.

반대로, 군집을 이루고 비교적 질서 있게 움직이기도 하지만 때로는 서로 경쟁하며 먹이를 쫓고 짝짓기를 하는 경우도 관찰할 수 있다. 바닷가의 갈매기들, 공원의 비둘기들, 연못에서 노니는 잉어들에게 먹이를 던져주면 마치 단거리 경주를 하는 것처럼 서로 달려든다. 닭이나 돼지 같은 가금류를 사육할 때도 자세히 보면 덩치 크고 힘 있는 놈이 먼저 먹고 비실거리는 약한 것은 남은 찌꺼기만 먹다가 결국 폐사하게 되는 경우도 허다하다.

이런 행태는 인간사회에서도 그대로 나타난다. 훌륭한 리더의 인도 하에 먼 길을 떠나는 철새 무리 같은 집단이 있는가 하면, 무한 경쟁으로 인해 약한 놈은 무조건 도태되는 철저히 적자생존의 원칙만 적용되는 집단이 있다. 그렇다면 전자의 집단은 더 영성적이거나 선하고, 후자의 집단은 더 본능적이거나 악한가?

짐승들에게 선악의 개념이 있는 것 같아 보이지는 않다. 자세히 관찰해보면, 주변 상황이 엄혹하고 공동의 적이 있으면 무리가 함께 서로 도와가며 어려운 조건을 견디는 것 같고, 반대로 보호받고 있거나 특별히 공동의 적이 없으면 주어진 먹이를 서로 먼저 먹겠다고 싸우는 것 같다.

우리 정치 사회의 모습은 어떨까? 역시 동물의 세계와 크게 다르지는 않을 것이다. 공동의 적이 확실하고, 또 서로 먹을 것이 어느 정도 보장이 되는 것 같으면 아주 일사불란하게 모이고 힘을 합쳐 적과 맞서 싸운다. 특히 리더에게 자금이 많으면 많을수록 더욱 효율적으로, 불만의 소리 없이 스스로 제몫을 다한다. 선거 기간 동안 일단 당원들이 한데 합쳐 상대방과 싸우는 모양새다. 그런데 일단 공동의 적을 물리친 다음, 어느 정도 안전이 보장되는 것 같으면 곧장 획득한 전리품을 갖고 싸우게 된다. 이긴 정당들이 자기 보신에 열중하는 소위 '웰빙(well-being) 정당'으로 변하면서 쉽게 내분에 이르고 타락하게 되는 것이다.

지난 수십 년간 민주공화제 하에서 한국의 정당은 다양한 흥망성쇠를 경험했지만, 기본적으로는 군락 동물의 심리와 원형적인 배열 면에서 크게 다르지 않다고 본다. 리더들을 보너라도, 간디같이 영성적인 지도자도 없었고 넬슨 만델라같이 상대 진영을 포용해서 자기 편으로 만드는 발군의 통합형 지도자도 아직은 없었던 것 같다. 반면에 무자비하게 수많은 사람들을 고문하고 감옥에 보내고 제거했던 박정희, 전두환 정권이 있었는데, 이띤 면에선 캄보니아의 크메르루즈(Khmer Rouge)[1] 정권이나 북한의 독재정권에 비하면 그들도 양반이었다고 하는 사람도 있다.

전체적으로 큰 그림으로 보자면 분명 시대정신은 조금씩 진보하고 있었다. 미국에서 자유 민주주의를 경험한 이승만이 대통령이 되어 민주주의를 맛보지 못한 국민들을 이끌 때, 대통령은 마치 집안의 어른이나 왕조의 왕 같은 역할을 했다. 이승만 정권이 결국 민주주의에 걸맞지 않은 부정선거로 쫓겨난 것은 당연한 귀결이었다. 4·19 이후 잠깐 장면 정부가 들어서서 민주주의의 가능성을 기대했지만 곧 박정희 군부의 쿠데타가 일어난다. 이는 프랑스 혁명 직후 다시 역사가 뒤로 가는 반동 정부가 등장하고, 절대 왕권을 여전히 그리워하는 이들이 많았던 것과 비슷한 맥락으로 이해할 수 있을 것이다.

오랜 시간 이어졌던 박정희 정권 이후, 또다시 서울에 민주주의의 봄이 올 기회가 왔지만 전두환이라는 군부 독재가 권력을 잡았다. 역사의 진자가 다시 뒤로 돌아간 것이다. 마침내 노태우가 군부 독재를 청산하고 민간 정부의 대통령이 되었다. 사람들은 권위적인 대통령이 아니라 평범한 보통 사람 중 하나로서의 대통령을 요구했다. 노태우가 '보통 사람, 노태우'란 구호를 썼던 것도, '물태우'란 별명이 회자되

---

1 캄보디아의 급진적인 좌익 무장단체로 '붉은 크메르'라는 뜻이다. 1967년에 결성된 크메르루주는 국왕 시아누크가 1970년 군사 쿠데타로 전복되자 농촌지역에 대한 대대적인 세력 확장을 통해 1975년 4월 수도 프놈펜을 장악함으로써 정권 장악에 성공했다. 그러나 크메르루주 정권의 4년간에 걸친 통치 기간은 20세기 어느 좌파 정권에서도 찾아볼 수 없는 잔인함과 무자비한 보복으로 얼룩졌다. 150만 이상의 캄보디아인이 학살됐고, 많은 지식인과 기술자들이 기회주의라는 죄명으로 죽어갔다.

심리학자의 시선

던 것도 그런 맥락에서 이해할 수 있을 것이다. 김영삼 대통령에 이르러서는 북한처럼 배타적인 폐쇄사회에 대한 염증으로 세계화와 개방을 외쳤으나 결과적으로는 경제가 파탄에 이르고 말았다. 이후 김대중 정부는 어땠는가. 군부, 지식인, 정치인, 기업인 등 엘리트들의 실패와 오류들을 더 이상 참을 수 없고 권력과 경제를 국민들에게 돌려줘야 한다는 감정이 '국민의 정부'를 낳게 했다. 나아가 그런 변화와 개혁에는 국민 한 사람 한 사람의 참여가 긴요한 것이기에 노무현 정부의 '참여정부'가 탄생했다. 또한 그런 사회적 분위기가 '이너 서클'에 속한 엘리트가 아니라 변방에서 대학도 나오지 않은 가난한 아웃사이더 노무현이 대통령으로 당선될 수 있었던 까닭이기도 하다.

그러나 이후 이명박, 박근혜 정부는 철저하게 자본주의적 가치에 잠겨버린다. 이명박 정부는 철학이 부재한 채 국민 소득과 성장률만 앞세웠고, 박근혜 정부는 경제민주화란 구호를 내거는 것처럼 보였지만 실체는 없었다. 박근혜 정부와 언론의 관심은 대통령이 외국을 방문할 때의 옷 색깔 따위에만 있는 듯했다. 정치의 어젠다 자체가 실종된 텅 빈 정권이었던 셈이다.

이제 처음부터 다시 시작하자는 의미에서 개헌에 대한 논의도 나오고 있고, 보다 우수하고 도덕적인 대통령을 뽑아야 된다는 요구가 그 어느 때보다 높아졌다. 빈부 차이가 극심해지고 경제 성장은 침체되었으니 도덕적이면서도 유능한 대통령, 나아가 정치적으로 분열된 진영도 통합할 수 있는 멀티태스킹의 대통령을 요구하는 시대가 된 것이다. 과연 문재인은 그런 대통령이 될 수 있을까?

대통령제와 문재인

시대상황이나 주변 여건과 상관없이, 공통적으로 사람의 마음에서 관찰되는 특징들이 있다. 가족이나 이성에 대한 애착과 사랑, 명예욕, 생리적인 본능 등은 마음의 밑바닥에 깊숙이 숨어 있다가 어떤 조건을 만나면 다양한 방식으로 구체화되는 일종의 기본 얼개들이다. 이들 조건들은 유전자에 내장되어 타고나는 것이기 때문에 융 심리학에서 원형(Archetype)이라고 명명한다. 원형은 언어나 이미지로 구체화되기 이전의 조건이라고 생각하기 때문에 그 실체를 정확하게 파악하긴 힘들고, 다만 여러 가지 상(Image)으로만 미루어 짐작할 수 있다.

그런 원형적 배치와 조건 중 하나가 승부욕, 명예욕 등이 섞여 있는 권력 콤플렉스(Power complex)에 의한 것이다. 즉, 두 사람 이상만 모여도 그 사이에서는 끊임없이 힘의 다양한 갈등과 긴장관계가 연출되는 것이다. 사회적 동물인 인간은 사막의 고독한 은수자(隱修者)가 되기 전에는 권력 콤플렉스에서 완전히 벗어날 수가 없다. 권력 콤플렉스는 적절하고 건강하게 작용하면 훌륭하고 명예로운 시민이나 조직의 구성원으로 활동하게 만들지만, 부적절하고 파괴적으로 작용하면 폭력을 휘두르거나 사기를 치거나 쓸데없는 갈등 상황을 조성하기도 한다. 일단 조직이 만들어지면 유치원에서부터 경로당까지 권력 콤플렉스가 작동해서 제일 힘센 리더부터 왕따까지 다양한 역할의 사람들이 모이면서 다양한 드라마가 펼쳐진다.

보통은 리더들에게 복종하는 것처럼 보이지만, 실제로 자세히 들여다보면 리더는 질투의 표적이 되고, 호시탐탐 그 자리를 넘보는 이들과 긴장 관계를 연출하기도 한다. 그룹이 결성되면 그룹에서 자신의 정체성을 찾기 때문에 그룹 전체가 지향하는 여러 가치나 행동에 보조를 맞추려 한다. 이른바 동조성(Conformity)을 추구하는 것이다. 집단의 구성원들이 다 짜장면을 먹겠다고 하면 나 혼자 우동을 먹겠다고 말하기는 어려워지는 상황이다. 동일시(Identification) 현상도 관찰할 수 있다. 보통 구성원들은 가장 힘센 리더와 자신을 동일시하지 외톨이로 있거나 약해 보이는 사람과 유대 관계를 맺거나 공감하지 않으려 한다. 학교나 직장에서 누군가를 따돌리는 데 우두머리가 앞장서면 모든 집단이 따르는 이유다.

물론, 피해받는 약자와 동일시해서 분연히 일어나는 경우도 없지 않다. 멀리는 억울하게 박해받았던 드레퓌스 사건[2] 때 에밀 졸라 등 지식인들이 들고 일어섰던 경우, 가까이는 위안부 할머니들이 받은 상처와 고통에 공감한 많은 한국인들이 함께 분노하며 목소리를 내는 것도 약자와 동일시가 일어나 그들의 입장에 선 예다. "박근혜 탄핵을 탄핵한다"고 외치는 이들 역시 박근혜와 동일시하는 경향을 보인다. 그들은 박정희를 독재자가 아니라 수호해야 할 국가의 질서로 보고 김재규의 암살을 질서 파괴의 사건으로 규정하는 것처럼, 딸 박근

---

2   19세기 말, 프랑스에 유대인 사관(士官) 드레퓌스가 간첩 혐의로 종신형을 선고받았으나 무혐의가 밝혀지며 정치적으로 큰 논쟁이 된 사건이다. 당시 소설가 에밀 졸라가 「나는 고발한다」는 제목의 논설을 발표하여 드레퓌스에게 유죄 판결을 내린 군부를 신랄하게 비판했다.

혜 역시 국정농단의 주모자가 아니라 지켜내야 할 국가 그 자체로 생각한다. 때문에 질서 파괴자들인 촛불 집단과 맞서서 박근혜를 지켜내는 것은 당연한 일이며 그것이 신성한 국가를 지키는 것과 같다고 여긴다. 그렇게 박근혜와 자신을 동일시하면서 내적인 고양감, 뿌듯한 존재감을 느끼는 것이다. 마치 히틀러나 무솔리니, 일본 천황이 대중들을 휘어잡을 때와 같은 정신역동이다.

이렇게 무의식의 감성적 동일시 현상은 때론 집단의 결정을 비합리적인 쪽으로 내몰게 만든다. 집단은 어떤 결정을 내릴 때 몇 가지 특징적인 심리의 역동을 보인다. 우선 목소리 크고 힘 있는 이가 대세를 만들면 다른 사람들은 거기에 순응해서 따라가는 형식이다. 그런데 때로 누가 과연 힘센 사람인지 모호해지면 집단은 분열되어 결정을 내리지 못하는 상황과 마주치게 된다. 만약 두 개의 의견으로 나뉘거나, 상대방에 대한 신뢰나 집단에 대한 충성도가 느슨하고 소통 방식이 왜곡되거나 하면, 집단은 의견을 모으기보다는 양 극단으로 치닫게 된다. 일단 목소리 큰 사람이 뭔가 그럴 듯해 보이고 힘세 보여 그쪽으로 동조하기 때문이다.

타협이나 대화는 때로는 일종의 배신으로 간주되기도 하지만, 사사건건 양비론을 펼치다 보면 결국 아무 일도 해내지 못하는 무기력증에 빠지기도 한다. 특히 구성원들이 자신감이 부족하고 주변에 열등감을 느끼고 있는 상황이라면, 용서하고 화해할 것도 틀어버리는 경우도 왕왕 있다. 때로는 통일된 목소리가 나와 엄청난 화해와 통합을 경험하기도 한다. 월드컵 대회나 올림픽 유치로 온 국민이 대한민국을 외칠 때 같은 경우다. 하지만 앞서 말한 대로 일사불란하게 움직였던 집단은 일단 공동의 적이 없어지면 다시 분열된다. 나치 독일이 유대인을, 관동대지진 때의 일본군국주의는 조선인이라는 허상 속의 적을 만들어 정권을 유지했던 역동이기도 하다.

당이 결성되어 대통령 후보를 내고 마침내 한 국가의 리더가 탄생되고 또 집권 기간을 거쳐 권좌에서 내려오기까지의 집단 정신도 크게 다르지 않다. 매우 지난하고 복잡한 과정을 거치게 되지만, 기본적으로는 위에서 설명한 권력 콤플렉스와 힘의 원형적 배치가 작동하게 된다. 수십 년 동안 양당 체제가 계속되면서 여당과 야당이 대립하고 갈등하는 것도 따지고 보면 이런 원형적인 심리적 배열에서 기인한다고 할 수 있다.

특히 공화국의 대통령제는 권력이 한 사람에게 많이 집중된다는 점에서 내각제나 왕과 수상이 따로 있는 이원집정제 등과는 심리적인 관점에서 몇 가지 다른 특징을 보인다. 우선 왕권이 세습되는 왕국과 달리 민주공화국에는 기본적으로 모든 국민이 대통령이 될 수 있다는 헌법적인 전제가 있다. 혼자만의 공상에서라도 누구든지 대통령이 될 수 있다는 점은, 대통령에 대한 양가감정, 즉 평범한 사람이 권력의 정점에까지 올라갔으니 대단하다는 존경심과 '나도 할 수 있는 자리'라거나 '나라면 저렇게 안 한다'는 생각을 가능하게 만든다. 왕권이 세습되는 나라에서는 결혼하지 않으면 왕실 가족이 되지 않으니 아예 다른 종족과 다름없다고 생각하기 쉽지만 공화정에서는 운과 능력이 맞아떨어지면 누구라도 할 수 있는 것이 대통령이란 자리다. 존경심,

문재인은, 지금까지의 이력이나 언행으로 볼 때,
권위적이거나 제왕적인 정치를 하지는 않을 것이다.
다만, 그는 자신이 옳다고 믿는 것은 좀처럼 바꾸지 않는
신념 혹은 고집이 강한 사람이다.
그 고집, 신념을 어느 정도의 융통성,
포용력과 결합시켜나갈지는
그가 앞으로 풀어가야 할 과제가 아닐까.

질투, 시기, 비하 같은 복합적인 감정이 작용할 수 있는 것이다. 한국의 대통령들이 취임 초기에는 지지율이 높지만 서서히 떨어져서 임기 중반만 넘어도 레임덕 현상에 허덕이는 이유 중 하나다. 민주공화제하에서 대통령이나 정치인들은 시작부터 존경의 대상인 동시에 비판과 비아냥, 심지어 경멸의 대상이 되기도 하는 것이다.

그래서 대통령들은 한참 권력의 정점에 있을 때는 언제까지나 대중들을 호령하며 전직 대통령으로서 명예롭게 살 수 있다고 생각할 수 있다. 그러나 결국 평범한 사람의 자리로 돌아간 후에는 다른 어떤 사람들보다 더 멸시와 조롱의 대상으로 전락하기 쉽다. 위에서 언급한 것처럼 대중이 대통령에게 복잡한 양가감정을 느끼기 때문이다. 지금까지 여러 대통령들이 일해재단이니 청계재단이니 이명박 기념재단이니 미르재단이니 하는 것들을 만들려 했던 것도 그런 배경과 무관하지 않을 것이다. 아예 처음부터 누리지 않았던 사람들보다 일단 명예나 사치를 누려본 사람들이 습관이나 집착을 버리기 훨씬 어렵기 때문이다.

그러나 모든 전직 대통령들이 명예나 특권에 집착하는 것은 아니다. 재임 시기에는 인기가 없었던 가디나 노무현처럼 시골에 내려가 조용히 살려고 하는 이들도 분명 있다. 원래부터 권위적인 성격이라면 퇴임 후에도 여전히 많은 부하직원들을 거느리면서 다니고 싶어 하지만, 내향적이고 혼자 있는 것을 좋아하는 성격이라면 조용히 평범한 사람으로 사는 것을 더 선호할 수 있다.

문재인이 대통령이 된다면 어떨까. 과거의 경력이나 언행들을 보자면 강력한 권위적인 대통령을 추구하지는 않으리라 본다. 토론을 좋아하고 다른 사람들의 말을 비교적 잘 경청하는 스타일이라서 제왕적인 대통령이 되지 않으려 노력할 것 같다. 다만, 일단 마음을 먹으면 잘 변하지 않는 편이고 선악에 대해 확실하게 구별하려는 경향이 있기 때문에 한 번 마음을 주면 쉽게 내치지 않을 테지만 반대로 한 번 마음이 떠나가면 쉽게 감싸 안지 않고 끝내 거리를 좁히지 않을 가능성도 있다. 또 자신이 옳다고 믿는 것은 좀처럼 바꾸지 않으려는 신념, 혹은 고집이 있기 때문에 가치관이나 전략 등에서 차이가 있는 사람들은 결국 곁을 떠날 가능성도 물론 아주 배제할 수는 없다.

어떤 권력자든 한 번 동지는 영원한 동지라는 공식은 성립하지 않는다. 비현실적일 정도로 후덕한 리더로 묘사된 소설 속의 유비 역시 배신한 수하가 있지 않았는가. 고집과 신념을 어느 정도의 융통성과 포용력과 결합시켜나갈지는 정치인 문재인의 큰 과제가 아닐까 싶다.

반면에 화려하고 비싼 것을 좋아하는 사람이 아니기 때문에 권력에 대한 욕심이나 집착은 커 보이지 않는다. 무슨 재단이니 조직이니 하며 끝까지 위에서 군림하려는 욕심을 버리지 못한 몇몇 전직 대통령들과는 다를 것이다. 아마도 퇴임하자마자 눈썹을 휘날리며 고향으로 달려가 아주 소박한 방식으로 농사짓고 책 보면서 행복해 할 사람일 것 같다는 직관이 들기도 했다. 무엇보다 그는 자신의 정치 철학이 노장 사상에 가깝다고 말했으니, 정치에서 은퇴한 노년에라도 아주 철저하게 자신의 생각을 실천할 수 있을 것 같다.

모성 콤플렉스에 사로잡힌 한국 정치와 문재인

모성 콤플렉스는 융 심리학에서 말하는 여러 콤플렉스들 중 가장 숭고하면서도 완고하다. 잉태되는 순간부터 만나는 존재, 성장과정 중 가장 친밀하고 중요한 대상이 어머니다. 설령 어머니와 일찍 헤어졌다고 해도 돌보는 대상으로서의 어머니상은 누구의 마음속에나 깊숙이 자리를 잡고 있다. 아프거나 어려운 일이 있을 때면, 나이가 들어서도 자신을 돌보고 어루만져줄 어머니 혹은 어머니 같은 대상이 아쉽다. 죽는 그 시점까지 어머니에 대한 복잡한 감정을 완전히 해소하고 가는 사람은 드물다.

어머니가 항상 자식을 사랑하고 행복하게 하는 것만은 아니다. 자녀를 유기하고 학대해서 죗값을 치르는 어머니도 있고, 평범한 어머니들도 때로는 의식적으로 혹은 무의식적으로 자녀들을 불행하게 만들 수 있다. 자신을 힘들게 하는 남은 아예 안 보거나 원수로 삼을 수 있지만, 어머니만은 그런 간단한 해결책이 있을 수 없다. 그래서 마음이 복잡해지는 것이다. 거칠게 요약했지만, 이것이 모성 콤플렉스가 형성되는 과정이다.

이런 모성 콤플렉스는 실제의 어머니뿐 아니라 여러 대상에 투사되어 복잡한 심리적 상황을 야기한다. 배우자에게 어머니를 투사해서 자기를 돌봐달라는 과도한 요구를 하거나, 어머니에 대한 분노를 엉뚱하게 죄 없는 주변에게 풀기도 한다. 모성 콤플렉스는 특정한 인물에 투사되기도 하지만 어머니 같은 무형, 유형의 존재에 들러붙기도 한다. 크게 봐서는 우주나 자연도 생명을 잉태해서 기른다는 점에서 어머니 같은 존재이고, 국가, 지역, 학교같이 품고 성장시키는 공간에 대해서도 모성 콤플렉스가 작용하는 것이다. 고국을 어머니의 땅(mother land) 혹은 어머니 품 같은 고향이라고 부르고, 자신의 조직을 친정이라고 부르는 이유다.

이러한 모성 콤플렉스 때문에 국가에 어머니상을 투사하는 사람들이 많다. 세금도 내고, 국가를 위해 의무를 다하고 있으니 법적으로 정부에 여러 권리를 당연히 요구할 수 있지만, 심리적으로 보자면 국가가 더 많은 것을 해주어야 한다고 요구하는 것도 일종의 모성 콤플렉스의 작용일 수 있다. 물론, 우리나라가 다른 OECD 국가들에 비해 복지 수준이 매우 좋지 않은 것은 사실이기 때문에 세상을 바꿔나가는 국가의 노력은 반드시 필요할 것이다. 다만, 합리적으로 권리를 주장하는 것이 아니라 국가가 국민의 모든 불행과 고난을 책임지고 감당해야 한다고 비현실적으로 요구하는 것은 완벽할 수 없는 국가에 전지전능한 모성을 투사하는 태도일 수 있다. 누가 대통령이 되건 그러한 대중들의 심리는 넘어야 할 가장 어려운 능선이 될 것이다.

과거의 두 보수 정권의 경우, 선거에 임할 때는 어려운 국민들을 대단히 위할 것처럼 복지 혹은 경제민주화를 약속했지만 막상 정권을 잡고 난 후에는 복지는 나몰라 하고, 자신들의 이해관계에 따라 엉뚱한 곳에 돈을 쓰는 일을 너무 많이 했다. 당연히 대부분의 삶이 피폐해지고 행복도가 떨어졌다. 하지만 정권이 바뀐다 해도 한꺼번에 모든 정치, 경제 환경이 바뀌어 모두가 근심 걱정 없이 행복하게 살 수 있는 마술적인 일은 일어나기 힘들다. 국가는 분명 어머니상을 갖고 많은 것을 베풀어주는 면이 있겠지만, 항상 자비롭게 돌보는 유능한 어머니라기보다는 무관심하거나 무자비하거나 무능한 어머니로 작용할 때가 지금까지는 훨씬 더 많았다. 거대한 국가라는 시스템 속의 대통령이라는 자리는 더 말할 나위 없다. 아무리 도덕적이고 유능한 대통령이라 해도 마치 거대한 마고할미 여신이나 기적의 성모마리아처럼 모든 국민을 갑자기 '헬조선'에서 '행복의 나라'로 이동시킬 수는 없다. 더구나 모든 사람들에게 자비를 베푸는 관세음보살 같은 정치 경제 지도자를 기대한다는 것은 자본주의 사회에서는 다소 비현실적인 소망으로 보인다. 아마 그런 기대치와 현실의 불일치 때문에 차기 정권의 지도자 상으로 '도덕성'과 '능력'을 제일 중요하게 꼽는다는 말이 나오는 게 아닐까 싶다.

나라 살림 다부지게 잘하고 가족이나 친지가 없어서 부패할 일이 없을 줄 알았던 여성 대통령이 오히려 부패한 주변 사람들과 공모하면서 해야 할 일은 하지 않고 하지 말아야 할 일들만 너무 많이 저질렀다는 사실, 그러면서도 전혀 인정도 반성도 안 하는 상황이니 당연히 새로운 정치에 대한 기대도 커지는 것 같다. 대통령이 국민을 속이고 의무를 다하지 않아서 국민들의 희생이 너무나 크다면, 정당하게 법대로 벌을 받아야 할 것이다. 그러나 상처받은 국민들의 모성 콤플렉스가 엉뚱한 방향으로 너서서 비현실적으로 전지전능한 어머니상을 국가나 대통령에게 투사한다면 많은 국민들이 더 많이 실망하고 좌절하게 될 것이다. 또 이런 부정적인 감정은 파괴적이고 폭력적인 결과를 초래할 수도 있기 때문에 대통령뿐 아니라 이 땅에 사는 사람들이 모두 머리를 맞대고 더 나은 세상을 만드는 데 각자의 소임을 다 해야 한다고 생각한다.

반대로, 모성 콤플렉스가 거꾸로 작용해서 철없고 무능한 대통령을 비합리적으로 감싸 안으려 할 수도 있다. 박근혜 대통령이 설령 죄를 졌다 해도 선의로 한 일이니 일단 덮고 가자는 의견, 과거에 비해 오히려 비리가 적다고 강조하는 의견에는 합리적이지 않은 모성 콤플렉스가 작동되는 면이 있다.

이처럼 모성 콤플렉스는 많은 경우 변덕스럽다. 즉 어떤 때는 상대방을 한없이 포용해주지만, 또 어떤 때는 매우 무자비하다. 평범한 어머니들이 항상 일관된 원칙으로 아이들을 꾸중하는가. 대부분 자기가 기분이 좋으면 관대하게 용서해주고, 기분이 나쁘면 별일 아닌 것에도 화를 내게 되지 않나. 국민들이 대통령을 보는 태도 역시 마찬가지다. 일단 예쁘게 본 내 편의 대통령은 좀 잘못을 해도 관대하게 넘어가주지만, 나와 생각이 다른 반대편 당의 대통령에게는 아주 혹독하게 비판의 날을 들이댄다. 또 정권의 힘이 강할 때는 모두가 용비어천가를 부르지만, 레임덕이 생기면 모두가 비난하는 목소리로 순식간에 바뀐다.

이런 식으로 자신과 진영이 다른 정치인들에게는 다른 잣대를 들이대고 상황에 따라 다른 법리로 정치인들을 처벌하는 것 역시 국가라는 시스템을 혼란에 빠지게 한다. 모성 콤플렉스가 엉뚱하게 작용해 불쌍한 대통령을 자식으로 여겨 하염없이 용서해줘야 한다는 태도도 문제고, 대통령을 어머니상과 동일시해서 모든 것이 다 대통령 때문이라고 비난하는 태도 역시 성숙하지 못한 것이다. 이성적인 판단이 아니라 감성적인 충동에 매몰된다면, 파괴적인 모성 콤플렉스에 사로잡혀 눈이 멀게 될 뿐이다.

그렇다면 문재인이란 사람은 모성콤플렉스와 어떤 관계를 갖고 있을까? 일단 눈이 크고 사람 좋아 보이는 인상을 지녀서 용모만으로는 부성적인 카리스마보다는 오히려 부드러운 이미지를 지닌 사람이다. 그동안의 힘든 삶의 경력을 생각해보면 의외의 분위기를 갖고 있다고 볼 수도 있다. 나이가 들수록 자신의 얼굴을 책임져야 한다는 말이 떠오르기도 한다. 목소리 역시 날카롭지 않고 그다지 강하지 않아 그동안 맺고 끊는 것이 명확하고 때론 엄정하게 칼같은 성품을 보였던 것과는 조금 다른 느낌이다. 그런 점에선 모성 콤플렉스와 부성 콤플렉스 모두 투사가 가능한 정치가로 보인다. 그가 2012년 대선 때 강력한 모성 콤플렉스를 자극했던 박근혜 대통령에게 졌던 이유 중 하나는 당시 대선 토론회 때, 하나 하나 따지고 살피는 세심한 모성성보다는 무기력하거나 둔한 부성성이 더 많이 부각되었기 때문이 아니었을까. 쉽게 말해 아버지와 어머니가 말싸움을 하게 되면, 아버지가 소리를 지르거나 폭력을 휘두르지 않는 한 십중팔구는 조곤조곤 이야기하는 어머니가 이기기 마련이니 말이다.

정치판의 부성콤플렉스와
문재인

　정치판에서 작용하는 부성 콤플렉스는 비합리적인 모성 콤플렉스와 달리 조직 장악력, 구조화, 위계질서 구축, 합리적인 업무 추진력 등과 관련이 있다. 어린 시절부터 가장 아닌 가장 노릇을 했던 가난한 집안의 맏아들 문재인은 아주 일찍부터 자신 안에 있는 강한 부성을 키워낸 것으로 보인다. 고등학교 시절 문제아 소리를 듣기도 했지만 약한 학우들을 끝까지 아우르고 보살폈던 에피소드 등에서는 건강한 부성 콤플렉스를 읽어낼 수 있다. 의리 있고 책임감 있는 아버지상에 대한 동일시는 대학교에 들어가 학생운동을 할 때도 강력하게 작용한다. 당시 제대로 구조화되지 않았던 경희대 내의 학생운동 세력을 앞장서서 활성화시키고 시위를 하다 결국 특전사로 입대하게 되기까지의 이야기들은 젊은 문재인 속의 부성 콤플렉스가 작용하지 않으면 가능하지 않았던 일이다.

　또 인권변호사 시절에도 힘없는 사람, 돈 없는 사람, 철없는 사람, 운 없는 사람, 교육받지 못한 사람 등등 어찌 보면 인생에 실패한 여러 사람들을 선입관 없이 변호했던 것도 열등한 자녀들을 무시하거나 우수한 자식만 편애하지 않으려 하는 공평한 아버지상과 겹친다. 그를 비난하는 사람 중에는 어떻게 그런 저급한 혹은 잔인한 피고자들을 도와줄 수 있느냐고 소리 높이는 이들도 있지만, 자신의 의뢰인들을

문재인은 감정적이고 직관에 호소하는 정치인보다는
오히려 관료나 학자에 더 어울린다는 느낌을 준다.
그가 모성보다는 부성이 강한 리더이기 때문일 것이다.
그는 어머니같이 따뜻하고 감성적인 언어를 쓰기보다는
아버지처럼 다소 투박하고 이성적인 언어를 더 잘 쓴다.

미리 재단하지 않고 포기하지 않는 것은 변호사로서의 기본적인 의무이며, 문재인이란 개인 속에 숨어 있는 부성과 관련된 책임감에 기인하는 것으로 보인다.

그가 감성적이고 직관에 호소하는 정치인보다는 오히려 관료나 학자에 더 어울린다는 느낌을 주는 이유도 모성보다는 부성이 강한 리더이기 때문일 것이다. 부성이 강한 리더는 어떤 면에선 대중에게 좀 덜 친화적으로 보일 수 있기 때문에 가까이 다가가기 힘들 수 있다. 어머니같이 따뜻하고 감성적인 언어를 쓰기보다는 다소 투박하고 이성적인 언어를 쓰기 때문에 대중 정치인으로서는 덜 매력적일 수도 있다. 그에게 좀 답답하다는 뜻에서 '고구마'란 별명이 붙은 것도 그런 특성과 무관하지 않을 것이다.

상당히 오랜 시간 그를 참을성 있게 지켜본 지지자들에게는 그의 논리적인 점이 장점이 될 수 있지만, 그에게 반감을 갖고 있는 반대자들로서는 그의 언행이 딱딱하거나 배려가 부족한 것으로 보일 수 있다. 앞으로 문재인이란 정치인이 부성 못지않게 따뜻한 모성적인 태도를 더 함양해나가는 것도 하나의 중요한 숙제가 아닐까 한다.

영웅 콤플렉스와 문재인

사실 평범한 우리 안에도 영웅 콤플렉스의 씨는 있다. 불의의 사고를 보면 본능적으로 달려가는 태도, 좋아하는 이성의 어려움을 도와주기 위해 자기 능력 이상의 돈을 쓰거나 무리를 할 때의 심정, 무능한 부모나 형제를 위해 자신을 희생할 때의 마음 등등 무의식의 영웅 콤플렉스는 긴급한 상황에서 때론 긍정적으로, 때론 부정적으로 작용한다. 콤플렉스란 꼭 나쁜 열등감이 아니라 창조적인 에너지가 되기도 하는 것이다.

특히 정치인들의 경우에는 영웅 콤플렉스가 복잡하게 작용한다. 연개소문이나 이순신 같은 장수들에게도 당연히 영웅 콤플렉스가 있지만, 적진인 일본에 조선통신사로 파견된 사명대사 같은 스님들에게도 영웅 콤플렉스가 있다. 현대에 이르러서는 미국의 헨리 키신저[3] 가 비밀리에 중국에 가서 죽(竹)의 장막을 열게 했을 때에도 영웅 콤플렉스가 작용했다.

그렇다면 문재인에게는 어떤 영웅 콤플렉스가 있을까? 고등학교 시절, 억울하게 친구를 때린 선생님에 대한 반항심으로 그 선생님이 가르치는 과목의 공부는 아예 하지 않겠다는, 이를테면 사보타주

---

3 미국의 정치가이자 정치학자. 1971년 7월 중국을 비밀리에 방문하여 중국과 외교의 길을 열었고, 국무장관에 취임했다. 72년 중동평화조정에 힘썼으며, 73년 1월 북베트남과 접촉하여 평화협정을 체결하는 등 세계평화를 위한 노력으로 그해 노벨평화상을 수상했다.

(sabotage, 태업)를 했을 때에도 영웅 콤플렉스는 작용했을 것이다. 몸이 불편한 친구를 업고 몇 킬로미터를 걸어 소풍 장소로 갔을 때, 최루 가스 페퍼포그(Pepper fog)를 맞고 기절할 정도가 될 때까지 앞장서서 시위를 주도했을 때, 코너에 몰려 고독하게 자살한 노무현 대통령의 장례식을 치렀을 때, 모두 긍정적인 의미의 영웅상이 문재인의 마음속에서 활발하게 기능한 것이라 할 수 있다.

그리고 이제 마지막으로, 거의 빈사 상태에 이른 한국의 민주주의, 아슬아슬한 경제와 외교, 꺼져가는 출생률 등 문재인이 영웅 심리를 발휘해야 할 부분은 한두 가지가 아니다. 진정한 의미의 영웅 콤플렉스는 자기만 잘되겠다고 나서거나 내세우는 것이 아니라 집단을 위해 자신을 헌신할 때 완성된다. 그리고 문재인은, 앞으로의 성공 여부야 역사의 도도한 흐름을 겪은 후에야 깨달을 수 있는 부분이겠지만, 적어도 나라를 위해 자신을 던질 자세는 일단 지니고 있는 것으로 판단이 된다.

거의 빈사 상태에 이른 한국의 민주주의,
아슬아슬한 경제와 외교, 꺼져가는 출생률 등
문재인이 영웅 심리를 발휘해야 할 부분은
한두 가지가 아니다.
앞으로의 성공 여부야 역사의 도도한 흐름을
겪은 후에야 깨달을 수 있겠지만,
적어도 그는 나라를 위해 자신을 던질 자세는
일단 지니고 있는 것으로 판단된다.

2부

문재인의 삶

걸어온 길이 말해주는 것들

실향민이라는 뿌리

흥남에서 피난을 내려와 가난하고 힘겹게 살았던 실향민 가족. 문재인의 아버지는 어려서부터 수재 소리를 들었다고 했다. 전쟁이 일어나지 않았다면, 북한도 남한처럼 자유민주공화국 체제 안에 있었다면, 꽤 높은 공직까지 지냈을지도 모를 인재였다. 어찌 보면 탄탄대로가 사뭇 보장되어 보였던 삶이었는데 남한에서 그렇게 험한 세월을 보내리라고는 상상이나 했겠는가. 넉넉한 부농 집안에서 곱게 자란 어머니는 황망히 피난을 내려오는 바람에 찬란하던 젊은 시절의 사진 한 장 지니지 못했다. 몇 주면 끝이 날까 짐작했던 피난은 이후 60년이 넘는 세월로 늘어져버렸다.

피난살이의 힘겨움을 꼿꼿한 자존심으로 견뎌야 했던 어머니는 이제 아흔을 넘기셨다. 살아 고향으로 돌아가고 싶다는 희망 대신 자유로운 영혼이 되어 북녘 땅을 가야 할 것 같다고 생각하지 않으실까. "통일이 되면 부모님 고향 흥남에서 변호사를 하고 싶었다"고 했던 문재인의 꿈은 그런 어머니의 한을 풀어주고 싶은 아들의 소망에서 나온 말이 아닐까.

이나미　　어머님 모습을 제가 사진으로였나, 뵌 적이 있어요. 연세가 많으신데도 뭐랄까 굉장히 고상하시고 꼿꼿한 기품이 느껴졌어요. 굉장히 머리가 좋으실 것 같다는 인상도 받았고요.

문재인　　어머니가 공부를 한 분이시죠. 그 당시 중학교까지 나왔으니까요. 어머니 집이 잘살았다고 해요. 부농 집안이었거든요. 그런데 아버지 집은 못 살았어요. 본가 집안은 괜찮게 살았다고 하는데, 저희 할아버지가 막내여서 물려받은 재산이 없었고, 저희 아버지도 두 형제 중 둘째였고요. 그래서 어머니가 시집올 때는 정말 한심하게 보일 정도로 가난했대요. 외갓집은 잘살았으니까 더 그렇게 느끼셨겠지요.

이나미　　아버님은 학자 스타일이셨던 것 같아요. 피난 내려오기 전에 공무원 생활도 하셨다고 들었는데, 시대를 다르게 타고나셨으면 교사나 교수님을 하면 좋았을 분이지 않았을까 싶어요. 어떤 면에서 보면 그런 아버님과 비슷한 부분도 있으신 것 같다는 생각도 들고요.

문재인　　아버지가 함흥농업, 그러니까 함흥농고를 나오셨어요. 거기가 함흥고보라는 학교와 함께 함경도 전체 양대 명문이었대요. 해방 후 흥남시청 공무원이 되어 농업 계장까지 지내셨지요. 그런데 그때 공산당에 입당하라고 강요받으면서 굉장히 시달리셨나 봐요. 근데 피하면서 끝까지 버텼고, 그 때문에 연구소 같은 산하기관으로 발령 났다가 유엔군이 진주했던 잠시 동안 농업 과장을 하시다가 피난을 내려오셨다고 들었습니다. 어쨌든, 농업 계장 하실 때 너무 공산당에 시달리셔서 다시는 공무원 안 하겠다, 그거 할 일 아니다 하고 생각하셨나 봐요. 피난 내려오고 난 후에 이북의 공무원 출신들을 공무원으로 특별 채용하는 임시 조치가 있었는데, 하지 않았다는군요. 그러곤 장사를 했는데, 그게 잘못된 선택이었던 거죠. 장사 체질이 아니셨어요.

이나미　아버님이 선비 같은 면이 있지 않으셨을까 싶어요. 남한테 싫은 소리 잘 못하시고.

문재인　그래도 잘해나가는 사람들이 있을 텐데, 저희 아버지는 그런 주변머리는 없으셨던 거죠. 생활인으로서 무능했고, 그 무능이 안타까운 거죠. 우리 같으면 이런저런 네트워크가 있어서 하다못해 돈이 없으면 돈을 빌릴 수도 있고, 도움도 받을 수 있는데 아버지는 삶의 뿌리를 잃고 의지할 사람이 없기도 하셨죠. 어쨌든, 생활인으로서나 가장으로서는 무능했죠. 가족의 생계를 해결하시 못하셨으니까.

이나미　아버님이 장사에 실패하시고 모든 의욕을 잃어버리신 건가요? 왜 재기를 못하셨을까요?

문재인　아버지가 부산의 양말 공장에서 양말을 구입해서 지역 판매상들에게 공급하는 일을 하셨는데, 외상 미수금만 계속 쌓여서 결국 빚만 잔뜩 지게 되었어요. 오랫동안 그 빚을 갚느라 허덕였고, 그 이후로 다시 일어서지 못했어요. 구멍가게를 열어도 누가 봐도 장사가 잘되기 어려운 가게를 한다든지, 늘 그런 식이었어요. 매번 고만고만한 데서 벗어나지 못한 거죠.

이나미　아버님이 술 드시고 그러지는 않으셨어요?

문재인　그렇지는 않아요. 술 잘 못하셨어요.

이나미　자기 절제를 굉장히 하셨던 분 같아요. 마음속에 있는 울분을 어떻게 푸셨을까요, 아버님은?

문재인　음… 모르겠어요. 거의 나중에는 점점 말이 없어지셨죠.

어려운 시절이었다. 공무원 생활을 할 때 아버지의 성격은 그래도 밝았다고 했다. 하지만 피난 내려온 후 경제적 어려움을 겪으며 점점 말이 없어지셨다. 아버지와 얽힌 몇 안 되는 추억이 문재인에게 지금도 소중한 까닭이다. 어려운 피난살이 가운데서도 가까운 집안끼리 일 년에 한 번씩 모임을 갖곤 했다. 고단한 일상에서도 자신들의 뿌리를 일깨워주는 일종의 축제였던 셈이다.

> **문재인**　평소에는 거의 말이 없으셨던 아버지가 고향 사람들이 모일 때는 그래도 흥이 나셨나 봐요. 즐겁게 말씀을 나누셨어요. 함께 고향의 노래를 부르는데 춤을 덩실덩실 추는 모습을 제가 본 적이 있어요. 보통 때 내가 보던 무겁고 말 없는 아버지의 모습과는 다른 모습이었지요.

실향을 노래한 시인 백석의 시, 「고향」의 구절이 떠오르는 대목이다.

> 문득 물어 고향이 어데냐 한다
> 평안도 정주定州라는 곳이라 한즉
> 그러면 아무개씨氏 고향이란다
> 그러면 아무개씰 아느냐 한즉
> 의원은 빙긋이 웃음을 띠고
> 막역지간莫逆之間이라며 수염을 쓴다.
> 나는 아버지로 섬기는 이라 한즉
> 의원은 또 다시 넌즈시 웃고

말없이 팔을 잡아 맥을 보는데

손길은 따스하고 부드러워

고향도 아버지도 아버지의 친구도 다 있었다.[1]

과묵했던 아버지에게 고향은 무거운 일상을 내려놓게 하는 홍겹고도 설운 기억이었을 것이다. 칭찬도 꾸중도 거의 하지 않았던 아버지였지만 장남인 어린 재인이 경남중학교에 합격했을 때는 자랑스러운 감정을 감추지 않았다고 한다. 교복을 맞춰주겠다면서 국제시장에 있는, 동향인 함경도 사람이 하는 교복 가게에 데려가셨다는 일화도 있다. 교복 가게 주인이 공부 잘하는 아들을 부러워하자 아버지도 덕담을 나눠주면서 사뭇 자랑스럽고 행복한 시간을 보낸 것은 지금도 문재인을 따뜻하고 뿌듯한 심정으로 빠져들게 한다. 왜 그러지 않겠는가. 삶의 터전, 근본을 통째로 뿌리 뽑힌 아버지, 시대를 잘못 만난 지식인이었던 그에게 공부 잘하는 장남은 그야말로 삶의 의미이자 희망, 목표였을 것이다. 고향에서는 천재 소리를 들으며 세상을 바꿔볼 수도 있는 공무원이 되었다가, 피난살이 후 가족의 생계를 짊어지고 낯선 타향을 떠도는 서러운 장사꾼이 되어야 했던 젊은 가장의 가슴 속 뜨거움을 상상해보면 안타까운 마음이다.

1 백석, 『나와 나타샤와 흰 당나귀』, 다산책방, 2005.

문재인의 삶

운명을 견뎌온 삶

이나미　　피난 내려오신 이후로 부모님이 여러모로 굉장히 힘드셨던 것 같아요.

문재인　　세상 물정을 잘 모른 점이 있었죠. 남한 사회에 빨리 적응해서 장사를 잘하다든지, 세상 돌아가는 일에 유능한 사람들이 있는데, 두 분 다 그러지는 못하셨어요. 아버지는 말했다시피 경제적으로 무능했고, 어머니도 나름 이것저것 해본다고는 하셨어도 가세를 넓힐 수 있는 일을 못했던 거고요.

우리 어머니 말씀에 의하면, 피난살이가 하도 고달파서 도망가고 싶었는데 세상천지에 아는 사람이 하나도 없어서 도망갈 데가 없더라, 하고 농담처럼 그러셨어요. 우리 외가가 흥남 북쪽에 있는 성천강 건너에 있었거든요. 거기서 흥남 시내로 들어오려면 만세교라는 다리를 건너야 하는데, 흥남으로 피난민들이 하도 몰려드니까 미군이 그 만세교를 막아버린 거예요. 피난민이 너무 많이 내려오는 것도 감당이 안 되기도 하고, 또 피난민 속에 불순한 사람이 있을지 모르는데 구분이 안 되니까 아예 다리를 차단해버린 거죠. 그래서 외가 쪽 친지들은 흥남 철수 때 아무도 같이 내려오지 못했어요. 우리 어머니는 그야말로 혈혈단신이셨죠.

문재인은 부모님의 고생담에 대해 과장되거나 감상적인 태도로 묘사하지는 않는다. 가난에서 벗어나지 못하는 무능함이 답답했고 한편 안쓰럽기도 했던 아버지에 대한 양가감정 때문일 수도 있다. 자신의 어린 시절을 구태여 극적으로 묘사하고 싶지는 않은 자존심 혹은 자존감일 수도 있다. 부모님에 대해 덤덤하게 "세상 물정을 모르고 살았다"라고 요약해서 말하는 대목에서는, 흔히들 보이는 '고생 많았던 가여운 부모님'에 대한 상투적인 감상이 없고 오히려 객관적인 평가를 내리는 것처럼 느껴진다. 그런 점은 자신에 대한 평가에 인색한 그의 태도와도 연결되는 듯하다.

　그가 아버지에 대해 "무능했다"라고 말하는 것에서 혹 냉정하다고 느낄 사람도 있을지 모르겠다. 자신의 소질과 능력을 제대로 발휘하지 못한 불행한 시대에 태어난 것이 비단 그 아버지만의 잘못이겠는가. 과거 대부분의 아버지들은 열심히 책을 읽고 벼슬을 해서 관록을 먹는 것을 제일 존경받는 일이라고 생각했다. 어쩌면 그의 아버지도 그런 생각으로 공무원이 되었을 것이다. 이북에 공산당이 들어서고, 유엔군이 주둔하고, 남한에 내려와 적응하는 가운데 그의 아버지는 가장이기 이전에 한 개인으로서 깊은 정체성의 혼란을 겪었을 것이다. 아버지에게는 조언을 해주는 어른도, 손을 이끌어줄 만한 이들도 주변에 없었다. 밝았다던 아버지가 말이 없어지게 된 이유 중 하나일 것이다. 어린 문재인에게는 그런 아버지의 혼란과 상실감이 무능으로 각인됐을 수 있다.

　그러나 일제시대와 전쟁을 겪으면서도 적응을 잘한 사람들은 그럼 유능했다고 말할 수 있을까. 시대가 어떻게 변하건, 권력의 주변에 잘 편입하는 발 빠른 사람들은 분명히 있다. 일제시대건, 공산치하건, 미군정시대건, 자유당시대건, 군부독재시대건, 세상의 흐름을 빨리 파악하는 이들은 어디에 줄을 서고 어디에 발을 담으면 돈이 나오고 자리가 나오는지 잘 알아챈다. 똑같이 머리가 좋다고 해도 그런 계산이 밝은 사람들이 더 돈을 벌고 높은 지위에 오른다. 하지만 그렇지 못한 이들은 무능하고 둔한, 그래서 세상의 흐름에 뒤처지는 실패자로 전락해버린다. 하지만 유능과 무능을 세속적인 잣대로 평가할 수 있는 권리가 과연 우리에게 있는가? 만약 그의 아버지가 평화로운 시대에 태어났다면 유능한 고위 관료가 될 수도 있었을지 모른다. 책을 좋아했던 그의 어머니 역시 현대의 젊은 여성들처럼 맘껏 공부를 했더라면 어떤 인생을 살았을지 모르는 일이다. 그들의 무능함은 어쩌면 시대가 남긴 상처에서 기인하는 것일 수도 있다.

'힘든 내색도, 불평도, 원망도 없이, 그렇게 말없이 운명을 견디는 부모'가 실은 문재인이라는 사람의 성장과정을 말해주는 핵심 단어일 것 같다. 문재인의 아내, 김정숙 씨의 말에 의하면 "다들 너무 조용하다 싶을 정도로 말이 없어서" 처음 시집왔을 때부터 분위기를 띄워가며 대화를 나누었을 정도라고 한다. 문재인이 "말이 많지 않은" 사람으로 느껴지는 것은 그런 집안 배경에서 비롯된 것 같다.

문재인은 과묵하고 신중하지만, 그래서 "정치인으로서는 내성적이고 소심하다, 사람을 가린다, 적극적이지 못하다"라는 평가를 받기도 한다. 머리가 좋고 높은 지위에 오른 사람이 말을 하지 않으면 '거만

어머니는 친정 식구들 모두 북한에 두고
혈혈단신으로 내려와 고달픈 피난살이를 견뎌야 했다.
'힘든 내색도, 불평도, 원망도 없이,
말없이 운명을 견디는 부모'가
실은 문재인이라는 사람의 성장과정을 말해주는
핵심 단어이기도 할 것이다.

하다, 사람 가려서 사귄다' 하는 오해도 더러 받게 된다. 먼저 술잔을 따라주면서 우스갯소리라도 해야 얼음장 같은 분위기를 깰 수 있는 법인데, 가만히 있는 사람들은 좀 미련하다 싶을 정도로 자기 홍보에 서툴러 보이기도 한다. 그가 참여정부 시절, 청렴하고 열심히 일한 것에 비해 주류 매스컴에서 좋은 이미지로 비쳐지지 못한 이유일 수도 있겠다.

흔히 말하는 설레발도 치지 못하고, 분위기 띄우기도 잘 못하는 그의 성격은 과묵한 아버지와 어머니에게서 물려받은 것도 있고, 또한 너무나 가난하게 살았던 성장과정에 의한 영향도 있을 터다. 그러나 본인은 그런 경험을 후에 다른 방식으로 승화시켰다고 고백하기도 했다. "내가 너무 가난했기 때문에, 그래서 어디 가서 기 펴고 자기 이야기를 못 해보고 어린 시절을 보냈기 때문에, 인권변호사 시절 가난하고 배우지 못한 사람을 만나면 마음이 더 애잔했습니다. 배우지 못하고 가진 것이 없어서 주눅이 들어 있는 사람들은 마음속에 억울함이 쌓여 천불이 나도 그저 땅만 보고 있습니다. 그렇게 할 말을 하지 못하고 수동적으로 있다가 힘 있는 사람들에게 휘둘리고, 배운 이들에게 업신여김을 당하는 거지요. 나도 어떤 면에선 그들처럼 살았기 때문에 그런 사람들을 제대로 도와주지 못할 때 더 미안하고 때론 죄책감도 느끼게 됩니다."

피난민들이 모여 사는 산동네에서 성장할 때부터 인권변호사가 되어 소외된 사람을 도와주게 되기까지, 그리고 나아가 대통령 후보가 되어 많은 사람들을 만나게 될 때까지, 그가 자기주장을 힘 있게 펴지 못하는 사람들과 어떻게 연대감을 느껴왔는지, 어떻게 그들의 심정을 이해하고 있는지 알 수 있는 대목이다. 인권변호사란 무엇인가, 힘없고 가난한 사람들 대신 설득력 있게 그들의 어려운 사정을 이해시켜주고, 그들이 빼앗긴 인간으로서의 권리를 찾아주는 사람 아닌가. 권력자나 가진 자들에 의해 무시당하고 차별당하는 힘없는 이들의 설움은 바로 그의 어릴 적 설움이기도 했다. 그가 정치적으로 논란을 자초하면서도 '세월호 단식'에 동참했던 것도 그런 맥락에서 이해할 수 있다. 그의 성장과정에서 만들어진 무의식이 그를 "거기서, 서럽게 굶는 유족들과 함께"하라고 명령한 것일 터다.

__이나미__   피난민의 설움에 대한 안타까운 마음이 크게 자리하고 있을 거 같아요.

__문재인__   피난 때를 떠올리면, 대체로 영화 〈국제시장〉에 나왔던 이미지를 많이 갖고들 있을 거예요. 이북에서 피난 내려온 사람들이 억척같이 살아서 다들 성공한 것으로 생각을 하잖아요. 그런데 북한에서 내려온 사람들은 두 부류가 있어요. 전쟁 전에 내려온 사람들은 대체로 가산을 정리하고 내려왔고, 그래서 그런 사람들은 대체로 성공했죠. 국제시장에 점포라도 가지고 있다거나 하는 사람들은 그런 분들이에요. 그런데 전쟁 통에 피난 내려온 사람들은 거의 빈 몸으로, 소지할 수 있을 정도의 물건들만 갖고 내려온 것이기 때문에 대부분 당대에는 못살

고 고생들을 많이 했지요.

　프란츠 파농[2]이 쓴 책 『대지의 저주받은 사람들』에서 묘사된 풍경
이 떠오르기도 한다. 그러나 피난민들을 한 유형으로 단순화시키기엔
그들이 처했던 상황이 조금 복잡하다.

문재인　피난민들이 갖고 있는 북한에 대한 생각은 조금 다
릅니다. 공산 체제를 싫어하는 것은 일반적인데 전쟁 전에 내려
온 사람들은 북한 체제가 너무 싫어서, 탄압을 심하게 받거나 해
서 내려온 사람들이어서 북한에 대한 증오심이 아주 강해요. 북
한 출신이지만 북한을 도와주는 것에 대해 부정적 감정으로 생
각하는 사람들이 많죠. '퍼주기다, 김일성 독재를 돕는 것이다'
이렇게 극심하게 반대하는 거예요. 반대로 전쟁 통에 내려온 사
람들은, 물론 북한 체제가 싫어서 내려오기는 했지만 그래도 고
향에 대한 그리움이 있어서 남북회담을 하거나 이산가족 상봉
이라도 하면 하루 종일 텔레비전 앞에 매달려 눈물을 흘립니다.
이북5도민회리든지 공식적인 피난민 기구들은 과거에 내체로
전자 쪽 사람들 중심으로 되어 있었어요. 피난민들이 다들 반북
적일 것으로 보는 경우가 많은데, 사실 피난민들 전체 정서가 그

2　프란츠 파농은 프랑스 식민지에서 태어난 흑인으로 정신과 의사가 되었지만 식민지 알제리의
　억압받는 민중들, 또 자기의 땅을 떠나 난민으로 살아야 했던 이들을 위해 활동하고 혁명에 참
　여했던 인물이다.

렇지는 않습니다. 오히려 숫자는 전쟁 통에 내려온 피난민들이 훨씬 많기도 해요.

문재인의 부모는 아마도 후자에 속하지 않을까 싶다. 똑같은 피난민이지만 내려온 시점과 갖고 온 재산이 다 다를 것이다. 많이 배운 사람, 못 배운 사람, 도덕적인 사람, 비양심적인 사람, 완전히 현대화된 사람, 너무나 봉건적인 이념에 머물러 있는 사람 등등 그들의 다양성을 외면하고 한꺼번에 실향민으로 묶는 것 자체가 말이 되지 않는 일이다. 한데 지금까지 피난민들은 어쩌면 한데 묶여 취급되었을 수도 있다. 이런 태도는 지금 역시 난민 탈북자들이나 이민자들 혹은 사회의 소수자들에 대한 우리 사회의 선입관과 다르지 않다.

문재인이 우리 사회의 소수자들, 뿌리 뽑힌 자들을 대변하는 인권 변호사가 된 데에는 가난하게 떠돌아야 했던 피난민 일가로서의 기억들이 하나의 동력이 되었을 수 있다. 고통은 비슷한 종류의 고통을 겪은 사람들이 말하지 않아도 더 잘 안다. 문재인이 '대북 퍼주기'에 앞장선다고 비아냥거리는 이들도 있을 수 있다. 그러나 그가 실향민의 자식이라는 점을 생각하면 충분히 수긍이 가능 대목이기도 하다. 친정 식구를 북한에 두고 혈혈단신 떠나온 어머니의 외로운 모습은 북한에서 굶어 죽어가는 사람들, 인권 유린과 정치적 억압으로 신음하는 사람들을 외면하지 못하는 문재인의 모습과 겹친다.

실제로 탈북자들의 국내 송환을 위해 가장 많은 노력을 기울였고, 탈북자 수가 가장 많이 늘어났던 것도 그가 몸담았던 참여정부 시기다. 다른 사람들에게는 통일이란 단어가 정치적, 전략적 의미와 연결되어 있지만 그에게는 동포, 고향, 회한 등의 감정적인 의미와도 연결되어 있는 것이다. 문재인이란 존재의 시작은 함경도 흥남 지방이니 그의 잠재의식 깊은 곳에는 뿌리를 잃은 피난민의 한이 숨어 있을 수도 있다. 그런 개인적 경험이 있기 때문에 그가 난민 문제, 이민노동자 문제, 결혼 이주자 문제 등과 관련하여 대한민국의 순혈을 주장하는 극단적인 입장과 달리 더 포용적인 입장을 취할 수 있을 것이라 기대해도 될 것 같다.

피난길의 기적,
메러디스 빅토리호

문재인　피난 때의 이야기 하나 더 제가 해드릴까요? 우리 부모님이 피난 내려오실 때 이야기인데요, 그때 흥남 부두에서 타고 온 배가 잘 알려진 '메러디스 빅토리(Meredith Victory)호'예요. 1950년 12월 23일에 출항해서 25일에 거제도에 도착했지요. 이 배가 원래는 화물선, 그러니까 무기와 군수물자를 수송하는 선박이었어요. 그런데 거기에 실려 있던 화물들을 다 버리고 피난민들을 정말 빼곡하게, 태울 수 있는 만큼 다 태웠는데 무려 1만 4000명을 태웠다고 해요. 정원은 60명이었고 선원이 48명이었던 배인데 정말 대단했죠. 우리 어머니 말씀에 의하면, 정말 겨우 앉을 수 있는 정도였대요. 어디 기댈 데도 없었고 발을 뻗지도 못할 정도로 쪼그려서 2박 3일을 내려온 거죠.

아무튼 그때 당시에 배에 있는 무기들을 버리고 피난민들을 수송해달라고 간청하고 설득한 사람이 현봉학이라는 분인데, 미국에서 공부해서 의사가 된 한국인이고 통역관이었어요. 영화 〈국제시장〉에도 나왔던 장면이기도 하죠.

당시 흥남 부두는 미군과 한국군 10만여 명, 피난민 9만여 명 등으로 아수라장이었다고 한다. 피난을 떠날 배를 찾지 못해 발을 동동 구

　　　　　　　　　　　　　　　문재인의 삶

르는 절망적인 피난민들이 메러디스 빅토리호라는 기적 같은 배를 타지 못했다면, 아마 수만 명의 사람들이 그곳에서 몰살되었을 것이다. 문재인의 부모도 흥남철수 마지막 날 천재일우로 이 배를 타고 흥남에서 거제로 왔다. 이 배와 현봉학 씨에 대한 이야기가 등장하는 〈국제시장〉은 그래서 더더욱 문재인에게는 남다르게 다가온 영화였을 것이다. 사법고시 합격 전에 돌아가신 아버지 생각, 북녘 하늘을 보며 슬픔에 잠기는 어머니 생각이 왜 나지 않았겠는가. 만약 그때 문재인의 부모가 그 배에 타지 못했다면, 지금의 문재인은 존재하지 않았다.

문재인　　　그런데 그 배가 내려오는 그동안에 배 안에서 다섯 명의 아이가 태어났다고 해요. 출발할 때는 1만 4000명의 피난민이었는데, 도착할 때는 1만 4005명이 된 셈이죠. 미군이 그때 태어난 아이들을 '김치'라고 불렀대요. 그 이유에 대해서는 두 가지 해석이 있는데, 하나는 김 씨가 워낙 흔하니까 편한 대로 그렇게 불렀다는 거고, 또 하나는 한국 사람이 김치를 좋아하니까 붙인 이름이라는 얘기도 있고 그래요. 어쨌든 다섯 명의 아이를 김치1, 김치2, 김치3 이런 식으로 부른 거죠.

지난해 12월에 그 현봉학 선생을 기리는 동상이 세브란스 병원 앞뜰에 세워져서 제막식을 했는데 제가 그 자리에 참석을 했어요. 그런데 거기서 김치1 하고, 김치5를 만났습니다. 김치2, 3, 4는 행방을 모른다고 하더라고요. 참 묘한 기분이었습니다.

당시 그 배의 선장이 레너드 라루라는 분인데, 그분의 이야기도

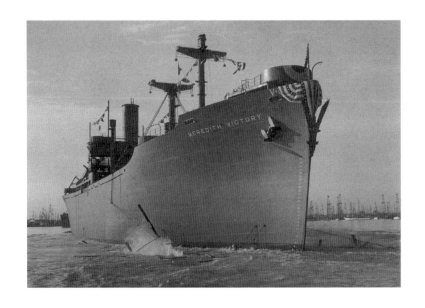

피난민 1만 4000여 명을 빼곡하게 태웠던
기적의 배, 메러디스 빅토리호.
문재인의 부모도 흥남철수 마지막 날
천재일우로 이 배를 타고 흥남에서 거제로 왔다.
만일 그때 문재인의 부모가 이 배에 타지 못했다면
지금의 문재인도 존재하지 않았을 것이다.

참 남다른 부분이 있어요. 스스로 생각하기에도 당시의 일이 정말 기적 같았던 거죠. 당시에 흥남 앞바다에는 지뢰, 폭뢰 그런 것들이 잔뜩 있었는데 1만 4000명이나 되는 사람들을 태운 그 배가 그 모든 것들을 다 피하면서 한 사람도 잃지 않고 무사히 거제도까지 도착했고, 또 그 사이에 아기들도 태어났잖아요. 그래서 라루 선장은 이건 정말 하나님의 특별한 은총이 없이는 일어날 수 없는 기적이라고 생각했고, 전쟁 이후에 수도사가 되었어요. 미국의 한 베네딕도회의 수도원에 들어가 수도사로 살면서 여생을 바친 거죠. 그런데 또 신기한 게, 그가 있었던 수도원이 운영난에 봉착하면서 우리나라 경북 왜관에 있는 베네딕도회 수도원이 인수했다고 하더라고요. 그러면서 라루 선장의 이야기가 세상에 알려진 것이고요.

우리 어머니가 해준 이야기 중에 특별한 게, 그때 그 피난길 도중에 배 안에서 12월 24일을 맞았잖아요. 크리스마스 이브라고 미군들이 사람들에게 사탕을 하나씩 나눠졌다고 하더라고요. '드롭스(drops)'라고 불렸던, 가운데 구멍 뚫린 사탕이요. 사람들이 워낙 많았으니까 한 봉지씩은 못 주고 하나씩 나눠줬다고 하는데, 그런 상황 속에서도 피난민들한테 사탕을 나눠주려고 했던 그 마음이 많이 와 닿더라고요. 고맙죠. 북한 공산 치하가 싫어서 탈출하려던 피난민인데 그들 도움이 없었으면 못 내려왔고, 나 같은 실향민 2세들도 태어나지 못했죠.

그는 이 말을 하며 농반진반 "나는 그러니까 친미파예요"라고 웃기도 했다. 그에게 "반미"라는 딱지를 붙이는 일각의 시선에 대한 뼈 있는 응수 같았다. 그는 자신의 오늘을 가능케 해준 메레디스 빅토리호의 라루 선장과 현봉학 선생에 대해 각별한 고마움을 품고 살았다. 현봉학 선생의 동상을 세운다는 소식을 듣고 한 걸음에 달려간 이유일 것이다.

'김치1'과 '김치5'를 만난 에피소드를 전할 때의 문재인의 표정은 옛 고향에서 같이 자란 동기들을 떠올리는 것처럼 영락없이 들뜬 모습이었다. 라루 선장이 화물선에 1만 4000명의 피난민을 태워 지뢰, 폭뢰 등으로 가득한 흥남 앞바다를 피하고, 한 겨울의 폭풍을 피해 거제도까지 무사히 내려왔다는 신화 같은 이야기를 듣다 보니 난파된 배에서 호랑이와 함께 생환한 소년을 그린 소설 『파이 이야기』가 떠오르기도 했다. 빅토리호의 항해기가 소년 문재인에게 마치 판타지 소설처럼 한 번도 가보지 못한 북한 땅과 바다를 찾고 싶다는 무의식적 소망을 심어준 건 아니었을까. 그가 많은 논란을 낳았던 "대통령이 되면 북한에 먼저 갈 수도 있다"라는 말을 한 데에는 여러 이유가 있었겠지만, 그런 무의식도 작용하지 않았을까. 그에게서 흥남 부두를 떠나 거제에 도착한 이후 평생 실향민의 한을 안고 산 그의 부모님들의 모습이 계속 읽히는 이유다.

문재인의 삶

판자촌의 아이

이나미　　거제도에 대한 기억은 어떻게 갖고 있으세요?

문재인　　나는 약간의 기억만 남아 있어요. 우리 집 앞에 도랑, 하천, 개천이 있었는데 그런 곳에서 놀았던 기억들. 가을철에 추수하고 나면 쌓아두었던 볏 짚단 위에서 아이들과 같이 놀던 기억들. 또 기억나는 건 화장실의 풍경. 그때 화장실은 문이 없었고 가마니가 늘어져 있었거든요. 그 가마니를 들추고 들어가면 화장실이 있었던 게 기억이 나요.

　먼 기억을 회상하는 그의 눈빛이 빛났다. 지나간 과거는 고통이 아물고 새로운 삶이 쌓이면서 아름답게 변한다. 천진했던 어린 날, 가을철 추수가 끝나면 쌓아두었던 볏 짚단 위에서 아이들과 같이 놀던 모습이 한 폭의 풍경화처럼 그려진다. 책과 피아노에만 매달리며 건조한 어린 시절을 보냈던 내가 부러움을 느끼는 대목이기도 하다. 도시에서 자란 병약하고 시야 좁은 이들은 산으로 들로 바다로 종횡무진 뛰어다니는 이들을 이기지 못한다. 나는 후자가 결국엔 승자가 되는 것을 많이 보았다.
　어쩌면 문재인도 힘겨운 어린 시절이 있었기에 지금과 같은 체력과 맷집과 인내심을 기울 수 있었을 것이고, 그 점이 사실은 감사해야 할

인생의 역설이 아닐까. 그의 성공이 이 시대 많은 흙수저들에게 희망
이 될 수 있는 이유이기도 하다.

이나미　예전에 쓰신 책에서 봤는데, 당시 거제도 사람들이
피난민들을 많이 도와줬다고요.

문재인　당시 거제도 인구가 10만 명이 안 됐을 때인데, 흥
남철수 때 내려온 피난민만 9만 1000명 정도였어요. 포로수용
소와 다른 루트로 들어왔던 피난민들까지 합치면 거의 15만 명
정도는 되지 않았을까 추산을 해요. 그러니까 거제 인구 10만
명이 그보다 많은 피난민들을 다 품어준 거죠. 취사도구 하나 없
었던 상황에서 냄비나 솥단지 같은 것을 나눠주기도 했고, 방 한
칸을 내어주기도 했고요. 정말 따뜻하고 넉넉한 인심으로 피난
민들을 품어줬다고 말할 수 있죠. 그래서 그에 대한 고마움 때문
에 흥남시민회나 함남도민회라든지, 피난민 그룹별로 거제 지역
학교에 장학금을 보낸다든지 하는 보은 운동을 하기도 했죠.

거제 인구 10만이 오히려 자기들보다도 더 많은 피난민들을 품어
주었다는 것은 상상만으로도 대단한 일이다. 인구가 수천만이 넘는
나라들이 피난민 몇백, 몇천 명을 두고도 받니 안 받니 하는 것과 얼
마나 비교가 되는 일인가.
문재인은 거제에서 피난살이 중에 태어났다. 그래서 거제도는 그

문재인의 삶

에게도 부모님에게도 각별한, 마음의 뿌리 같은 곳이다. 친정 식구들은 한 명도 같이 내려오지 못한 문재인의 어머니는 그래도 친화력이 좋으셨는지 거제 사람들과 잘 어울리며 지냈던 것 같다. 30년이 지난 후에 거제도를 다시 찾았을 때도 서로 알아보고 반가워했다고 한다.

이나미　　거제도가 마음의 고향인 셈이죠?

문재인　　우리 부모님이 살았던 곳, 내가 태어났던 곳이기 때문에 애틋함이 있죠. 제가 태어났던 바로 그 집도 찾아서 가봤어요. 내가 태어난 곳은 당시에 우리가 살던 집이 아니었고, 몇 집인가 건너에 있는 집이었어요. 어머니가 나를 뱄을 때, 우리 가족이 세 들어 살던 집의 주인아주머니도 같이 애를 뱄대요. 속설에 같은 집에서 아이를 낳으면 안 된다고 해서, 우리 어머니는 아이 낳을 다른 집을 찾아서 나를 낳게 된 거죠. 그때 내가 태어진 집의 주인이 제 탯줄도 끊어줬어요. 지금은 할머니가 되셨는데, 그분이 그때 살던 그 집에서 60년 넘게 그대로 살고 있더라고요. 외형만 약간 보수가 됐고, 방은 그때 그대로였고요. 지난번 대선 때 거제에 유세를 갔었는데 그분이 유세장에도 나오셨더라고요. 고향 사람들이 그 할머니를 모시고 나왔는데, 나한테 꽃다발도 주시고 포옹도 해주시고 하셨죠.

상당처 흥미로운 이야기이고, 놀라운 인연이나. 이웃집 방 한 칸에서 힘겹게 태어난 아이. 그때 탯줄을 끊어준 아이가 대통령 후보가 되었고 다시 만났다. 문재인을 무척 좋아하는 기독교인이라면 고향을 떠나 마구간에서 비천하게 태어난 예수를 떠올리는 상상을 해볼 수도 있을 듯하다. 문재인이란 사람을 '신화'화 할 필요는 없지만, 어쩌면 이 세상의 모든 크고 작은 영웅들이 태어날 때 고난을 겪었다는 점은 공통적이다. 고난을 겪지 않고 어떻게 성장할 수 있겠는가.

가난한 집안의 장남은 보통 많은 희생을 한다. 피난민들의 고생과 궁핍한 삶을 그린 김원일의 소설 『마당 깊은 집』에 등장하는 맏아들과 어머니의 힘든 삶을 떠올리며 그에게 물었다.

이나미　　맏아들이시죠, 위로 누님만 계시고. 경제적으로 어렵고 그러면 맏이들은 어깨에 짐이 많을 수밖에 없잖아요.

문재인　　나보다는 우리 누님이 희생을 많이 했어요. 누나가 공부를 꽤 했는데, 여상에 들어가 학교를 마치고 바로 경리 직원으로 일을 했어요. 제가 그 도움을 받고 대학교까지 간 거죠. 동생들도 그렇고. 그런데 우리 집뿐 아니라 이북 사람들이 교육열이 높아서 고생고생해도 어떻게든 자식들을 공부를 시키려고 했어요.

이런 상황이 그 시대에 드문 이야기는 아니었다. 공부 잘하는 남자 형제를 위해 많은 누이들은 학교를 포기하고 가발 공장에서, 봉제 공

문재인의 삶

장에서, 낯선 타향에서 고생을 했다. 문재인이 가장 존경한다는 인물 중 하나인 조영래 변호사가 『전태일 평전』에서 묘사하기도 했던 '창백하게 병든 공장의 누이들'이 그랬다. 공부 잘하는 동생을 위해 공부를 포기하고 뒷바라지를 했던 문재인의 누이도 그 시대, 가난한 집안에서 여자로 태어나 하고 싶은 공부를 못한 여성들의 초상이다.

또한 자신들은 못 먹고 못 살아도 자식들만은 어떻게든 공부 시켜 성공할 수 있게 하겠다는 부모의 마음은 어떤 시대건 마찬가지겠지만, 당시 이북 출신 피난민들에겐 그런 열망이 더 강했을 법도 하다. 자신의 땅에서 뿌리 뽑힌 채 세상을 떠돌아야 했던 유대인들이 자녀들을 사회에서 성공시키려 모든 노력을 다 했던 것과 비슷한 맥락이지 않을까. 피난민들의 자녀들에게도 그런 집안의 상황은 좀 더 강한 동기로 작용했을 것이다. 뿌리를 잃고 쇠락한 집안을 다시 일으킬 수 있는 길이, 또 죽을힘을 다해 고생하는 부모님의 한을 풀어드리는 방법이 오로지 공부를 열심히 하는 것밖에 없기에 묵묵히 그리고 열심히 공부했던 이들이 많았다. 문재인도 전액 장학금을 받으며 경희대에 들어갔고, 남동생도 해양대학에 들어가 일찍부터 항해사가 되었다. 전교에서 가장 아이큐가 높았다는 여동생 역시 장학금을 받아가며 공부를 마쳤다. 아내 김정숙의 말대로 문재인의 머리 좋은 형제들이 꼿꼿한 자존심으로 말없이 자기 길을 가게 된 원동력은 어쩌면 그들의 가난과 뿌리 뽑힘이 아니었을까.

거제에서 부산 영도로

거제에서 시작한 피난생활은 부산 영도로 이사를 하면서 장면이 바뀐다. 문재인의 어머니는 거제에 살 때 계란 행상을 하며 돈을 조금씩 모았다. 계란은 머리에 이고, 어린 문재인은 등에 업고서 배를 타고 나가 부산에서 계란을 팔았던 것이다. 피난오기 전까지만 해도 부농 집안의 귀한 아가씨였던 그녀가 아이를 들쳐 업고 계란을 팔러 험한 배를 타고 오가는 어머니로 변모한 것이다. 그 어머니의 모습에서 가난과 전쟁 속에서도 아이들을 놓지 않았던 그 시대 여성들의 강인함을 읽는다. 남들에게 아쉬운 소리는 못하고, 그리 많은 이윤도 남기지 못하고, 아등바등 돈을 더 벌겠다는 억척스러움도 없었지만, 어머니는 아버지와 함께 문재인의 어린 시절을 든든하게 받쳤던 큰 기둥이었다. 장사를 하기 위해 배를 타고 다녔던 어머니와 아버지에 대한 기억이 있어서인가, 문재인에게 그 시절에 대한 애틋함은 '배'에 대한 애틋함으로도 이어진다.

이나미   어머니가 거제에서 부산까지 배를 타고 다니면서 계란 행상을 하셨다고요.

문재인   네. 그래서 배에 대한 애틋함이 있어요. 어머니가 그때 계란을 이고 탔던 배가 옛날 이름으로 아리랑호인가 도라지

문재인의 삶

호인가, 암튼 3등 여객선이었어요. 우리 아버지도 양말 장사를 할 때 똑같이 그 배를 타고 나가셨고요. 내가 들었던 기억으로는 여수, 순천, 목포 그렇게 주로 호남지방을 돌면서 양말을 파셨다고 해요. 당시 그 배가 부산, 통영, 거제, 남해, 여수, 목포까지 가는 배였거든요. 지금은 고속선으로 다 바뀌었는데, 저도 옛날에 그 지역으로 여행 다닐 때 육로로 가지 않고 그 배를 타고 다녔어요. 아버지와 어머니가 타고 다녔던, 어떤 그런 애잔한 마음이 있지요. 그 배를 타고 가다가 통영이나 거제에서 정박하면 아주머니들이 배 위로 올라와서 김밥을 팔았는데, 그게 나중에 '충무김밥'이라고 유명해졌어요.

이나미　　아버지가 장사로 돈을 많이 버시지는 못하셨지만, 장삿길 갔다 오실 때 꼭 책을 사다주시곤 하셨다고요?

문재인　　그랬어요. 책을 한두 권씩 꼭 사오셨어요.

이나미　　말씀은 많이 안 하셨어도 그렇게 애정을 표현하신 분인 것 같다, 그렇게 저는 짐작이 돼요. 아버님도 책을 좋아하셨고, 그래서 아들한테도 그런 것들을 물려주고 싶은 마음. 혹시 아버지와 자신과 비슷한 점이 있다고 느껴지는 점은 없으세요?

문재인　　얼굴이 닮았어요. 예전에는 내 동생이 아버지를 많이 닮았고, 나는 전혀 안 닮았다고 생각했거든요. 그런데 나이가 들어서 문득 거울을 보니까 내가 딱 우리 아버지 얼굴인 거죠.

———
이나미　　얼굴만 닮지는 않으셨을 것 같은데, 성격은요? 예컨 대 우유부단하다든지, 융통성이 없다든지 하는 그런 점들. 생각 해보신 적 있으세요?

———
문재인　　그런 게 다 저에게도 합쳐져 있겠지요.

아마도 많은 이들이 그렇듯, 문재인 역시 아버지와 닮고 싶기도 하고 닮고 싶지도 않은 양가감정이 있을 것이다. 누구나 한 번쯤 그런 경험들을 한다. '절대 엄마처럼 살지 않을 거야'라고 생각했는데 자식을 키우면서 보니 마치 어머니가 빙의한 것처럼 나도 똑같은 잘못을 되풀이하더라는 이야기, '아버지와 나는 다르다'고 생각했는데 어느 날 문득 자신이 아버지의 궤적을 그대로 따라가고 있더라는 이야기. 이는 인간의 유전자 속에 원형이란 형태로 내장된 기억일 수도 있고, 후천적으로 보고 자란 학습 때문일 수도 있지만, 내 안에 숨어 있는 부모를 만나는 경험은 애틋하면서도 슬프고, 자랑스러우면서도 부끄러울 수 있는 내밀한 인간적 경험이다.

문재인은 어려운 사법고시를 우수한 성적으로 패스했고, 물론 반독재 학생운동을 했다는 점 때문에 원하던 판사 임용은 못 받았지만, 충분히 변호사로서 수월히 성공하는 길을 갈 수도 있었다. 그러나 그는 돈을 많이 버는 길 대신 인권변호사의 길을 택했다. 어찌 보면 그런 이력은 아버지의 고단한 운명을 따라간 것처럼 보이기도 한다. 변호사로 자리를 잡고, 부산에서는 꽤 유명한 로펌의 대표 변호사가 되었을 때도 그가 경제적으로 크게 부유한 생활을 누리지 않았던 점은 가난했던 시절에 대한 부채감과도 연결된다. 그의 마음에 깊게 각인되었던 가난의 무게를 승화시킨 것일 수도 있다.

이나미   아버지에 대한 다른 기억은요?

문재인   아버지는 워낙에 말씀이 없으셨어요. 내가 대학 가려고 서울로 떠난다고 할 때도 그렇고, 군대에 입대한다고 인사를 드릴 때도 그렇고, 보통 그럴 때는 아버지들이 이런 저런 당부 이야기들을 하잖아요. 그런데 우리 아버지는 그럴 때조차도 특별히 말씀을 안 하셨어요. 그러면 옆에서 우리 어머니가 오히려 아버지를 재촉하듯 그러셨어요. 술 많이 마시는 것 같은데 그런 것들 주의를 시키라고요. 그러면 아버지는 "너무 많이 하는 것은 좋지 않아" 그런 식으로 짧게 말씀하시곤 하셨죠.

문재인의 아버지는 그렇게 무뚝뚝했다. 그가 대학에 들어가 민주화운동을 하면서 구속되었을 때에도 아버지는 한 번도 면회를 오지 않았다고 한다. 그는 그게 아버지의 무언의 꾸짖음이라고 짐작하지 않았을까. 하지만 그가 감옥에서 나오고 난 후에도 아버지는 아무런 꾸중이나 걱정의 말을 하지 않았다고 한다.

나는 그동안 임상에서 학생운동을 했던 이들을 꽤 많이 만났다. 어떤 이들은 권위적인 아버지의 모습을 독재자에 투사해서 끝까지 분노와 증오의 감정으로 투쟁했고, 또 어떤 이들은 자신을 밀어주고 믿어주었던 아버지에 대한 미안함 때문에 민주화 운동을 하면서도 힘들어했고 그 후로도 오랫동안 회환에 잠겨야 했다. 사회를 위해 무언가를 하고 싶은 젊은이들에게 넘어야 할 가장 큰 장벽은 어쩌면 가족들에 대한 부채감이 아닐까 싶다. 하지만 문재인의 아버지는 독재와 싸우는 아들을 적극적으로 뒷받침을 하지는 못했어도, 강하게 비난한 적도 없어서 무언의 격려와 응원을 해준 부모였던 것으로 짐작한다.

아버지와 어머니는 모든 사람들이 세상에 나서 처음으로 접하게 되는 대상(object)이다. 이 관계가 두고두고 인생에서 다른 사람과의 관계에 영향을 미친다. 부모로부터 든든한 사랑을 받고 긍정적인 사고방식의 대화를 하며 성장한 사람들은 다른 어른들도 그렇게 하리라는 기대를 갖고 세상에 나온다. 그러다 자신의 부모와는 전혀 다른 어른들을 만나면서 순수함이 깨지고 상처받기도 한다. 거꾸로, 부모와의 갈등으로 힘들었던 이들은 세상의 다른 어른들 역시 자신의 부모처럼 폭력적이거나 권위적이거나 자기중심적이거나 하는 식으로 부모의 상을 투사한다.

문재인도 어린 시절 아버지와의 관계가 그가 살면서 만나는 관계에 영향을 미쳤을 것이다. 대학 시절 학생운동을 하다 구속되기도 하고 인권변호사 활동을 하며 사회의 억압적인 체제와 끊임없이 부딪쳤지만, 그가 끝까지 조용하고 점잖은 신사의 이미지를 잃지 않았던 것은 선비 같은 아버지와의 묵묵한 신뢰 관계에서 기인한 것 같다.

이나미 어머니와의 일화도 있으실 것 같은데, 특별히 기억에 남는 이야기들이 있나요? 어머님과 연탄 배달을 했던 적도 있다고 들었는데, 연탄 배달하는 게 싫다거나 그러진 않으셨어요?

문재인 싫었죠. 내 동생은 그래도 묵묵하게 잘했는데, 나는 영 싫었어요. 많이 툴툴거리고 그랬어요. 옛날에 성당에서도 일주일에 한두 번 배급이라고 해서 구호물자를 나눠줬는데, 밀가루나 강냉이가루, 드물게는 전지분유 같은 걸 줬어요. 강냉이가루 받아오면 강냉이 죽을 끓여먹고 그런 거죠. 그걸 받아서 오는 걸 내가 해야 하는데 그때도 툴툴거리고 그러면서 했어요. 그게 초등학교 1, 2학년 때였나 그랬는데 줄을 쭉 서서 한두 시간 기다려서 받아오고 하는데 어린 마음에 창피하기도 하고 놀고도 싶고. 그래도 장남이니까 내가 해야 되는 몫이구나 했죠. 거기 가서 줄 서서 기다리고 있으면 꼬맹이가 나밖에 없으니까 수녀님들이 와서 기특하게 보고는 말도 한마디씩 건네주기두 하고, 슬쩍 와서 사탕도 주고, 참외 같은 것도 갖다 주기도 하고 그랬어요. 그때 수녀님이 진짜 천사 같았죠. 수녀님이 성당에서 풍금 치고 하면 더더욱 천사처럼 보이고 그랬어요.

어쨌든 그래도 우리 어머니는 내가 장남이라고 의지했던 면이 있었던 거 같아요. 우리 어머니가 북한에서는 곱게 자란 분이라 물정을 잘 모르고 이러니까 어디 멀리 간다거나 낯선 일을 한다거나 하면 나를, 조그마한 애를 데리고 다니고 그러셨어요. 실은 전혀 도움 될 일이 없는데도요. 옛날에 관에서 소금 같은 것을 배급해준 적이 한때 있었어요. 소금을 한두 포대 가지러 갈 때도 저를 데리고 갔는데, 어머니가 한 포대를 머리에 이고, 내가 한 포대를 등에 지고 그렇게 돌아오곤 했어요.

이나미　　어머님이 든든하셨겠어요.

문재인　　어머니가 한번은 암표 장사를 하면 돈이 좀 된다는 말을 듣고 새벽에 부산역으로 가는데, 혼자 가기 뭐하니까 나를 데리고 간 적도 있어요. 부산역 앞에 나를 세워놓고서 어머니는 이리저리 살펴보고 그러시다가 결국 아무것도 못하고 그냥 돌아왔어요. 부산역에서 영도 산비탈에 있는 우리 집까지 함께 터덜터덜 걸어오던 게 생각이 나요.

　북한에서 곱게 자란 여인이 어리지만 맏아들인 문재인을 보디가드처럼 앞세워 다니는 모습이 그려진다. 연탄 배달을 하며 부끄러웠던 어린 문재인의 마음만큼, 곱게 자란 부농 집안의 젊은 새댁이었던 어머니 역시 서럽고 슬펐을 거라는 사실을 당시 어린 문재인이 깊이 생각하지는 못했을 것이다. 반듯한 성품의 어머니가 차마 암표를 사라는 소리를 못하고 고민하다 결국 빈손으로 집까지 터덜터덜 돌아오는 길은 또 얼마나 길었을까. 그래도 모든 부모들이 그렇듯 아이들 손을 잡고 있으면 힘이 나고 아이들이 웃는 모습을 보면 울다가도 웃게 되는 경험을 문재인의 어머니도 많이 겪었으리라. 또 그런 자식 사랑으로 그 힘든 피난살이와 가난을 헤치고 나아갔을 것이다.

한편, 천사같은 모습으로 풍금을 치고 맛있는 것을 나눠주는 수녀님들은 어쩌면 그에게 또 다른 이상적인 어머니이자 누이이자 아내일 수 있는 긍정적인 아니마(anima)상[3]이었던 것 같다. 그가 음악을 전공하고 가톨릭 신자인 아내를 만나 영세를 받고 어려운 고비고비마다 종교적인 태도로 역경을 헤쳐나갈 수 있었던 뿌리를 구호물자 배급을 기다리던 긴 줄에 얽힌 일화에서도 읽을 수 있었다.

---

3 아니마는 남성 무의식 속의 여성성이라는 분석심리학적 개념이다. 어린 시절, 어머니를 포함해 모든 여성과의 경험들이 무의식에 집적되어 여러 다양한 상으로 현실에서 나타난다. 반대로 여성 무의식에는 아니무스라는 남성성이 숨어 있다.

일찍 철이 든 소년

문재인   그 시절은 많은 어머니들이 아버지도 존중하고, 아들도 존중하고 그러셨잖아요. 나도 일찍 어른 대접을 받았던 것 같아요. 또 저도 가난에 대해서는 일찍 철이 든 편이라 부모님께 뭘 사달라, 해달라 졸라본 적이 없어요. 어릴 때 하고 싶은 일들이 많잖아요. 전형적으로 남자 아이들 같으면 태권도장 가고 싶다 이런 거. 나는 속으로만 생각했지 가고 싶다거나 보내달라고 하지 않았어요. 미술 시간에는 크레용 몇 개 산 것 말고는 없고, 친구들 것을 얻어 써서 적당히 때우곤 했고요.

가난하면 일찍 철이 들게 되지만 한편으로 마음을 주눅 들게 만들기도 한다. 문재인도 가난 때문에 하고 싶어도 못한 것이 많았다. 돈이 드는 일은 애당초 포기해버리게 되는 것이다. 도시락을 싸오지 못한 어려운 아이들을 따로 불러 배급 빵 같은 것을 주곤 할 때 교사들 중에는 어린 학생들의 자존심을 상하게 하는 말을 하거나 빈정대는 이들도 있었다. 어린 문재인도 그런 상황에서 그따위 빵은 안 먹겠다고 마음을 먹기도 했지만, 너무 배가 고파 어쩔 수 없이 먹으며 참을 수 없는 모멸감을 느낀 적도 있었다. 선별해서 누구는 주고 누구는 주지 않는 과정이 가난한 집에 태어난 아이들에게는 큰 마음의 상처가 될 수 있음을 아는 그였기 때문에, 모든 학생을 대상으로 급식을 해야 한

문재인의 삶

다고 주장할 수 있었을 것이다.

그럼에도 문재인은 가난이 준 선물이 더 크다고 이야기한다. "돈이 별로 중요한 게 아니라는 가치관은 가난 때문에 내 속에 자리 잡은 것이다"라고 이야기하거나 "가능하면 혼자 해결하는 것, 힘들게 보여도 일단 혼자 해결하려고 부딪혀보는 것, 이런 자세가 자립심과 독립심을 키우는 데 많은 도움이 됐다고 생각한다"고 강조한 바 있다.[4]

한편, 가난한 시절의 어려움은 오랜 세월이 흐른 후에는 '허클베리 핀 식'의 추억이 되기도 한다.

> **문재인** 옛날에는 부산 영도가 재미있는 곳이었어요. 지금은 영도 다리로 다 연결된 곳이지만, 섬이었거든요. 옛날에는 하루에 두 번씩 마스트나 돛대 높은 배가 지나가도록 영도 다리 한쪽이 들어 올려졌어요. 오전 10시와 오후 4시 이렇게요. 그 바람에 수도가 영도에 들어오지 못했어요. 영도 내에서 자체적으로 수도를 해결했는데, 산에서 대나무로 물을 모아서 물을 파는 물장사가 있었어요. 한 동이에 얼마 이렇게 파는 거죠. 거기에 가서 우리 어머니와 누나는 머리에 이고 오고, 나는 물지게로 지고 오고 그러기도 했죠. 그런데 그것도 실은 돈이 드니까. 산에 가면 샘이 있잖아요. 예를 들어 오이냉국을 해먹는다 하면, 그 샘에 가서 물을 떠오기도 했어요. 주전자나 양동이를 들고. 그걸 하는

---

4 문재인, 『운명』, 가교출판, 2011.

것은 내 몫이었죠.

이나미   돈벌이가 될 수 있는 일도 하신 적 있나요?

문재인   늘 한 것은 아니지만 있기야 하죠.

이나미   **생각나는 게 있으세요?**

문재인   영도에 그 시절에는 철조망 울타리가 많았거든요. 철조망 울타리에 보면 구리나 주석 같은 것으로 연결되어서 매듭지어져 있는데, 그런 자잘한 것들을 모아놓으면 그래도 쏠쏠했어요. 적은 양은 엿 바꿔 먹는 거고, 약간 많으면 고물상에 가져가서 돈을 받아오고요.

또는 영도는 바닷가여서 낚시 미끼를 잡아서 팔기도 했죠. 일반 갯지렁이는 어디 들추면 흔하게 있었기 때문에 그건 별로 돈이 될 게 없었는데, '혼무시'라고 부르는 큰 갯지렁이가 있어요. 다리도 달려 있고 징그럽게 생겼어요. 보면 겁도 나요. 지금도 큰 고기 낚시할 때 쓰는 미끼인데, 그때 한 마리에 값이 꽤 되었어요. 그런데 그건 바닷가에 있지 않고 약간 깊은 곳에 있는 바위 같은 데 있었어요. 잠수해서 해초를 뿌리째 뜯어내면 바위에 붙어 있는 뿌리 쪽, 그 속에 사는 거예요.

이나미　　　그런 것들 찾아다니고 그러셨으면, 다치고 아프고 했던 경험도 있었을 것 같은데요.

문재인　　　영도 바다가 원래 수영 금지구역이에요. 사라호 태풍 때 해일에 해안 언덕이 무너져 바위가 많고 험한 곳이어서. 사라호 태풍이 제가 초등학교 1학년 때, 59년에 왔거든요. 바다에 나가면 다쳐가면서 수영한 거죠. 어릴 때니까.

사라호 태풍이 지나간 뒤 엉망이 된 바다 속에서 위험한 줄도 모르고 혼무시를 찾아 헤매는 어린 소년의 이미지는 여러 장면을 떠올리게 했다. 푼돈이라도 벌어보겠다고 바닷속에 들어갔던 어린 잠수사. 고사리손으로 해초를 뽑으며 손과 발이 엉망이 되었던 적도 많았을 것이다. 어머니에게 야단맞을까 봐 다쳐도 이야기도 하지 않고 때론 밤새 끙끙거린 일도 있을 것이다. 그가 세월호 참사 이후 팽목항에서 바다를 바라볼 때 슬픔과 분노가 남달리 강해 보였던 것도, 단식하는 가족들 옆을 함께 지켰던 모습도 연결이 되는 대목이다.

문재인　　　크게 다쳤던 기억은, 연날리기 할 때 연줄 감는 얼레 있잖아요. 우리는 얼레를 '자세'라고 불렀는데, 그걸 혼자서 만들다가 손가락이 크게 베었던 적이 있죠. 보통 다른 집은 아버지나 형이 그런 것들을 만들어주잖아요. 팽이를 깎아준다든지, 자치기 하면 자를 깎아준다든지, 연 날리기 하던 얼레를 만드는 그런 것들요. 근데 우리 아버지는 장사하러 나가셔서 거의 늘 안 계셨고, 위로 형은 없고, 누나는 여자니까 거의 다 내가 혼자 직접 만들고 그랬어요. 그런 것에 대한 아쉬움도 많이 있었죠. 보통 자세를 만들면, 그냥 단순하게 납작하게 만드는 일자 자세가 있고, 육각형이나 팔각형 모양의 통 자세가 있는데 속도가 달라요. 연 싸움이라는 게 얼마나 줄을 빨리 감고 푸느냐의 싸움이잖아요? 근데 통 자세는 빠르게 감기고 풀리는데 일자 자세는 느려요. 나는 일자 자세까지는 어떻게 혼자서도 만들겠는데, 육자나 팔자는 기술이 필요하잖아요. 있는 집 아이들은 다 사죠. 없는 집 애들은 만들어 써야 하는데, 그건 내 솜씨로 안 되는 거예요. 굴렁쇠 같은 것도 굴러가는 것은 어떻게 구하면 되는데 받치는 것은 끝을 두꺼운 철사로 구부리고 해야 하는데, 그건 내 능력으로는 못 만드는 거죠. 그래서 내가 자세를 어떻게 깎아보겠다고 하다가 손가락이 반토막은 베였죠.

가진 게 없어서 아쉬움이 컸던 기억이지만 얼레 이야기를 하는 문재인의 모습은 그때의 어린 소년처럼 천진난만했다. 굴렁쇠를 받치는 끝을 만들 수가 없어서, 아버지가 연을 만들어주는 아이들을 이길 수 없었던 기억들이 억울했던 것도 같다. 어린 시절부터 집안의 재력 때문에 싸움에서도 질 수밖에 없는 가난한 아이들의 이야기와 연결되기도 한다. 문재인이 "기회가 공평한 나라"를 줄기차게 이야기하는 것은, 없는 사람의 비애를 깊이 느끼며 성장했던 본인의 이와 같은 생생한 경험에서 비롯된 것이기도 하다.

이나미　크게 다치고 그랬으면, 어머님이 많이 속상하셨을 텐데. 어머니가 강한 분이셔서 표현을 안 하셨을 것 같기도 하고요.

문재인　어머니한테 다친 얘기를 잘 하지 않았죠. 자랄 때는 다들 그렇게 다치기도 하고, 밖에 나가서 있었던 일들을 집에 가서 말 하지 않고 그렇게 자랐잖아요. 그 시절은 사는 게 고달파서 요즘처럼 금이야 옥이야 키우지도 못했어요. 아침에 나가면 점심은 알아서 해결하고 저녁에 집으로 돌아가는 거죠. 공부하라고 시키는 것도 없고요. 중학교 입시 전까지는 공부하라는 소리를 하신 적이 없어요. 초등학교 6학년 되면서 입시 때문에 공부를 했죠. 그때 우리 어머니는 내가 공부하면 옆에서 안 주무시고 앉아 계셨어요. 그런데 피곤하니까 앉아서 꾸벅 조시는 거죠.

이나미　공부해야겠다는 생각이 저절로 드셨어요? 입시기 있어도 안 할 수도 있잖아요. 밖에서 노는 게 더 재미있을 수도 있고. 빨리 철이 드셨나 봐요.

문재인　공부하는 걸 좋아했어요. 그 전에는 공부를 안 해서 몰랐죠. 5학년 때까지는 내가 공부를 잘한다는 사실도 전혀 몰랐는데, 6학년 들어가면서 공부를 하기 시작하니까 잘하는 편이구나 알게 됐죠. 한두 달 정도 지나니까 반에서 공부 잘한다는 소리를 듣게 되었어요. 그때 내가 다니던 초등학교가 부산에서는 시골 외곽이어서 당시 명문학교에 고작 몇 명 정도 입학하는 시기였는데, 제가 그런 기대를 받게 됐어요.

중학교에 들어가기 전까지만 해도 어린 문재인은 영도라는 섬 밖에서 어떤 일들이 벌어지는지 모르고 살았다 한다. 비슷비슷하게 어려운 이웃들 사이에서 그저 아침에 나가면 점심은 각자 알아서 해결하고, 저녁에 들어가 나물에 밥을 먹는 것만으로 만족하는 일상이었다. 아버지가 사다 준 책을 읽고 또 읽는 책벌레, 씩씩하게 친구들과 어울려 산으로 바다로 놀러 다녔던 소년의 평범한 삶이 그에게 건강한 어린 시절을 만들어준 것 같다.

문재인이 초등학교를 다닐 때는 한 반에 80명이 넘는 콩나물 시루 교실에 이교대 삼교대로 학교를 운영하던 때였다. 당시 그가 다니던 남항초등학교도 학생들이 6000명이 넘는 규모여서 나중에는 세 개 학교로 분교되어 쪼개졌다고 한다. 사람들이 그만큼 몰려 살았다는 얘기다. 거의 다 그의 가족처럼 피난민들이어서 다들 가난하고 어려웠다. 그래도 그의 집은 교육열이 강한 편이었지만, 그렇지 않은 집은 아이들이 5, 6학년쯤 되면 학교를 관두고 구둣방이나 양복점의 시다로 빠져나가고, 여학생들은 타지로 식모살이를 떠나거나 집에서 아이들을 돌보기도 했다.

어쩌면 그 시대 배우지 못한 이들이 지금의 노인세대를 이루었고, 배우지 못했기에 맹목적인 정치적 성향을 갖게 된 것이 아닐까. 가난 속에서도 교육을 포기하지 않고 세상을 보는 비판적인 시각과 판단력을 키운 경우와 먹고살기도 힘든데 공부가 무슨 소용이냐며 귀와 눈을 닫아버린 경우는 큰 차이를 만든다. 아예 부모를 잃고 혼자 어린 시절부터 헤쳐 나가야 했던 전쟁고아는 또 오죽이나 많았는가. 전쟁과 가난의 상흔으로 비참하게 학대당하며 자란 아이들은 또 얼마나 많았는가. 그들이 성장하고 나이가 들면서 정상적으로 가정을 이루지 못하고 또 다른 가해자가 되어 알게 모르게 폭력을 휘두르는 예를 나는 임상에서 숱하게 봐왔다. 가슴 아픈 우리의 과거다. 문재인이 어려운 환경 속에서도 반듯하게 자랄 수 있게 해준 부모에게 감사하지 않을 수 없는 대목이다.

사회의식에 눈뜨다

　부모님의 기대대로 문재인은 사교육은커녕 제대로 된 문제지 하나 풀지 않고도 경남중학교란 명문에 들어간다. 하지만 경남중학교에 들어가서 접하게 된 풍경은 그가 살던 영도와는 완전히 달랐다. 경남중학교는 부산이나 경남 지역에서도 내로라하는 집안의 인재들이 모인 곳이었다.

이나미　경남중학교에 들어가서 문화 충격 같은 거 있지 않았어요?

문재인　있었죠. 그때 학교에 처음 들어가서 본 게 벽에 붙어 있는 'Boys, be ambitious!'란 문구였어요. 지금도 생생하게 기억나요. 나는 그게 뭔지 몰랐죠. 그냥 영어인 줄만 알았지. 그런데 다른 아이들이 그걸 읽고 그랬어요. 영어를 처음 공부하는 나 같은 애들은 오선지 같은 노트에 줄 맞춰서 ABCD 알파벳을 써가며 처음 시작하는 처지인데, 선행학습을 해서 영어를 이미 곧잘 하는 애들이 꽤 있었던 거예요.
그것도 그렇고, 잘사는 애들도 많았어요. 그 시절에 부잣집들은 식모나 일하는 사람들을 두고 있었거든요. 어쩌다가 친구 집에 함께 따라갔는데 집에 있는 식모나 일하는 사람들이 친구를 도

"중학교에 입학하면서부터
가난에 대한 사회의식 같은 게 생겼어요.
막연하게나마 '이건 사회적인 것이다,
구조적인 것이다'라고 느끼기 시작한 거죠."

런님이라 부르며 떠받드는 것을 보고 많이 놀랐어요. 사는 집이 나 마당을 봐도 입이 떡 벌어지는 거죠.

이나미　속상하지 않으셨어요? 어떠셨어요?

문재인　그때부터 뭔가 가난에 대한 사회의식 같은 게 생겼던 것 같아요. 막연하게나마 '이건 사회적인 것이다, 구조적인 것이다'라고 느끼기 시작한 거죠.

'소년이여, 야망을 가져라'라는 문장은 그 시절 학생들에게 가장 많이 회자되던 영어 경구였다. 바다에서 벌레 잡아 용돈을 벌던 가난한 집 소년이 지금 한 나라의 대통령 후보가 되었다는 점에서 보면 의미심장하기도 하다.

문재인은 낙천적인 소년이었지만, 가난한 환경에서 항상 씩씩할 수만은 없었을 것이다. 마당 넓은 집에 사는 부잣집 친구가 도련님처럼 떠받들어지는 모습을 봤던 경험은 그동안 한 번도 느껴보지 못했던 복잡한 감정이었을 것이다. 그러나 자존심 강한 문재인은 그들을 부러워하지는 않았다. 이쯤에서 세간에 떠도는 노무현 전 대통령의 어린 시절 한 삽화가 떠오른다. 다들 보자기에 책을 싸들고 다니던 시절, 부잣집 아이가 들고 다니던 가방을 찢어버린 일화다. 가난과 열등감이 상처와 반항심으로 이어졌던 것이라 해석할 수 있는 에피소드인데, 문재인에게는 그런 격정적인 반항심이나 분노는 보이지 않는다.

문재인의 삶

그보다는 조금 더 이성적으로 가난에 대한 사회의식, 구조에 대한 문제의식이 생겨난 것 같다. 책 좋아하는 아버지가 어린 시절부터 책을 읽는 모범을 보인 것, 좋은 중고등학교를 나와 도서관에서 다양한 책을 빌려 볼 수 있었던 덕이 아닐까 싶다. 노무현 대통령에게 행동대장 같은 면이 있었다면, 문재인은 일단 성찰하고 분석하고 장고하는 참모처럼 보이는 이유이기도 하다.

이나미　　중학교 들어갔을 때가 1965년, 한일회담으로 시끄럽던 때였죠?

문재인　　중학교 1학년 때 한일회담 반대 시위가 부산에서도 많이 일어났었죠. 저도 쫓아다니면서 구경하고 그랬던 게 기억이 나요. 최루탄도 맞기도 하고.

이나미　　중학교 1학년이면 많이 어렸을 때인데, 그때 한일회담에 대한 어떤 생각이 있으셨어요?

문재인　　한일회담의 잘못된 점에 대해 우리 아버지로부터 듣고 있었어요. 아버지가 말씀은 없으셨는데 시국에 대한 개탄, 그런 이야기들은 어릴 때부터 쭉 하셨어요.

문재인의 정치적 관심을 일깨워준 최초의 스승은 아버지란 이야기다. 하지만 워낙 말씀이 없으셨던 분이니, 아버지와 더 많은 이야기를 나누지 못했던 것이 두고두고 아쉬운 것 같았다. 실제로 대한민국의 꽤 많은 아버지들이 그렇다. 감정이나 정서와 관계되는 주제는 떠올리면 아프고 힘들어서 아예 머릿속에 없는 듯 행동하지만, 논리적이고 공적인 일에 대해서는 자신의 의견을 피력한다. 그래서 가족들은 '아버지는 사랑이나 감성은 없이 오로지 일만 생각하는 사람, 체면만 생각하는 사람, 다른 사람들만 배려하는 사람, 자신만 아는 사람' 등등으로 오해받기도 한다. 하지만 그런 식으로 훈련이 된 채 성장하고 살아온 아버지들도 실은 여린 남자의 마음을 감추고 있는 면이 많다.

문재인의 아버지는 장사를 하는 처지였지만, 이웃집 대학생이 찾아오면 왜 한일회담에 반대해야 하는지, 이승만 박정희 정부가 왜 잘못하고 있는지 자세히 설명하곤 했다고 한다. 어쩌면 그렇게 어깨너머로 배운 지식과 식견들이 문재인의 정치적 훈련의 시작이었을 것이다. 실제로 이때부터 사회에 대한 비판의식과 분석적 태도를 익혔다고 표현하기도 한다. 끝없는 논리싸움을 해야 하는 변호사 시절뿐 아니라 공직에 들어간 참여정부 시절에도 청와대 내의 토론을 멈추지 않고 이끌어갈 수 있었던 시발점이기도 할 것이다. 그의 아버지는 비록 평소에는 말이 없으신 분이었지만, 꼭 필요할 때에는 논리적으로 생각을 풀어나갈 수 있도록 알게 모르게 어린 문재인을 훈련시킨 것이다. 마치 로버트 레드포드 감독, 브래드 피트 주연의 「흐르는 강물처럼」의 한 대목처럼, 아들에 대한 아버지의 말없는 훈육이자 지혜의 전수가 읽혀지는 대목이다.

어린 문재인 역시 시국을 개탄하는 아버지의 뜻에 공감하고 깊이 따랐던 것 같다. 그는 경남고등학교 2학년 때 삼선개헌에 반대하는 시위에 본격적으로 뛰어들기도 했다.

이나미 고등학교 때, 삼선개헌 반대시위를 하셨다고요?

문재인 그때 시위로 임시 휴교도 한두 달 했어요. 페퍼포그라는 최루 가스 발사 차량이 그때 처음 국내에 도입되었을 때인데, 교문 앞에 페퍼포그 차량이 버텨서 펑펑 하는 바람에 우리가 교문 밖으로 나가지는 못했어요. 교내만 돌면서 시위하다가 집으로 돌아갔는데, 그다음 날 학교 가니까 앞에 휴교라고 붙어 있었죠.

고등학교 때는 우리 스스로 삼선개헌이 부당한 것을 너무 잘 알고 있었어요. 우리가 부모님이나 동네 어른들한테 오히려 설명도 해주고 그랬으니까요. 그 시절 고등학교 때는 학생들이 머리가 굵었어요. 그때는 《사상계》 같은 잡지도 보고 신문도 보고 그랬죠. 요즘처럼 공부만 하는 것이 아니고, 사실은 공부보나 오히려 책 들고 있는 시간이 많았으니까요. 다양한 독서를 했죠. 소설부터 시작해서 그 시절에는 책에 나오는 고전들은 다 읽어야 된다고 생각했어요. 아마 중학교 때부터 고등학교까지 사이에 책을 정말 많이 읽었어요.

이나미　책이야 당연히 많이 읽으셨을 것 같고, 굉장히 모범생이었을 것 같은데 중고학교 때 에피소드들 중에는 은근히 사건들이 있으시더라고요. 일찍부터 술, 담배도 배웠다고 하셨고요.

문재인　술, 담배는 고3 때. 우리 고등학교 때는 다들 비슷하죠. 경남고등학교 전통이 '똥구두(선배에게 물려받은 헌 군화)'하고 '막걸리'라고 할 정도로 그랬어요. 학교 아래에 아이들이 다니면서 먹는 막걸리 집들도 있었어요. 원래는 밥집인데 막걸리도 파는 거죠. 학교 선생님들도 뻔히 알면서 아이들이 다니는 집은 피해줬어요. 그때는 고등학생들이 시국 시위도 하던 때였으니까 어른 대접을 해주고 그랬어요. 실제로 고등학생이면 당시에 많이 배운 지식인이어서 동네에 가면 제일 많이 아는 사람 축에 속했어요. 그래서 동네 어른들이 이것저것 물어보기도 했고요. 고등학생이었는데도 어른 대접을 받았던 셈이죠.

　학교에서도, 이웃으로부터도 어른 대접을 받았으니 당연히 일찌감치 성숙하게 되고, 그만큼 사회에 대한 책임감도 빨리 들었을 수 있다. 정신과 의사 에릭슨(Erikson)식의 개념을 빌리자면, 그 시대 청소년들은 너무 빨리 어른이 되어 청소년 시기를 조기종결(foreclosure)해야 했다면, 21세기의 청년들은 너무 강하고 잘난 어른들 덕에 한없이 성장기를 유예(moratorium)한다. 문재인의 청년기는 비록 가난했지만,

문재인의 청년기는 비록 가난했지만
좋은 친구들과 어울려 다니며
세상을 이해하려 했던 낭만적인 모습도 있다.
그에겐 그 시절이 소중한 자원이자
가치가 될 수 있는 까닭이다.

열심히 자녀들을 교육시키려는 부모님 덕에 명문학교에도 다닐 수 있었고, 좋은 친구들과 어울려 다니며 세상을 이해하려고 했던 낭만적인 모습도 있다. 가난했지만 명문 중고등학교의 도서관에서 보고 싶은 책도 실컷 보았으니 당시 공장과 논밭에서 일해야 했던 다른 많은 청년들에 비하면 평탄하고 행복하게 보냈다고 스스로 생각하는 것 같았다.

그가 못 배우고 못 사는 사람들과 끝까지 같이하는 마음을 버리지 못하는 것도, 자신은 끝까지 공부할 수 있었지만 산동네에서 같이 어울렸던 가난한 친구들은 그러지 못한 것에 대한 미안함과 연결된 것은 아닐까 싶다. 부잣집 도련님의 삶과는 거리가 한참 멀었지만, 많은 것을 포기하고 끝내 자신의 몸마저 불태우며 끝내 좋은 세상을 만나지 못한 노동자 전태일 열사와 같은 삶은 아니었으니까. 문재인의 삶은 전태일을 도와준 조영래 변호사나 흑인이지만 백인들이 권력을 잡고 있던 남아공에서 대통령이 된 넬슨 만델라에 가까운 삶이라 할 수 있을 것이다.

상아탑 속에 갇혀 있는 지식인도 아니고, 부와 권력의 핵심 인물도 될 수 없고, 그렇다고 완전한 노동자도 될 수 없는 중간지대의 지식인들은 극단에서 오로지 자신의 삶밖에 볼 수 없는 이들보다는 많은 갈등과 죄의식을 느끼기도 한다. 하지만 반대로 다양한 자극과 정보로 훨씬 더 창조적인 삶을 꾸려갈 수도 있다. 이쯤에서 나는 그도 읽었다던 최인훈의 소설 『광장』 속 주인공 명준을 떠올려본다. 1970년대에 책 좀 읽는다는 이들은 다 읽었던 이 소설의 주인공은 철학도다. 모든 이념을 다 공부하고 체화시켜 경험한 이명준은 원시 기독교의 이상과 마르크스가 꿈꿨던 공산사회, 타락한 자본주의의 남한 어디에도 정착하지 못하고 제3국을 선택했다. 하지만 그가 끝내 바다에서 투신하는 장면[5]은 독재정권 시절에 일종의 화두처럼 많은 지식인들을 고뇌하게 했다. 하지만 역설적으로 그와 같은 분단 상황, 이념 갈등, 전통의 해체, 급속한 자본주의화 등등을 겪으면서 청년기를 보낸 이들은 어찌 보면 메마르고 힘든 외부상황 속에서도 풍요로운 정신세계를 품을 수 있었는지도 모른다. 아무 걱정 없는 풍요로운 소년기를 보내지는 못했지만 문재인의 그 어려웠던 시절이 소중한 자원이자 가치가 될 수 있는 까닭이다.

---

5 최인훈, 『광장/구운몽』, 문학과지성사, 2008.

독서 그리고 삼국지

리더의 힘은 행동뿐 아니라 깊이 있는 생각에서 나오고, 그 생각의 샘은 독서다. 문재인도 《사상계》 같은 잡지나 신문, 소설과 고전 등 가리지 않고 다양한 독서를 했다. 거의 독서광 수준이었다. 고전은 다 읽어야 된다는 자기와의 약속 같은 것도 있었다.

그 시대 한국에서 지식인이다 하면 많이 읽었던 책들은 당시 전 세계의 전후 세대처럼 사르트르, 알베르 카뮈 같은 실존주의에 대한 책이나 니체나 쇼펜하우어, 키에르케고르 같은 철학자들의 책들이었다. 문재인 역시 그런 책들을 도서관에서 빌려와 닥치는 대로 읽었다고 말한다. 제1차 세계대전 당시 병사들이 품고 다니던 제일가는 베스트셀러가 성경 그리고 니체의 『차라투스트라는 이렇게 말했다』였다. 전 세계가 전쟁에 휘말리는 극한 상황, 구호물자를 받으며 주린 배를 채웠던 가난한 상황에서 존재의 의미를 물어야 하는 젊은이들이 어려운 실존철학에서 도움을 받았다는 점은 풍요와 평화를 누리며 존재에 대한 질문을 쉽게 거두고 마는 요즘 시대가 역설적으로 부러워해야 할 대목이 아닐까 한다. 비교적 씩씩하고 건강한 어린 시절을 바닷가에서 보낸 문재인이 제일 많이 탐독한 책은 무엇이었을까.

이나미　나를 움직인 책들, 기억나는 게 있으세요? 중고등학교 때 존경했던 롤모델이라든지 하는 것들요.

문재인　　중학교 때 내가 제일 많이 읽은 책은『삼국지』였어요. 『삼국지』는 여러 판본들이 있는데 박종화, 김구용, 정비석 등 거의 다 읽었어요. 영웅호걸들이잖아요. 역사, 대의명분 이런 것에 끌렸어요. 살면서 대의명분의 중요성을 많이 느끼기도 했고요.

이나미　　『삼국지』를 보면, 보통 읽으면서 이입이 되는 인물이 있잖아요. 나는 누구랑 비슷하다든가 그런 생각을 해본 적은 없으세요?

문재인　　내가 누구랑 비슷하다고 생각하고 읽은 적은 없고…… 존경할 만한 인물은 단연 관우죠.

이나미　　자신과 비슷하다는 생각은 안 하시고?

문재인　　그건 아니고요.

이나미　　관우의 어떤 점이 좋으셨어요?

문재인　　관우는 그야말로 대의명분의 사나이죠.

정치가의 싹이었을까, 문재인에게는 삼국지의 영웅들이 매력적으로 다가왔던 모양이나. 시금은 이문열, 김홍신, 황병국 등 여러 작가가 소설 형식으로 삼국지를 다시 펴내기도 했는데 만화나 웹, 영화 등을 통해 단편적으로 삼국지의 주인공을 만나는 이들이 훨씬 많다. 어떤 방식이건, 특히 남자들에게 삼국지란 일종의 성장기에 필요한 필독 도서일 수 있다.

나는 호기심이 발동해 삼국지에서 가장 감정이입을 하면서 본 인물은 누구였는지 물었는데 단연 명장 관우를 든다. 그가 특전사 군인이었다는 사실을 환기시킬 만한 대목이다. 그에게 자기자랑 좀 해보라고 관우와 비슷한 점을 물었는데, 그런 생각은 하지 않았다고 잘라 말한다. 물론 무의식에서는 관우와 자신을 동일시 할 수 있지만, 의식에서는 관우와 자신은 차원이 다르다고 생각하는 모양이다.

사실 많은 이들에게 사랑받는 정치인이 자신에게 매우 냉정하고 객관적인 관점을 지니기란 쉽지 않다. 특히 권력의 정점에 가까운 위치에 이르게 되면 자신의 생사여탈권을 쥐고 있는 이른바 윗사람에게 바른 말을 할 수 있는 맷집을 가진 이들은 많지 않다. 나치 시대의 대표적인 전범인 아돌프 아이히만은 히틀러가 시켰기 때문에 그렇게 하는 것이 옳다고 믿었다고 별다른 죄의식 없이 이야기한 적 있다. 또한 5·16 쿠데타, 12·12 정변, 박근혜의 국정 농단에 가담했던 대부분의 군인이나 공무원들이 윗사람에게 반기를 들지 못하고 자신의 뜻과 상관없이 때론 목숨을 바치고, 때론 도덕률을 깨고, 때론 인간의 존엄성이나 자존감마저 버리는 상황들은 결국 권력자들의 팽창된 자기애적 성향(Inflated narcisstic tendency) 때문이다.

관우를 존경하지만 비슷할 수는 없다고 말하는 문재인은 그런 점에서 몇몇 대통령들처럼 죄의식 없는 나르시시즘 환자로 바뀔 가능성은 없을 것 같다.

삼국지 이야기가 나왔으니 나는 그가 영웅들의 캐릭터에 대해 어떻게 평가하는지도 궁금했다.

이나미　유비 같은 경우는 약간의 우유부단함이라든지, 아주 똑똑하지는 않은 그런 이미지들이 있잖아요. 그런데 밑의 장수를 잘 쓰는 그런 리더십이 있고, 반대로 조조나 제갈공명은 똑똑하고 영민하지만 리더십은 조금 부족하다고 평가를 하기도 하고요. 어떻게 생각하세요?

문재인　그렇게들 생각을 많이 하는데, 실제로는 유비가 굉장히 강한 사람이에요. 위기에 몰려서 추격당하고 거의 전멸당할 상황에 몰리는데 피난민들과 끝까지 함께 가거든요. 다들 그들을 버리고 가야 된다고 이야기하는데 끝까지 아니다, 그럴 수 없다, 그렇게 원칙을 지킨 사람이 유비예요. 그래서 천하의 3분의 1이라도 차지해가는 거죠. 나는 진짜로 강한 게 그런 거라고 봐요.

조선시대 선조가 일찌감치 궁궐을 버리고 도망가면서 오히려 남아 있는 백성들의 곡식까지 태우고 가버린 역사적 사실, 걱정하지 말라고 끝까지 대통령이 수도를 사수하겠다는 가짜 방송을 내보내면서 본인은 정작 피난길에 오른 이승만 대통령을 떠올리게 되는 대목이다. 또 한편으로는 세월호 참사 때 잠을 잤는지, 시술을 했는지, 영양주사를 맞고 있었는지, 뭘 하고 있었는지 우물거리며 넘어간 박근혜 대통령에 대한 분노도 읽힌다. 집안의 가장이나 어머니들은 가족에게 나쁜 일이 생겼다는 소식을 들으면 입던 옷 그대로 산발을 한 채 뛰어나간다. 그게 공동체를 다스리는 수장의 태도다. 안타깝게도 박근혜 대통령이나 이승만 대통령, 선조에게는 그런 마음이 없었고, 삼국지 연의에서 그려지는 유비에게는 있었던 것이다. (물론 역사적 사실은 조금 다르다는 역사학자들의 지적은 있지만 말이다.)

문재인이 유비의 여러 가지 면모 중 특별히 그 상황을 마음에 깊이 지니고 있다면, 나는 그에게 신뢰를 느낄 만하다고 생각했다. 그가 자주 강조한 말 중 하나가 "끝까지 국민과 함께 가는 것"이다. 적이 쫓아오는 줄 알지만, 줄행랑을 치지 않고 늦더라도 피난민들과 함께 가는 유비의 의리가 문재인에게는 제일 중요한 정치 철학이 아닐까 싶다. 하지만 일견 걱정도 된다. 그렇게 해서 유비는 결국 위험에 처했고, 때문에 그 점이 오히려 미련했던 것이라 볼수도 있기 때문이다.

이나미　　그러면 제갈공명은 어떻게 보세요?

문재인　　제갈공명은 리더십도 충성심도, 다 갖춘 사람이죠. 거의 완벽한 인물이에요. 유비가 오히려 제갈공명한테 나라를 맡아달라고 하는데 본인은 끝내 고사하고 무능한 왕을 끝까지 모시다가 결국 촉나라가 망하게 되는데, 그런 것이 한계일지는 몰라도 제갈공명은 완벽한 사람이죠. 너무 완벽해서 이건 내가 엄두도 못 내겠다 싶은 사람이죠.

이나미　완벽하기 때문에 친화력이 없을 수도 있잖아요. 평범한 우리하고는 좀 다를 것 같은 그런 느낌이랄까요?

문재인　그럴 수 있는데 본인 스스로가 워낙 헌신하기 때문에, 말하자면 어딘가 장막 뒤에서 꾐을 내는 것이 아니라 본인이 앞장서는 사람이었어요. 본인이 앞장서서 헌신하니까 다 사람들이 따르죠.

이나미　자신 안에 관우와 유비와 제갈공명이 다 있나요?

문재인　사람이란 게 다 그렇겠죠.

　청년기 문재인에게 제갈공명은 의리와 용기, 지략을 모두 갖춘 최고의 지도자 상이었던 것 같다. 특출한 지략을 갖고도 유비에게 충성한 제갈공명의 헌신, 그래서 사람들의 마음을 얻을 수 있었다는 점은 지금까지도 그가 제갈공명을 높이 사는 점이다.

　물론 그 헌신의 대상이 도덕적이지 않은 특정인 혹은 특정 집단에게만 향할 때는 큰 문제가 된다. 박근혜 정권의 비서와 관료들은 대통령과 자기 자신의 이익에 엄청난 헌신을 한 것이며, 지금도 북한의 모든 군인과 관료들은 김일성 가문에 헌신하고 있다. 제갈공명 역시 과연 헌신의 대상을 제대로 선택했는지에 대해서는 여러 이견이 있을 것이다. 결국 헌신의 대상이 과연 무엇이냐가 정치인의 성공과 실패를 결정하는 요인이 되지 않을까 생각한다.

문재인의 삶

문제 학생의 의리

고등학교 시절의 여러 일화들을 들어보니 문재인도 관우처럼 의로운 행동을 보여주었던 일들이 꽤 있었던 것 같다. 고등학교 때부터 지금까지 문재인과 막역한 사이인 친구에게서 들은 일화부터 이야기를 꺼냈다. 소아마비를 앓던 친구와 함께 갔던 소풍 이야기다.

이나미   친구 분께 들으니 고등학교 때 소아마비 친구를 잘 챙기셨다고요. 친구를 업고 소풍까지 갔었다고 들었어요.

문재인   그 친구는 내가 중학교 1학년 때 같은 반이었어요. 그리고 고등학교도 같이 진학해서 1학년 때 또 같은 반이 된 거죠. 소아마비가 심한 편이었어요. 그래도 지금은 많이 좋아졌어요. 나이가 들고 소아마비 환자들을 지원해주는 재단이 있어서 도움을 받고 수술을 받았죠. 지금도 다리를 절기는 하는데, 그때는 상당히 중한 편이었어요. 그 친구랑 등하교도 같이 종종 했는데, 그러면서 가방도 늘어주고 그랬고요. 어쨌든, 소아마비 때문에 그 친구가 고등학교 1학년이 될 때까지 한 번도 소풍이란 걸 가본 적이 없었거든요. 그래서 가까운 친구들이 이번에는 꼭 같이 소풍을 가자, 우리가 도와주마 그렇게 다들 권했어요. 그래서 친구가 마음을 먹고 고등학교 1학년 때 소풍을 처음 따라나

선 거죠. 그런데 하필 그때 소풍 장소가 회동수원지라는 데였는데, 요즘은 차를 타고 그 안까지 다 들어가는데 그때는 버스 종점에서 회동수원지까지 가는 게 굉장히 멀었어요. 보통 사람도 한두 시간 걸리는 거리였어요 그날따라 그 길이 더 멀게 느껴졌죠. 출발은 나와 그 친구가 맨 앞에서 제일 먼저 했는데 점점 대열에서 떨어져서 완전히 낙오한 거예요. 친구가 힘들어하면 내가 업어서 가다가 도저히 안 되겠으면 다시 내려놓고 같이 쉬다가. 그렇게 업다가 쉬다가를 반복하면서 갔어요. 이미 시간은 많이 늦어졌고, 그래서 길가에서 도시락도 먹고 그랬죠. 늦게 도착해서 보니 이미 오락 시간 다 마치고 자유 시간 중이었나 그랬어요. 30분 남짓 지나니까 해산해서 돌아오는 거예요. 갈 때 내가 고생한 걸 다들 알았기 때문에 돌아오는 길은 친구들 여러 명이 손으로 가마 같은 걸 태우고 해서 그래도 수월하게 돌아왔어요.

이나미　　참 보기 좋은 풍경이었네요.

문재인　　소풍 이야기하니까 떠오르는 에피소드가 또 있어요. 고등학교 3학년 봄 소풍 때, 가을은 입시 때문에 소풍을 안 갔으니 마지막 소풍이었죠. 그때 해운대 넘어서 미포라는 곳에 갔었어요. 우리 고등학교 때는 술들을 꽤 마셔가지고, 소풍 때도 친구들하고 점심 먹으면서 술을 마시자 해서 나와 친구 하나가 마을에 소주를 사러 간 거예요. 근데 갔더니 이미 거기에서 같은

　　　　　　　　　　　　　　　　문재인의 삶

동기들 중 술 한잔씩 하는 친구들이 한데 모여서 막걸리를 마시고 있는 거예요. 술 사러 갔던 나하고 친구도 거기서 막걸리를 꽤 얻어 마시고, 그러고 나서 또 소주를 사와서 친구들하고 마시고. 그랬으니 취할 만도 했죠.

얼마 후에 집합이 있을 건데, 같이 술 사러 갔던 친구가 너무 취해서 몸을 못 가누는 거예요. 선생님 앞에서는 아닌 척 해야 되는데 다들 걱정이 됐죠. 근데 아니나 다를까 그 친구가 자기 반 선생님 앞에서 쓰러져서는 토하고 정신을 놓아버린 거예요. 어쩝니까, 할 수 없이 나서서 같이 술 마셨다고 자수를 한 다음 친구를 업고 병원에 갔어요. 병원에 가서 위세척까지 하고 그랬죠. 그 친구는 어쨌든 음주 사고를 쳤으니 당연히 정학을 받았고요. 나는 자수를 했으니 정상 참작 받긴 했죠.

그때 선생님이 내가 자수를 했으니 같이 술 마신 애들을 불라고 그랬거든요, 근데 한두 명 얘기하면 다 정학 받을 것 같더라고요. 그래서 궁리한 게 아예 수십 명의 이름을 잔뜩 얘기해버렸어요. 그래서 다른 친구들은 그냥 넘어갔죠. 그날 이후로 그 선생님이 학교 다니는 내내 나만 보면 "문재인, 막걸리 한잔 할까?" 그렇게 농담하시고 그랬어요.

소아마비 친구, 술에 취해 쓰러진 친구를 업고 뛰었던 청년 문재인. 그가 그런 자신에게 우쭐하는 마음도 있었는지는 모르겠지만, 친구들과의 관계를 소중하게 생각했던 의리의 사나이라 할 만한 일들이다.

어쩌면 그래서 그는 그저 착실하고 순종적이기만 한 모범생은 아니었다. 실제로 그는 유기정학을 네 번이나 받기도 했다.

이나미　반항심 같은 것도 있으셨어요? 고등학교 때 정학을 네 번이나 맞으셨다고요. 어떤 일로?

문재인　두 번은 시험 때 커닝을 하게 도와준 일 때문이었어요. 1학년 때 친구 하나가 학년 말쯤 되니 유급할 처지에 처한 거예요. 친구가 제게 도와달라고 그래서 내가 시험지에 통으로 답을 써서 줬는데 걸린 거죠. 그래서 그 친구하고 같이 정학을 먹었죠. 정학 내내 그 친구 집에 가서 놀았어요. 그리고 두 번째 커닝 사건은, 고등학교 2학년 때인데 그때도 비슷하게 옆의 친구한테 답을 다 쓴 시험지를 줬어요. 그런데 친구가 자기만 본 게 아니라 옆의 친구한테 보여주고 그게 뱅뱅 돌아서 멀리 떨어진 곳에 앉아 있던 친구까지 간 거예요.

이나미　왜 그러셨어요? 친구의 부탁을 거절 못 하셔서?

문재인　내가 도와줄 수 있는 거니까 그랬던 거 같아요. 그래도 두 번째 커닝 사건 때는 정학은 맞았지만 칭찬도 받았어요. 그 시험이 세계사 과목이었는데 만점을 받았거든요. 그러니까 만점 답안지가 뱅뱅 돈 거였죠.

이나미   그때부터 역사를 좋아하셨나 봐요.

문재인   제가 국사나 세계사 쪽은 좋아하기도 했고, 잘했어요. 아무튼 세 번째, 네 번째 정학은 고3 여름에 연거푸 받았어요. 여름에 광안리에 캠핑을 갔다가, 그런 데 놀러 가면 술도 마시고 그러잖아요. 그때 같이 간 친구가 규율지도반에 걸려서 다들 함께 정학을 받았죠.

그리고 제일 컸던 정학 사건은 여름방학 마칠 무렵이었는데, 그때는 입시가 있으니까 방학 때 학교 자습실에서 자습하고 그랬어요. 하루는 학교 갔다가 친구들하고 축구시합을 하고는 우르르 중국집에 가서 고량주를 마셨는데, 그걸로 성에 덜 차서 소주를 사가지고 학교 뒷산에 가서 더 마시고 논 거예요. 마침 그날 지도부 주임 선생님이 당직하는 날이었는데, 뒷산에서 떠들고 고성방가를 하니까 참다못해서 올라오신 거죠. 다들 부리나케 도망가고 그랬는데, 그분이 체육선생님이라 완력이 세서 친구 둘을 붙잡으신 거예요. 나하고 친구 몇은 그 둘이 걱정되니 돌아와서 ~~자수~~를 했죠. 그래서 주동자들이 되어 몇 명이 함께 정학 당했죠.

요즘 눈으로 보자면 대책 없는 반항 청소년이지만, 그 시절 그들은 학교 안팎에서 다 자란 어른으로 대우받기도 했던 때였다. 또 명문이었던 경남고 학생들은 술 마시고 정학을 받아도 스스로 알아서 넘을 선은 넘지 않았던 것 같다. 뒷산에서 술을 마시다 교사한테 걸려 정학을 맞아도, 또 공부할 때가 되면 다시 추스르고 대학에 가고 자기 갈 길들을 찾아갔다. 21세기의 적지 않은 청소년들이 지나치게 과보호되어 끝내 어른이 되지 못한 채 성년기에 들어서 두고두고 부모의 자식 노릇만 하고 있는 것과는 사뭇 다른 시절이었다.

　반항아 같은 시간을 보내다 후에 법을 수호하는 판사나 변호사가 되어 약자들을 위해 목소리를 냈던 이들은 세계사에서도 찾아볼 수 있다. 미국 최초의 흑인 변호사이자 대법관이었던 서굿 마셜(Thurgood Marshall)도 그중 하나다. 대학을 다닐 때는 다른 학생들과 마찰 때문에 두 번이나 정학을 당했다. 당시 같이 학교를 다녔던 흑인 시인인 랭스턴 휴스(Langston Hughes)는 그를 거칠고 시끄러운 학생으로 기억한다. 하지만 토론 팀에서 두각을 나타내고 흑백 분리 정책에 반대하는 데모에 참가하면서 학업에 정진했던 마셜은 링컨 대학을 우등 졸업하고 하워드 법대 대학원을 최우등 졸업하게 된다. 남아프리카 최초의 흑인 대통령이자 흑인인권운동가인 넬슨 만델라도 대학에 다닐 때 음식이 형편없는 것에 반대하는 데모를 하다가 대학에서 정학을 받고 그 대학으로 다시 돌아가지 않았다. 성서 시대 모세가 자신의 정체성을 깨닫고 유대인을 박해하는 이집트인을 살해했던 사건도 있다. 정의로운 청년들이 젊은 시절, 시위에 기댈 수 밖에 없는 상황은 지금 이 시대에도 어디선가 되풀이 되고 있는 일이다.

　문재인이 정의로움에 대해 눈을 뜨고 막연하게나마 뭐라도 해야겠다고 마음먹은 계기로 보이는 사건이 실은 하나 더 있다.

이나미　　　술 마시고 정학도 받으시고 그러셔도 고등학교 때 성적은 좋으셨죠? 잘하셨다고 들었어요.

문재인　　　반에서 2등 정도는 했던 것 같아요. 시험 치는 요령도 좋은 편이라 서울대에도 갈 수 있는 정도이긴 했죠.

이나미　　　그런데 서울대 진학에는 실패하신 거네요. 이유가 있었을까요?

문재인　　　고등학교 1학년 때 하루는 담임 선생님이 결근을 해서 옆 반 선생님이 아침 조회 때 대신 들어오신 적이 있어요. 그 선생님이 출석 확인을 하다가 전날 결석했던 아이가 있어서 그 친구한테 결석계를 가져왔냐고 물었어요. 친구가 가져왔다고 말하고 가방에서 주섬주섬 찾는데 없었던 거죠. 그래서 선생님께 가져온 줄 알았는데 빠트렸나 보다고 이야기를 하니 선생님이 화가 나신 거예요. 안 가져왔는데 자기한테 거짓말을 했다고 불러내서는 때리시는데 너무 심하게 때려서 피가 났어요. 입술이 터져서. 피가 나니까 그때서야 선생님이 이성을 찾고는 가서 씻고 오라 그러셨죠. 친구가 돌아오니 "내가 너무 과했다"라고 사과를 하면서 "학생이 거짓말을 하면 안 되고" 하시면서 설교를 하시다가 또 화가 나서 다시 친구를 불러내 때리는 거예요.

이나미　　그런데 그때 일이 어떻게 나 자신하고 상관이 있었던 건가요?

문재인　　그때 선생님이 너무 심하게 때리는 게 내가 보기에 너무 부당하게 보였거든요. 그래서 이건 너무 심하다, 이러면 안 된다고 항의하고 붙잡고 싶은 마음이 막 차올랐어요. 그런데 1학년 때였고 선생님이니까, 결국 그렇게 못했어요. 엉덩이가 들썩들썩하다가 끝내 못했던 거죠. 마음이 많이 그랬어요. 너무 부당하다는 생각이 가시지 않았거든요. 그래서 속으로 결심을 했어요. '나는 저 선생님 수업을 안 듣겠다'고. 그래서 내가 다른 과목들은 공부를 잘했는데도 그 과목은 거의 꼴찌였어요. 그런데 서울대는 그 과목이 필수 과목이었거든요. 학교 시험은 그 과목 점수가 엉망이어도 전교 20등 정도 성적은 유지가 됐는데, 서울대 입시에서는 결국 그게 영향이 컸죠. 내가 "그 과목 공부하지 않고 서울대에 가보겠다" 그렇게 거의 선언하다시피 했는데. 그 선생님도 아셨어요.

문재인은 부당한 상황에 처한 친구를 보면서 결연히 일어나 항의하지 못한 것이 못내 후회스러웠던 것 같다. 교사도 당시에는 일종의 무소불위의 권력이라, 학생으로서 그 권력의 폭력 앞에 맞설 수 없었던 스스로가 안타까웠을 것이다. 그가 대학에 들어와서 폭압에 저항하고, 사회의 부조리에 온 몸으로 맞서게 만든 하나의 일화가 아니었

문재인의 삶

을까 싶다. 어린 그로서는 유일하게 할 수 있었던 저항이 그 과목 공부를 하지 않는 것이었다. 결국 그 영향으로 서울대에 두 번이나 떨어졌으니 일종의 자해 반항이다. 제갈공명처럼 지략이 뛰어났다기보다는 자신을 희생해서라도 유비와 그 가족을 보호하고자 했던 조자룡, 관우, 장비 같은 모습을 떠올리게 하는 대목이다. 외롭게 자살을 선택할 수밖에 없었던 노무현의 장례식 때 상주가 되어 의연하게 모든 것을 관장했던 문재인을 이해하는 또 하나의 단초가 되는 지점이기도 하다.

그는 시간이 한참 흐른 후 그때 그 선생님을 다시 만났고, 선생님은 당시의 일을 학생들에게 사과했다는 후일담을 전하기도 했는데, 그 이야기를 하면서 그때 선생님의 상황을 객관적으로 이해하고자 하는 모습을 보여주기도 했다. 당시 그 선생님은 서울대 출신으로 머리도 비상한 분이었는데, 폐가 좋지 않아 수술을 받았고 그래서 동기들은 유학 다녀와 교수가 됐는데 자신은 지방에서 교사 노릇한다는 자의식, 일종의 패배의식 같은 게 강했을 거라는 설명이었다. "나름의 교육관이 분명히 있었던 분이지만 한번 화가 나면 자기 제어를 못 했던 것 같다"라고 말하며 당시 선생님이 처했던 상황과 입장까지 굳이 덧붙여 이야기하는 그의 모습에서는 폭력의 가해자를 일방적으로 바라보지 않으려는 변호사로서의 면모도 엿볼 수 있었다.

방황, 대학, 특전사

서울대 입시에 떨어진 문재인은 서울에 올라와 종로학원에 다니며 재수생활을 했다. 어려웠던 집안 형편을 생각하면 큰 결심이기도 했다. 누나가 희생하며 동생의 재수 학비를 대준 덕이 컸다. 그래도 하숙비나 생활비가 없으니 돈을 벌어야 했다. 입주 가정교사를 하면서 재수를 했다. 열심히 공부하지 않은 데다 운도 따라주지 않았던 것인지 입시를 앞두고 결정적인 낭패를 겪기도 했다. 친구들과 술을 마신 어느 날 가방을 잃어버리는 바람에 입시를 위해 정리한 노트와 책들도 통째로 사라져버렸다. 지금의 상황으로 생각해보자면, 모든 중요한 문서들이 다 들어 있는 노트북을 잃어버린 것과 비슷한 상황이다. 그래서였는지 그는 다시 서울대 입시에 실패하고, 후기로 경희대에 입학했다.

원하는 대학에 들어가지 못했고, 시대는 암울했다. 대학 1학년 때 박정희 정권이 10월 유신을 선포했다. 어두운 시국은 문재인과 친구들을 더욱 방황하고 절망하게 했다. 밤새 술을 마시며 토론을 하는 것으로 울분을 삭이곤 했다. 모든 부당함과 권력에 대한 반항심이 타오를 때였다.

문재인 제가 참을성이 많은 편인데, 부당한 힘이나 권력에 대해서는 도저히 못 참겠는, 그런 게 있었어요. 그럴 때는 몸이

문재인의 삶

부들부들 떨리면서 내가 나 스스로를 제어 못하고 터뜨리는 거죠. 그래서 한번은 대학교 1학년 때 파출소에서 사고를 치기도 했죠.

이나미　　어떤 일이었는데요?

문재인　　술 마시고, 그때는 술 권하는 시국이었잖아요. 맨날 모여서 비분강개하고 그랬죠. 유신 때니까. 아무튼 어쩌다가 파출소에 가게 됐는데, 그때 경찰이 구두로 심하게 정강이를 찼어요. 그래서 제가 욱했나 봐요. 민주 경찰이 폭행을 했다고, 이게 민주 경찰이냐고 따지면서 유리창을 발로 차서 깼어요. 즉결로 넘어가서 구류로 3일 살았죠.

　방황의 시기였다. 어쩌면 재수 끝에 후기로 들어간 학교에 정을 많이 못 느꼈을 수도 있다. 그는 고등학교 선배들과 함께 하숙을 했다고 한다. 여러 대학에 다니는 사람들이 섞여 있었고, 선배나 친구들을 따라 당시 학생운동이 가장 강했던 서울대 문리대와 고려대 시위에 구경을 가기도 했다고 한다.[6] 그러나 한편으로, 대입 실패를 겪고 방황의 시기를 보낸 것이 오늘의 그를 있게 한 큰 자양분이 되었을 것이다. 어쩌면 시국에 대해 고민하고, 앞날에 대해 고민하는 절실함도 그래

6　문재인, 『운명』, 가교출판, 2011.

서 더욱 커졌을 수도 있다.

한국 사회에서는 좋은 대학, 이른 바 SKY를 나온 사람들은 많은 혜택을 공공연히 누리고 대접을 받아왔다. 심지어 군 복무 때도 학벌이 좋으면 반기고 본다. 당연히 좋은 보직을 차지한다. 사회에 나와서도 먼저 한 자리씩 차지하고 있는 선배들이 "우리가 남이가!" 하며 후배들을 챙긴다. 비슷비슷하게 똑똑하고 영악한 친구들 역시 일찌감치 네트워크를 만들어 서로 이끌고 밀어준다. 눈에 보이지 않는 '이너 서클'을 만드는 것이다. 이너 서클의 존재는 문화계, 연예계 심지어는 운동권에도 존재한다. 일단 그 집단 안에 속하지 않고 한국 사회에서 꼭대기로 올라간다는 일은 보통 어려운 일이 아니다. 변변한 학벌도, 밀어주는 집안도 없이 순전히 본인의 노력으로 성공해보겠다고 애쓰다가 상처받고 좌절한 이들은 그래서 자녀들에게만은 자신의 서러움과 비애를 물려주지 않겠다고 다짐한다. 자신의 노후를 희생하고 '기러기 아빠'가 되어 부부가 생이별을 하면서도 자녀교육에 올인하는 까닭이다.

사실 학벌 때문에 받은 설움은 문재인보다 노무현 대통령이 더 심했다. 심지어는 대통령이 된 후 검사와의 대화에서 고졸 출신인 줄 뻔히 알면서도 "학번이 어떻게 되느냐?"라고 거만하게 물었던 검사도 있었다. 폐쇄적인 엘리트주의에 젖어 오만한 학벌 병에 걸린 그들이 고졸 출신의 대통령을 깔보았다면 내세울 것 없는 보통 사람들에게는 오죽하랴. 어쩌면 김기춘, 우병우 등 매스컴에 등장하는 법조인의 이미지가 꼭 그 둘에게만 해당되는 것일까. 알 만한 이들은 아는 이야기지만 법조계에서 대학 인맥은 법조인으로서의 운명이 다할 때까지 따라다니는 일종의 고착된 신분처럼 작용한다.

연수원 성적 2등이었던 문재인이 시위 전력이 있다는 이유로 지망하던 판사에 끝내 임용되지 못했던 데에는 어쩌면 그런 배경이 알게 모르게 작용했을 수도 있다. 만약 그의 선배들이 뒤에서 그를 받쳐주고 끌어주었다면, 시위 전력은 임용 탈락의 명분이 되지 않았을 수 있을 것이다. 하지만 결국 그렇게 되지 못했던 것은 가난한 피난민 집안에서 태어난 '개룡남(개천에서 난 용)'의 운명 같은 것일지도 모른다. 젊은 시절 정의를 위해 싸웠던 이력 때문에 정의를 수호하는 판사가 되지 못한다는 한국 사회의 역설이 안타까울 따름이다.

이나미　　대학 때 경희대학교에서 거의 시위를 주도하고 학생운동을 이끌었다고 그러셨죠?

문재인　　3학년 때 재단 퇴진 운동이 시국 시위로 이어졌는데, 그 시위를 주도했어요. 그전까지는 경희대가 학생운동이 약했거든요. 간간히 시위는 하긴 했어도 중심세력이 없었거든요. 그러다가 다음 해인 4학년 때, 총학생회를 조직하고 하면서 유신반대 시위를 크게 기획해서 했어요. 비상학생총회를 열고 대열을 이끌었는데, 그때 경찰이 학교 앞을 봉쇄하고 페퍼포그 발사하고 최루탄도 쏘고 그랬어요. 그때 시위로 구속됐고요.

문재인이 대학 1학년 때,
박정희 정권이 10월 유신을 선포했다.
암울했던 시대, 문재인은
당시 경희대 학생운동을 이끌었다.
1975년, 유신 반대 학내시위를 주도했고
그 때문에 구속되기도 했다.

문재인은 경희대 학생운동을 이끌다시피 했다. 그가 2학년 때 전국적으로 유신 반대투쟁이 시작됐고, 전국 대학에서 시위가 확산될 즈음에도 경희대에서는 시위를 이끄는 중심세력이 없었다. 시도는 몇 번 있었으나 간헐적으로 그치곤 했다. 그러다 3학년 가을쯤, 재단 퇴진 농성을 계기로 문재인은 친구들과 함께 유신반대 시위를 기획했다. 선언문을 직접 작성해 연단에 올라 읽고 학생들을 교문 앞까지 이끌었다. 그 후로 그는 경희대 학생운동의 중심인물이 됐다고 한다. 그리고 1975년에 총학생회 조직을 꾸려 비상학생총회를 열어 유신반대 학내시위를 주도하며 구속되게 된다.[7]

석방된 지 얼마 안 돼 곧바로 입영 영장이 나왔다. 강제징집이나 마찬가지였다. 훈련소에는 그처럼 온 강제징집자가 네 명이 더 있었는데, 이 다섯 명이 '신원특이자'로 특별 관리 대상이었던 것 같다. 이전에는 데모하다 끌려온 학생들을 보안사 같은 곳에 배치했다고 하는데, 고생시키는 쪽으로 방침이 바뀌었는지 그는 특전사령부에 배치받게 된다.

그의 특전사 시절 사진은 인터넷을 통해 공개된 바 있다. 가정환경이 워낙 어려워 사진 몇 장 찍지 못했던 그에게 남아 있는 몇 장 안 되는 과거의 흔적이다. 그는 군대 생활을 누구보다 성실히 했고, 또 잘 견뎠던 것 같다. 어쩌면 '군대 체질'이라고 해도 될 만큼 군대가 요구하는 것들을 잘해냈다는 평이다. 그가 상병이던 1976년에는 판문점

---

7 문재인, 『운명』, 가교출판, 2011.

도끼만행 사건[8]이 일어났다. 데프콘2[9]의 상황에서 그가 복무하던 제1공수특전여단이 투입되어 성공적으로 미루나무 제거 작전을 마친다. 그때 기념품으로 유리패에 담긴 손가락 한 마디 정도 크기의 미루나무 한 토막을 '국난극복 기장(紀章)'으로 받기도 했다.

하지만 그는 그 기념품을 잃어버린다. 마음속에는 남북 간의 대치상태 그 자체가 말이 안 된다는 생각이 있기 때문일까. 사격도, 수류탄 던지는 것도 잘했고 훈련 실적도 우수해서 대통령상을 받을 정도로 열심히 군대 생활을 마쳤지만, 북한을 주적으로 간주하는 과격함과는 거리가 먼 사람이다. 군대 경험을 훈장처럼 여기거나 과장되게 표현하며 무용담을 늘어놓지도 않는다. 다만, 군대 경험이 제대 후의 삶에 도움이 됐다고 말한다. 처음 부딪치고 처음 겪는 일에 대해서도 해낼 수 있다고 낙관하는 마음을 갖게 되었다는 점에서다. 그래서 그는 입대의 기준을 더 완화해야 한다고 생각한다. 대신, 복무 기간을 줄이고, 복무 환경 및 임금조건 등을 충분히 개선해나가는 전제 하에서다. 그의 말대로 이와 관련해 앞으로 어떤 구체적인 정책과 제도들을 내놓고 실현해나갈지 지켜볼 일이다.

---

8   1976년 8월 18일, 판문점 공동경비구역 내 사천교(돌아오지 않는 다리) 근방에서 미루나무 가지치기 작업을 하던 유엔사 경비병들을 북한군 수십 명이 도끼 및 흉기로 구타, 살해한 사건이다.

9   데프콘(Defcon)은 'Defense Readiness Condition'의 영문 약자로 대북 전투 준비 태세를 뜻한다. 평상시에는 4인 상태가 유지된다. 판문점 도끼 만행사건 때 한국전쟁 이후 처음으로 데프콘이 상향됐다.

아내와 가족

문재인에게도 오랜 폭풍우 끝에 햇살같이 아름다운 순간들이 온다. 대학 3학년 때 그는 지금껏 한결같이 그의 곁을 지켜온 사람, 아내를 만났다. 고전적인 외모, 밝고 활달한 성격을 지닌 그의 아내 김정숙은 성악을 전공하는 인기 여학생이었다.

이나미 　지금의 아내 분도 시위가 맺어준 인연이었던 거죠? 페퍼 포그를 맞고 쓰러진 문재인을 마치 베로니카[10]처럼 물 적신 수건으로 닦아주는 모습을 책에서인가 읽었는데, 참 인상적이었어요.

문재인 　집사람을 처음 만난 것은 대학교 3학년 때였어요. 과대표 하는 친구가 경희대 법 축전이 열리니 참석을 하라고 부탁을 하는데 저는 관심이 없었던 상황이라 파트너가 없다, 그랬거든요. 파트너랑 함께 참석을 하는 축제여서. 그랬더니 자신이 소개를 시켜준다 하고는 자기 여동생 친구를 소개시켜준 거죠.

10　그리스도교의 전설상의 여인. 성서에는 그 여인의 이름이 전해지지 않지만 열두 해 동안 하혈병을 앓다가 예수의 옷자락에 손을 대어 병을 고친 여인이 베로니카였다고 보는 기록도 있다. 또한 예루살렘에 사는 경건한 여인이 십자가를 지고 골고다 언덕으로 올라가는 예수에게 땀을 닦으라고 수건을 꺼내 주었는데, 그 수건에 예수의 얼굴이 찍혔다는 이야기도 있다.

문재인의 삶

그게 우리 집사람이죠. 그날 즐겁게 시간을 보냈어요. 그런데 제가 그때 당시 온 관심이 시국에 가 있었으니까 그 이후로 계속 이어지지는 못했고요. 그냥 오며가며 학교에서 만나면 목례하고 지나가고 그런 정도였어요.

그런데 대학교 4학년 유신 반대 시위를 주도했을 때, 학교에서 시국토론회를 열었는데 중간에 흐름이 끊기지 않아야 하거든요. 그때그때 나서서 분위기가 이어지도록 발언자를 몇 명 확보해야 했어요. 여학생이 한 명 필요하겠다 싶은데 현장에서 보니까 집사람이 눈에 딱 띄었던 거죠. 그래서 제가 집사람에게 가서 음대에서 누가 한 명이 마지막에 나서줬으면 좋겠다 했어요. 그랬더니 집사람이 과대표 친구가 발언하게끔 한 거죠. 그 여학생 과대표의 마지막 발언으로 다들 교문 앞까지 대열을 이루고 가는데, 제가 맨 앞에 있었거든요. 태극기 들고요. 그런데 기다리고 있던 페퍼포그 차량이 정말 내 코앞 1m 정도에서 확 발사를 한 거예요. 정통으로 맞고 바로 기절해서 쓰러졌어요. 안전수칙 위반한 거리였어요. 학생들이 나를 뒤로 데려가서 눕혔는데, 정신을 차리고 눈을 떠보니까 누가 내 얼굴을 물수건으로 닦아주고 있는데 그게 우리 집사람이었지요.

이나미　　얼마나 예뻐 보였을까요? 그러고 나서 계속 만나게 된 거죠?

문재인이 암울했던 시절을 견딜 수 있었던 데에는
그만큼 아내의 힘이 컸을 것이다.
그리고 그 후로도 아내는 문재인이 걸어온 길을
지지하고 때론 인내하며 곁을 지켜왔다.

문재인　집사람이 그 후에 구치소에도 면회 오고, 입대할 때 훈련소까지 오고, 제대할 때 부대 앞에서 기다리고, 해남 대흥사 가서 고시공부 할 때도 오고. 그렇게 계속 저를 기다려주고 그랬어요.

이나미　사모님이 순정파였네요. 거꾸로 아내 분을 기다리고 쫓아다니거나 한 적은 없으세요?

문재인　만나면 제가 늘 집에 바래다주고 그랬죠. 아내가 졸업연주회 했을 때는, 군대에서 무단외출 나온 적도 있었는데요. 병장 때였는데 외출이 안 되는 평일이어서 가짜 외출증 받아가지고. 그때 공수부대 군복을 입고 갑자기 나타난 나를 처음 보고 장인 장모님이 많이 놀라셨죠. 그런데 또 그 후에 80년 비상계엄 때 강화도 처가댁 농장에 놀러간 적이 있었는데, 그때는 심지어 장인 장모님 앞에서 수갑 차고 잡혀간 일도 있었어요. 정말 망연자실해 하셨죠.

　원칙을 지키는 것을 중요하게 생각하는 문재인이 영장까지 각오하고 아내의 졸업연주회를 보러 가는 저돌적인 면모를 보였던 점은 무척 인상적이다. 문재인에게 아내가 어떤 존재인지 느낄 수 있는 대목이다. 문재인이 암울했던 시절을 견딜 수 있었던 데에는 그만큼 아내의 힘이 컸을 것이다. 그리고 그 후도도 아내는 문재인이 걸어온 실을 지지하고 때론 인내하며 곁을 지켜왔다. 문재인 본인이 강조하는 것처럼 "털어도 먼지 날 게 없다"는 자신감을 가질 수 있는 것은 기실 아내와 가족들의 공이 더 클 수도 있다. 문재인이란 사람을 이해하기 위해 그의 아내를 만나본 이유다.

내가 본 문재인의 아내, 김정숙 씨는 여느 정치인의 아내들과는 사뭇 다른 느낌이었다. 문재인 가족이 현재 사는 홍은동 집은 비탈에 있다. 그녀는 모든 집안일을 누구의 도움 없이 직접 다 한다. 어떤 사람들은 이런 이야기를 하면 이른바 '서민 코스프레'를 하는 거라고 삐딱하게 볼 수도 있지만, 그렇지 않다는 건 그녀의 손만 봐도 알 수 있다. 스스로 걸레를 빨고 화장실 청소를 하고 밥상을 차리며 살아온 여성들에게서는 그렇지 않은 사람과 확실히 다른 강인함이 풍겨져 나온다. 일상에 든든한 뿌리를 내리고 살아가는 사람들은 적어도 추상적이고 공허한 이야기로 시간을 낭비하거나 쓸데없는 일에 감정을 낭비하지 않는다. 그녀가 정치에 대한 이야기를 하며 이를 호박 농사에 비유한 것은 상당히 흥미롭기도 했다.

"호박은 그냥 놔두어도 덩굴이 뻗어나가고 그러잖아요. 길거리에서 나뒹굴기도 하고 그래요. 덩굴이라는 게 습성적으로 막 퍼지면서 열매를 맺고 잎을 맺고 하는데, 그게 뻗어나가는 곳이 길거리인지, 차가 다니는 곳인지, 담이 좋은 건지 스스로 모르거든요. 호박 농사를 짓는 농부는 그러니까 호박 덩굴이 안 좋은 곳으로 뻗어나가지 않게 좋은 환경으로 올려주고 햇살이 잘 드는 곳으로 방향을 틀어주고 그러는 거죠. 풀숲에서 막 덩굴진 호박이라도 흙을 빼주고 조금만 돌려주면 알아서 열매를 맺고 길을 가요. 역사도 그렇게 흐른다고 생각해요. 역사를 쥐고 있는 지도자는 호박 농사를 짓는 농부 같은 역할을 해야 한다는 생각이 들어요. 엉망진창이 된 여기에서, 올바른 방향으로 돌려주는 것, 그게 중요한 거 아닐까요?"

그녀의 소박한 비유가 복잡한 공약보다 훨씬 더 설득력이 있게 들리기도 한다. 어쩌면 핵심을 꿰뚫는 부분일 수도 있다. 문재인이 선비 같은 사고형 남편이라면, 그녀는 직관적인 판단력을 가진 것 같기도 하다. 그녀에게서 또 한 가지 재미있는 일화를 들었다. 그녀는 기본적으로 남편의 뜻을 존중하고 따르는 아내지만, 모든 상황에 불만이 하나도 없었다면 거짓말이다. 한 여름에도 땀을 뻘뻘 흘리며 청소를 할 때 에어컨을 사야겠다고 남편을 오랫동안 설득한 일이 그렇다. "남편이 찬성하지 않는 것을 관철시킬 때는 보통 1년의 계획을 잡고 설득을 해야 해요"라고 말하는 것을 보면, 그녀 역시 남편 못지않게 끈기와 인내심이 대단하다.

"에어컨만큼은 아무리 설득해도 요지부동이었어요. 남편의 말은, 대한민국의 모든 집에서 에어컨을 쓸 때까지 안 사겠다는 거예요. 한여름에 집에서 땀 뻘뻘 흘려가며 청소를 하는데도 남편은 선풍기 틀면 되지 않느냐고 끝까지 고집을 꺾지 않더라고요. 내가 결국은 남편에게 이야기하지 않고 모아놓은 돈으로 에어컨을 주문해버린 거예요. 설치하러 오기 전날에서야 남편한테 이야기를 했는데, 남편이 눈이 동그래져서는 바로 취소를 하라는 거예요. 어떻게요. 할 수 없이 다시 가서 주문했던 걸 취소를 하는 데, 민망하잖아요. 기껏 결제까지 다 했는데 취소를 해야 하니 변명 아닌 변명까지 했어요. 남편이 환경 단체에서 일을 하는 사람이라 에어컨 쓰는 걸 반대하는데 그 고집을 꺾을 수가 없어서 못 사게 됐다, 죄송하다, 이렇게 얘기하고 환불받았어요. 환경 문제에 예민한 사람이긴 하니까 아주 틀린 말은 아니긴 했지요."

그렇게 얘기하면서도 그녀는 "가만히 생각해보면 그런 남편의 마음도 이해가 된다"고 덧붙인다. 워낙에 아끼고 절약하는 게 몸에 밴 사람이라는 설명이다. 결국 에어컨은 그다음 해에 생겼다고 한다. 변호사 사무실이 이사를 하면서 거기서 쓰던 오래된 에어컨을 사무장이 들고 왔다고 한다. "이거라도 변호사님 안 계실 때 쓰시며 더위 견디세요"라면서 말이다. 그리고 그 에어컨은 그다음 해에 문재인이 청와대 민정수석이 되어 서울로 올 때도 그대로 갖고 올라와 썼다고 하니 검소함에 관한 한 더 말할 것도 없을 듯하다. 자신의 원칙에 철저한 문재인의 성격도 충분히 엿볼 수 있는 에피소드이기도 하다.

그러나 한편으로 문재인의 그런 원칙주의, 철저함, 검소함 등은 어떤 면에선 꽉 막힘, 융통성 없음 등으로 비쳐질 수도 있다는 점을 그의 아내도 잘 알고 있는 듯하다. "부족한 점이 있다면 털털하고 소탈하게 저라도 메꿔주기 위해 노력해야죠"라고 말한다. 강직한 남편과 오래 살아오면서 때론 힘들고, 때론 자랑스러웠을 세월이 보였다. 그녀는 지금도 남편을 위해 열심히 현장을 누빈다. 오래 내조하면서 쌓인 내공일까, 여기저기서 안 좋은 소리를 들어도, 그래서 마음속이 시끄러울수록 그녀는 더 열심히 뛴다. 생전 남에게 싫은 소리 못 하고, 욕 한번 제대로 안 하는 남편 대신, 텔레비전을 보면서 신문을 보면서 씩씩하게 욕도 한 번씩 해주어 남편의 스트레스를 풀어주기도 한다.

과묵하고 감정 표현에 서툰 남편을 대신해 더 많이 웃고, 더 자주 수다를 떨고, 더 명랑하게 사는 그녀도 정신과 의사인 나를 만나니 상담하듯 묻기도 했다. "남편이 정치를 하면서부터는 하도 듣는 말들이 많으니 나도 모르게 혼자 있을 때는 욕하고 싶은 기분이 들 때도 있어요. 이래도 괜찮은가요?" 내가 "정신의학의 시각에서 보자면, 욕을 참는 것보다는 하는 것이 훨씬 더 좋습니다"라고 하니 그녀는 반가워하며 환히 웃었다. 그녀가 감내했을 여러 어려움들이 느껴지기도 했다. 그녀가 긍정적이고 낙천적인 사람이라 참 다행이란 생각도 들었다. 정치하는 남편을 가진 아내의 스트레스는 상당히 높은 편이다. 링컨 대통령의 부인 메리 토드는 비관적이고 우울한 사람이었고, 경제관념이 없어 낭비도 심했다고 전해진다. 링컨이 암살된 것은 그의 결혼 생활에 비하면 오히려 덜 비극적이라는 얘기가 있을 정도다. 제럴드 포드 대통령과 결혼한 베티 포드 역시 남편이 재선에 패배한 이후 알코올과 약물에 의존하다가 시설에서 치료를 받기도 했다.

문재인 아내의 긍정성에는 자랑스러운 남편에 대한 뿌듯함, 거기에서 오는 자존감과 자신감도 높게 자리하고 있는 것 같다. 비싼 옷을 입지 않아도, 집안일을 도와주는 가사도우미 없이도, 아니 그래서 더욱 당당해질 수 있는 이유다. 문재인은 아내가 없을 때는 직접 햇반을 데워 밥을 먹으며 빠듯한 일정을 소화한다고 했다. 남이 해준 밥을 먹고, 비서가 없으면 은행 업무도, 구청 업무도 볼 줄 모르는 특권의식에 빠진 이들이 얼마나 많은가. 남이 도와주지 않으면 심지어는 우산도 자기 손으로 쓰지 않는 그들과 얼마나 다른 모습인가. 평범하고 소탈하게 일상을 살며 직접 노동을 하며 살아온 삶이기에 가능한 일이다.

이 부부의 삶이 자연스레 그려지는 흥미로운 일화가 또 하나 있다. 젊은 시절 문재인이 감나무를 사다가 집 마당에 심었다고 한다. 그런데 심은 지 3년이 되도록 열매를 전혀 맺지 못했다. 아내는 나무가 약해서 그런지 자꾸 병만 생기고, 주변 화초들까지 못 자라게 하는 것 같다고 베어버리자고 했단다. 하지만 문재인은 "좀만 더 지켜보자, 한 해만 더 봐주자" 했고 어쩔 수 없이 아내는 "딱 이번 해까지만"이라고 최후통첩을 한다. 문재인은 지극정성으로 물 주고 거름 주며 돌봤다. "이번에도 감을 못 맺으면 마누라가 널 베어버린다 했다"라고 말까지 걸며 나무 둥치를 쓰다듬었다 한다. 소가 말을 알아들을까 조심했던 농부와 황희 정승의 일화가 떠오르는 대목이기도 하다. 열매 맺지 못하는 나무를 소중하게 생각하는 문재인의 모습은 세상의 모든 약한 것들, 어쩌면 쓸데없이 보일 수 있는 것들에 대한 애정과 연결된다.

이와 비슷하게 다음과 같은 장자의 이야기도 떠오른다. '숲에서 보기 좋고 커다란 나무는 얼른 나무꾼이 베어가지만, 볼품없고 작은 나무는 끝까지 생명을 보존하게 된다. 그렇다면 어떤 쪽이 더 소중하고 가치 있는가'라며 혜자가 장자에게 질문을 던지는 대목이다.[11] 물신주의에 빠진 사람들은 쓸모와 용도의 잣대로 모든 대상을 판단한다. 존재 자체가 의미가 있다는 세상의 신비를 이해하지 못하면, 그들 자신

---

11   오강남 편, 『장자』, 현암사, 1999.

이 허무와 절망의 나락에 빠질 수밖에 없다. 어떤 인간도 살아 있는 내내 항상 쓸모 있고 도움 되는 존재일 수는 없기 때문이다. 그 어떤 대단한 인물도 어느 시점까지는 부모를 포함해 주변의 도움을 받을 수밖에 없고, 또 죽기 전에 아프고 병이 들면 다른 사람의 손길을 받아야 하는 순간도 온다. 사람이건, 식물이건, 동물이건 효용가치가 아닌, 존재 그 자체의 가치를 아는 사람들은 함부로 대상을 대하지 않고 버리거나 배신하지 않는다. 열매 맺지 못하는 나무를 걱정하는 문재인의 이야기가 따뜻하게 느껴지는 이유다.

문재인은 변호사라는 직업이 단순히 밥벌이 수단이 되어서는 안 된다고 생각해 인권변호사의 길을 갔다. 아내로서는 받아들이기 쉽지 않은 길일 수 있지만, 긍정적이고 낙천적인 그의 아내는 남편의 뜻을 존중하고 받아들였고 유쾌하게 삶을 꾸려나갔다. 그렇다고 궁색하게만 살지는 않았다고 그녀는 말한다. 오히려 그들이 만나는 사람들은 가진 것 없는 힘없는 이들이 더 많았기 때문에 변호사 가족으로 살고 있는 자신들이 미안했다는 것이다. 부와 빈곤은 상대적인 개념이기 때문에 그녀의 말이 아주 거짓은 아니라는 생각이 들었다. 자신보다 돈 많은 부자들과만 어울려 다니면 항상 나만 부족하고 보잘 것 없는 것 같아 주눅이 들지만, 자신보다 못한 사람들에게 베풀고 살면 항상 부자인 기분이 들어 마음이 넉넉해진다. 베푸는 사람들이 행복한 이유 중 하나다.

문재인의 아내와 어머니의 관계는 어땠을까. 그녀는 이렇게 말한다. "나는 어머니를 존경할 수밖에 없다. 어머니는 말씀은 많이 없으셔도 누구보다 철저하게 스스로를 관리하신다." 문재인의 지극한 효심에 대해 아내 역시 전폭적으로 지지하며 살아왔던 것 같다. 실제로 결혼을 하고 신혼 때부터 남편 월급의 반을 떼어 어머니에게 드렸다고 한다. 아이가 태어나고 커가면서 그 비율은 조금씩 바뀌었지만, 지금까지도 어머니께 드리는 부분은 일정하게 떼놓고 산다.

그녀는 또한 어머니에 대해 이렇게 말한다. "어머니는 매일 가계부와 일기를 쓰신다. 일정이 빼곡히 적힌 수첩에는 자식들, 손자들의 생일이나 기념일들도 다 적어두신다. 그래서 자식들이 보내주는 생활비를 아끼고 모아 선물도 꼭 챙겨주신다. 좋은 날 아침이면 축하한다고 전화를 하시고, 그렇게 크고 작은 경조사를 꼭꼭 챙겨주신다. 또 성당에 열심히 다니시며 자식들을 위해 매일 기도하시는 게 어머니다."

자식을 위한 마음이야 모든 부모가 다 똑같을 테지만, 친정 식구들 모두 북에 남겨두고 홀로 피난 내려온 외로운 어머니에게 맏아들은 그 애틋함이 더 크리라. 문재인도 어머니에 대해 비슷한 이야기를 꺼낸다.

문재인   우리 어머니는 아마 사는 보람이 성당 가는 것하고, 나를 보는 것, 그런 거예요. 아마 우리 어머니의 '기도발'로 내가 지금까지 오지 않았을까 싶어요. 항상 죄송스럽죠. 왜냐하면, 원래 드라마 보는 걸 좋아하는 보통 할매였는데 아들이 정치로 들어섰으니 그 뒤부터는 뉴스 보고, 시사토론 다 챙겨보고 그러시는 거죠.

이나미　　어머니도 공부하시는 거네요.

문재인　　그죠. 정치 관련한 건 다 보시는 거예요. 그런데 텔레비전 보면 얼마나 내 욕을 많이 합니까?

이나미　　너무 속상하시겠어요. 어떻게 하세요? 뭐라고 말씀 한마디라도 해주실 것 같은데.

문재인　　친구들하고 의까지 상한 일도 있다 하대요. 하도 다들 북한 퍼주기 한다고 하니까. 그건 나 아니더라도, 우리 어머니 원래 소신이 남북 관계는 잘돼야 한다는 건데, 북한에 대한 것을 다 퍼주기라고 하고, 나보고 빨갱이라고 하니까 많이 속상하셨겠죠.

　아내와 어머니의 이야기가 나온 김에 이번에는 자녀들에 대해서도 그에게 물어봤다.

이나미　　예전에 따님이 정치하는 걸 반대한다고 그런 얘기가 있었던 것 같은데, 맞나요?

문재인　　사실 정치하는 것은, 처음에 가족들이 반대한 편이긴 했죠. 그래도 내 결정을 다들 존중해주는 편이라 결심했을 때

　　　　　　　　　　　　　　　　　　　　　　　　　　문재인의 삶

는 우리 어머니부터 애들까지 다 받아들여줬어요. 우리 딸이 반대했다는 것은, 사실은 지난 번 대선 출마선언 할 때 얘기인데, 그때 콘셉트가 가족들이 함께 단상에 오르는 것이었어요. 왜 미국에서도 그렇게 많이 하지 않습니까? 가족이 함께 나와 따뜻함을 보여주는 그런 모습이요. 그런데 그것에 대해서 우리 딸이 반대를 한 거예요. 비겁하다는 이유였어요. 그러니까 경쟁 상대인 박근혜 후보는 가족이 없는데 그건 페어플레이가 아니지 않느냐는 말이었어요. 그래서 딸은 행사장까지는 왔는데 단상에는 올라오지 않은 거죠. 우리 딸은 자기 나름대로 주관이 뚜렷해요.

아버지를 닮아 정의, 원칙, 공정함 같은 것을 매우 소중하게 생각하는 딸이다.

이나미   지금은 무슨 일을 하고 있나요?

문재인   갤러리에서 큐레이터로 일하고 있어요. 미술을 전공한 건 아닌데 예술에 대한 감각은 그래도 좋은 것 같아요. 음악도 그렇고, 학교 때 음악을 전공하고 싶어 하기도 했어요.

이나미   그런데 못했어요?

문재인   딸이 부산외고를 들어갔어요. 거기에 밴드부가 있다고. 거기 들어가겠다고 중3 때 드럼을 조금 배우기도 했는데, 입학하고 들어가니 자기보다 훨씬 드럼을 잘하는 애가 밴드부에 들어온 거죠. 그래서 보컬을 했어요. 어느 날은 고등학교 그만두고 재즈 학교에 가고 싶다고 그런 적이 있었어요. 나는 학교는 마치는 게 좋겠고 대학을 갈 때 원하는 대로 가라, 그랬지요. 결국 전공은 경영 쪽으로 갔어요. 지금도 가끔은 그때 재즈학교에 갔어야 했다고 그러기도 해요. 딸의 주장에 의하면 '고구마'라는 별명을 제 자신이 먼저 시작했다고 하대요.

딸은 아버지가 해준 조언을 따르자는 결정을 내렸던 것 같다. 인생 선배로서의 아버지에 대한 신뢰가 좋아하는 음악 대신 지금의 삶을 선택하게 했을 것이다. 딸이 보기에 아버지는 결코 세련되지도, 약삭빠르지도 않은 조금은 답답하지만 구수하고 따뜻한 그런 사람이지 않았을까.

이나미　　마지막으로, 아드님은 어떤 분이에요?

문재인　　아들은 사실 나 때문에 맘고생 많이 했죠. 아들이 공부를 꽤 했는데 고3 때 갑자기 미대를 가겠다는 거예요. 인문계였거든요. 어릴 때부터 자기는 애니메이션을 하겠다고 그러기는 했어요. 내가 "만화가가 된다고?" 그러면 "애니메이션 작가라고 해주세요" 하고 그랬어요. 중고등학교 때는 애니메이션 동아리

활동도 하고요. 자막도 없는 해적판 일본 애니메이션을 친구들하고 보기도 하고, 자기들끼리 회보 같은 것도 발간한다고 시험기간에 애니메이션을 그리기도 하고 그랬어요. 그러다가 고3 때 도저히 안 되겠다고 자기는 그냥 미대 가겠다고 선언을 한 거죠. 그제서야 알아보니까 그때부터 애니메이션으로 입시를 시작해서는 힘들겠더라고요. 그때 정규대학 애니메이션 학과가 세종대학에 하나 있었고, 그리고 한예종이 있었어요. 한예종만 해도 애니메이션 작품을 하나 제작해서 제출해야 하는데 수준이 굉장히 높더라고요. 이미 고등학생 애니메이션 페스티벌 이런 게 있어서 학생들이 5분짜리, 10분짜리 작품을 만드는 수준이었어요. 그래서 애니메이션 전공으로 바로 들어가기가 어려우니 일단 미대에 가서 나중에 애니메이션 쪽으로 하겠다고.

그런데 미대도 그때 시작해서는 쉽지 않죠. 남들은 다 중고등학교 때부터 준비를 하는 건데 되겠냐고 했더니 입시 미술은 유형화 되어 있어서 해볼 만할 것 같다고. 그때부터 학원 다니고 해서 결국 미대를 갔어요. 그래도 늦게 시작했으니까 실기는 많이 부족했겠죠. 대신 학과 성적은 좋은 편이라서 그걸로 만회해서 건국대 미대를 갔습니다. 시각디자인과로 들어갔는데 디자인 분야도 굉장히 세분화되고 그렇더라고요. 그중 영상디자인을 선택하고, 영상디자인 중에서도 프로그래밍 관련한 쪽으로 전공을 했죠. 미국 뉴욕에 있는 파슨스 디자인스쿨을 졸업했어요. 거기 졸업할 때 만든 졸업 작품으로 이를테면 측면빔는 유밍각기 뭔

거죠. 유튜브에 올렸는데 그게 대박이 나서, 그 작품 하나로 홍콩, 미국, 이탈리아, 브라질, 스페인, 프랑스, 러시아 등등 여러 나라의 전시회나 미술관에 초청을 받고 그랬어요.

이나미　　지금은 뭐하세요?

문재인　　작품만으로 돈은 안 되니까, 게임 만드는 업체를 창업해서 하고 있는데 고전하고 있죠. 아무 지원을 받지 못하는 스타트업이라서. 국가적인 지원은 해당도 안 되고, 거기다 내가 있으니까 아예 엄두도 안 내죠. 내가 아들한테는 맘고생을 시킨 게 있죠. 대학 재학 중에 디자인 쪽에서 상도 서너 차례 받고 그랬어요. 그리고 졸업하고 유학을 가겠다고 그랬는데, 그때는 내가 변호사 할 때가 아니라 청와대에 있을 때라 경제적으로 자신이 없었어요. 꼭 유학을 가야 되겠냐, 좀 겪어보고 유학이 필요하면 그때 가면 되지 않냐, 이랬는데. 본인이 여러 대학에 포트폴리오 만들어서 보내고 하니 입학 허가가 여러 군데서 나온 거죠. 파슨스에서는 장학금도 준다고 했고요.

그런데 내가 떨떠름한 소리를 해놓으니까 마음에 걸렸는지 한편으로는 취업 쪽으로도 알아봤던 거예요. 그래서 그때 한국고용정보원에 합격이 됐는데 파슨스에서도 입학 허가가 나와서 둘 중에서 선택을 하게 된 상황이 된 거죠. 아예 그때 내가 유학 가는 쪽으로 밀어줬으면 나았을 뻔했는데, 저는 일단 고용정보원에서 홍보 영상 같은 것을 만들면 나라에 도움도 되고 경험도 해보면 좋겠다 했죠. 알아보니까 파슨스는 입학을 1년 연기해줄 수 있다 해서. 그렇게 고용정보원에 다니게 된 건데, 아버지 덕에 특혜취업 했다는 얘기를 듣고 그랬으니 상심이 컸을 거예요. 결국 관두고 1년 뒤에 파슨스 들어갔어요. 괜히 나 때문에 1년 늦어진 거죠.

이나미　그때 말들이 많았었나 봐요.

문재인　그게 참 집요한 게, 특혜를 받았다는 이야기부터 해서 미국 유학도 날라리로 갔다고 하고, 고용정보원에 있을 때 만들지도 않은, 산업인력관리공단의 홍보영상을 두고 우리 아들이 만들었는데 수준이 형편이 없다는 얘기까지 막 퍼지고 그랬어요. 그때 처음 보도했던 해당 언론사에서는 사과하고 기사를 내리고 그랬는데, 인터넷상에서 이미 퍼져버린 건 어떻게 할 수가 없더라고요.

　아무 근거도 없이, 때로는 없는 일도 만들어서 난도질을 하는 매스컴과 악플러들에 의한 피해는 그야말로 심각한 문제다. 가짜 뉴스를 비롯한 온갖 악성 글들로 상처받고 피해받는 사람들이 요즘 얼마나 많은가. 아들이 졸지에 실력도 없는데 아버지 덕에 취직한 사람으로 매도당할 때 마음이 얼마나 속상하고 억울했겠는가. 그때의 일들로 아직도 아들에게 미안한 마음을 갖고 있는 아버지에게 아들은 넉넉한 이해의 마음을 보여준다고 한다. 말없이 서로를 이해하는 부자의 정이 느껴지는 지점이다.

무뚝뚝한 문재인도 아들과 딸에게는 자상하고 싶은 아빠였을 것이다. 실제로 표현에는 서툴러도 마음을 열고 이야기를 들어주는 아버지였을 것 같다. 멀게만 느껴졌던 자신의 아버지에 대한 회한 때문에 내 자식들에게만은 자상하고 따뜻한 아버지가 되고 싶다는 소망을 간직하며 살지 않았을까 싶다.

따뜻한 가슴,
차가운 머리의 변호사

1982년, 문재인은 사법연수원을 차석으로 마쳤다. 연수원을 마치면 전원 판검사로 임용되던 시기였고, 그도 당연히 판사에 임용되리라 생각했다. 유신반대 시위 전력이 결격 사유가 될 줄은 꿈에도 몰랐다. 검사로는 임용될 수 있을 거라고 했지만, 그는 그렇게 굽히기가 싫어서 변호사가 되는 쪽을 선택했다고 한다. 수사를 하는 쪽보다는 변호를 하는 쪽을 택한 것이다.

연수원을 마치고 곧바로 변호사가 된 경우는 많지가 않아서 대형 법률사무소에서 좋은 조건의 스카우트 제의도 들어왔다고 한다. 솔깃하는 마음이 아주 없지는 않았으나 그는 "뭔가 고급스러워 보여서 오히려 내키지 않았다"[12]고 생각했다. 본인이 그렸던 변호사의 모습은 서민들이 겪는 사건들 속에서 억울한 사람을 돕고 보람을 찾는 데에 있었기 때문이다. 그는 결국 모든 제안을 마다하고 어머니가 있는 부산으로 내려간다.

문재인은 사시 동기가 소개해준 노무현 변호사를 그때 처음 만나게 된다. 사실은 그 사시 동기가 노무현과 함께 합동법률사무소를 하려 했는데, '운명'이란 게 정말 있는 것인지 묘하게도 그 동기가 검사

---

12 문재인, 『운명』, 가교출판, 2011.

로 임용되면서 문재인이 그 자리로 가게 된 것이다. 그렇게 노무현과의 긴 인연이 시작된 셈이다.

대학생들의 학생운동 사건과 노동 사건들이 줄줄이 터져 나오던 시대였다. "탄압에 시달리는 노동자들이 우리를 찾아오기 시작했다. 처음부터 인권변호사의 길을 걸으려고 작정했던 것은 아니었다. 그러나 우리를 찾아오는 사건을 피하지 않았고, 그들의 말에 공감하면서 열심히 변론했다. 차츰 우리는 부산지역 노동인권 변론의 중심 역할을 하게 됐다."[13]

노무현과 문재인은 동지로서 함께 시대의 한가운데서 많은 사건을 겪으며 성장했다. 그런 과정은 후에 노무현 대통령이 "사람을 알기 위해서는 그 친구를 보라고 했습니다. 나는 대통령 감이 됩니다. 나는 문재인의 친구 노무현입니다"라고 말했던 배경을 잘 설명해준다.

그러나 노무현과 문재인은 다른 기질을 지녔다. 노무현은 88년 국회의원에 당선되면서 정계에 진출하지만, 문재인은 사실 정치에 뛰어들 생각도, 관심도 없었다. 문재인에게는 이른바 '정치적 DNA'가 부족하다는 평이 나오는 이유다. 노무현은 승부사 기질이 다분한 사람이었다. 내지르고 밀어붙이는 힘이 노무현에게는 강하게 있었다. 예컨대 노무현 전 대통령이 후보 시절, 장인의 좌익 활동이 문제가 되자 "그럼 내 마누라를 버리라는 말입니까?"라는 말로 상황을 정리해버린 일은 유명하다. 아마 문재인은 그런 순간에 왜 장인의 좌파 이력이

---

13   문재인, 『운명』, 가교출판, 2011.

문재인의 삶

문제가 되지 않는지 논리적으로 설명하려 하지 않았을까 하는 생각도 든다.

노무현이 외향적인 직관형 정치인이라면, 문재인은 내향적인 사고형 정치인에 가깝다. 노무현은 다른 사람들의 평가나 감정 등에 섬세하고 때론 예민하게 반응하는 외향형이지만, 문재인은 외부의 시선보다는 자기 내부의 원칙이 더 강한 내향형이고 하나하나 이론적으로 검토하는 스타일에 가깝다. 그래서 카리스마 있는 리더형보다는 참모형에 더 어울리는 사람이라는 평도 많다.

노무현이 국회의원이 된 이후, 문재인은 계속 변호사로 남아 홀로 부산 지역의 시국사건을 거의 도맡다시피 했다. 2002년 부산 선대본부장을 맡으면서 노무현 대통령 당선에 기여할 때까지만 해도 그에게는 정치인 문재인의 그림은 없었던 셈이다.

문재인은 변호사로 만난 많은 사람들을 기억하고 있다. "부산은 신발, 가방 등 열악한 환경에서 일하는 노동자들이 많았다. 그 당시 신발공급업체 노동자들의 해고 사건 변론을 맡으면서 노동운동에 깊이 관심을 갖게 됐다. 해고무효 소송을 진행하면서 오히려 승소율이 낮아 도움이 크게 못 됐던 것이 많이 미안하기도 했다"고 회고하기도 했다. 그는 현대중공업 골리앗 크레인 투쟁 사건 변론을 위해 직접 골리앗 크레인에 올라간 적도 있었다. 그 당시 부산, 울산, 경남 지역에서 많은 노동 사건들이 터져 나왔는데, 그들의 변론을 거의 도맡다 했다시피 한 게 문재인이기도 했다. 그는 그 시절을 회상하면서 이렇게 말한다.

문재인　　여러모로 삶이 참 묘미가 있다고 생각되는 것은 제가 과거 인권변호사로 활동하던 시절, 1980년대 그 까마득한 시기에 민주화 운동하던 분들, 학생들, 노동자들을 많이 도와준다고 그랬는데, 사실은 내가 정치하면서 도움이 필요한 때가 되니까 그때 그분들이 어디선가 나타나서 저를 다 도와주시는 거예요.

길거리를 지나다가 우연히 맞닥뜨리기도 하고, 지역구 인사를 다니다 어느 점포에 들어갔는데 그때 만났던 그 당사자이거나 가족 분들을 만나게 되는 거죠. 그런 경험들을 많이 했어요. 그분들이 옛 시절을 마음에 갖고선 줄곧 고마워하시면서 저를 도와주시고 계시는 거죠. 지난 대선 때도 그런 분들이 많이 모여서 지지선언도 해주고, 한 분은 텔레비전 찬조연설도 해주고 그랬어요. 예전 신발 공장에 다니던 여성 노동자 분이요. 세상이라는 게 그래서 돌고 도는 게 맞아요. 참 신기하죠. 벌써 30년도 넘은 일인데 그때 일이 저에게 또 도움으로 돌아온다는 것을 많이 느끼곤 합니다.

다시 변호사 시절의 문재인을 떠올려보자. 당시 민주화 운동을 하다 잡혀간 학생들이 얼마나 많았는가. 학생회 활동을 했던 많은 학생들은 그 당시 문재인 변호사의 얼굴을 지겹도록 보았다는 이야기를 전하기도 한다. 변호사로서 그가 얼마나 성실히 임했는지 짐작할 수 있는 대목이다. 그중에서도 가장 컸던 사건이 1988년 발생한 동의대

문재인은 현대중공업 골리앗 크레인
투쟁 사건 변론을 위해
직접 골리앗 크레인에 올라간 적도 있었다.
당시 부산, 울산, 경남 지역에서
많은 노동 사건들이 터져 나왔는데,
그들의 변론을 거의 도맡다 했다시피 한 게
문재인이기도 했다.

사건¹⁴이었다.

공소사실이 방대한 데다가 피고인 수도 77명이나 되는 사건이었다. 문재인은 공동 변호인단을 꾸려 사건을 분담했고, 전체를 총괄하는 역할을 맡았다. 문재인의 아내는 그때 당시를 이렇게 떠올린다. "엄청난 서류 보따리 몇 개를 가지고 와서 밤새 보고 또 보고 그랬어요. 서류가 워낙에 많아서 가방에 안 들어가니까 보자기로 서류철을 싸매고 다녔어요. 그때는 학생이 던진 화염병 때문에 화재가 발생한 게 정말 맞는지 확인하려고 실험 같은 것도 몇 번을 했나 몰라요. 검찰에서 그때 화염병을 던졌던 학생에게 사형을 구형했어요. 그때 남편이 사형 구형을 듣는 데 자기도 모르게 눈물이 났다 하더라고요. 예기치 않게 발생한 화재로 살인마가 된 학생들을 생각하면, 물론 잘못한 부분도 있지만 안타깝잖아요. 그때 서류를 하도 많이 보니까 눈에서 진물이 안 나겠어요. 눈물을 흘리면서 서류를 밤새 보는 거예요."

어려운 처지에 처한 사람들이 끔찍한 범죄자가 되는 경우는 현실에서 숱하게 벌어진다. 문재인은 그런 사람들에게도 스스럼없이 다가갔다. 페스카마호 선상살인 사건 때 사형선고를 받은 조선족 선원들을 무료 변론했던 것도 그런 경우였다.

---

14 1989년 5월 3일 부산 동의대학교에서 일어난 사건이다. 5월 1일 동의대학교 학생들이 4월 30일의 노동자대회 원천봉쇄에 항의하며 학교 부근의 파출소에 화염병을 투척했고, 경찰은 시위대를 향해 실탄을 발사하고 주동자를 연행했다. 2일 학생들이 시위대로 위장한 사복경찰 5명을 도서관에 붙잡아둔 채 농성을 벌이자 3일 새벽 경찰이 도서관에 진입하기에 이른다. 이때 경찰과 학생들이 충돌하는 과정에서 화재가 발생했고 경찰관 7명이 숨졌다. 이 일로 학생 77명이 구속되어 31명이 2년에서 무기징역을 선고받았고 46명이 집행유예를 선고받았다.

1996년, 조선족 선원 6명이 항해 중 한국인 선원 7명, 인도네시아 선원 3명, 조선족 선원 1명 등 11명의 선원을 살해한 사건이었다. 드러난 사실로만 본다면 조선족 선원 6명은 끔찍한 살인을 저지른 험악한 범죄자들일 뿐이다. 그러나 문재인의 마음은 그렇게 단순하게 재단할 수가 없었다.

　　사건의 이면에는 조선족 선원들에 대한 가혹한 폭력 행위가 있었다. 그 폭력을 참다못해 자신들에게 폭력을 가했던 사람을 살해했는데, 그 뒤로 이성을 잃고 여러 사람을 잔인하게 살해하는 데 이른 것이다. 당연히 벌을 받아야 할 중범이고, 피해자 유족에게 지울 수 없는 큰 상처를 준 것은 분명했다. 하지만 그들이 처했던 상황을 들여다볼 필요도 있다고 당시 문재인은 판단했던 것 같다.

　　조선족 선원 전원이 1심에서 사형선고를 받은 이후 조선족 사회가 들고 일어섰다. 그들이 받았던 가혹 행위에 대한 전말을 당시 《길림신문》과 《요녕신문》 등에서 크게 보도했던 것이다. 사건의 주동자로 지목됐던 조선족은 원래 교사였고 딸이 둘 있었는데, 아들 욕심에 아들 한 명을 더 낳았다가 그 시기 중국의 산아제한정책으로 감당할 수 없는 빌금을 내야 했다. 그 때문에 빚을 시는 바람에 교사직을 그만두고 선원이 되었다고 한다. 사실은 그가 주동자는 아니었는데 나이도 제일 많고 교사직을 했다는 배경으로 가장 강하게 범행을 선동한 사람이 됐다고 한다. 문재인은 항소심을 진행하며 이들의 변론을 맡았다. 주범을 제외하고는 무기징역으로 감형됐고, 이후에 주범도 무기징역으로 특별감형 받았다고 한다.

이 사실은 지난 2012년 대선 당시 불거졌던 적이 있다. '흉악범을 변호했다'는 문제제기였다. 논쟁이 있을 수도 있는 부분이지만 문재인은 당시 이 변론을 맡았던 일을 후회하는 것 같지 않다. 모두가 맡기 꺼려했던 어려운 사건이었던 것은 분명하다. 그러나 아무리 사회로부터 비난을 받는 이들이라 하더라도 형사 절차에서 최소한의 기본권을 보장받아야 하는 것이 법치주의의 정신이다. 그들의 변론을 맡았던 것은 인권변호사인 그로서는 당연한 선택이었고, 스스로의 원칙과 양심에 따른 일이었을 것이다.

그가 변론을 맡았던 사건들 중에는 군과 관련된 사건도 있었다. 군에서 자살한 청년에 대해 국가 책임을 물어 승소한 사건이 그중 하나다. 신병 훈련 때 영점 사격을 하는 도중에 사대에서 뛰쳐나가 총에 맞았는데 자살로 처리가 된 사건이었다. 군대에 가본 사람들은 아마 알 것이다. 처음 입대하면 얼마나 겁을 주는가. 그 청년 역시 영점 사격에 대한 압박감을 견디지 못해 뛰쳐나가다 다른 사람이 쏜 총에 맞아 죽게 된 것이다. 이 사건의 승소 후, 국가의 군 관리에도 여러 변화가 생겼다. 정신적으로 취약한 상태라면 군에 입대하지 않게 해야 한다는 판결이 나오면서 이후 입대 신체검사 시 정신과 검진이 보다 더 상세해졌다. 또 입대하게 되더라도 충분히 적응할 수 있도록 이른바 관심사병 특별관리 제도도 생기게 된다.

문재인은 그가 맡았던 변론 가운데 가장 안타까웠던 사건 중 하나로 '엄궁동 살인사건'을 꼽는다. 가해자로 지목된 사람은 시력장애 1급이었는데, 당시 범행은 낙동강 돌밭에서 캄캄한 밤에 벌어졌다. 정상적인 시력을 가진 사람도 범행을 저지르기 쉽지 않은 곳에서 이리 저리 자유롭게 움직이며 사람을 죽였다는 것은 도저히 이해할 수 없는 정황이었다. 하지만 경찰의 고문과 협박으로 자백하는 바람에 가해자로 지목된 사람은 21년간의 감옥 생활을 보내야 했다. 이 사건은 다시 재심이 진행 중에 있다고 한다.

또 하나 잊을 수 없는 사건이 이른바 '신씨 일가 간첩단' 재심청구 사건이다. 이 간첩단 사건은 5공 초기에 특히 집중된 조작 간첩사건들 중 하나였다. 사건의 골격은, 선원이었던 이들이 일본에 머물렀을 때 조총련 간부의 지령을 받고 국내에서 간첩행위를 했다는 내용이었다. 당시의 조작 수준은 너무나 조악했다. 아직 개업하지도 않은 책방에서 사설 지도 등을 구했다고 하거나, 아직 개통도 되지 않고 버스도 다니지 않은 도로를 이용해 군부대를 촬영했다고 하고, 심지어 군부대를 촬영했다고 하는 날짜에 원양어선을 타고 있었다는 점도 확인이 되었다.

문재인이 처음 이 사건의 재심 청구를 한 것이 94년이었다. 부산지방법원은 기대대로 재심개시 결정을 내렸으나 검찰이 항고를 했고, 고등법원도 판결을 유지했는데 대법원이 검찰의 재항고를 받아들여 재심개시 결정이 취소됐다. 99년에 2차 재심 청구를 했는데 고등법원에서 또 막혔다. 3차 재심 청구는 그가 청와대에서 퇴임하고 다시 변호사로 복귀한 후인 2009년에서야 받아들여졌고, 결국 그해 8월 무죄판결을 받았다. 간첩으로 유죄 판결을 받은 지 거의 30년 만이었고, 처음 재심 청구를 한 지 15년 만의 일이었다. 그 긴 시간 동안 국가에 의해 간첩으로 몰려 억울하고 고통스런 세월을 보내야 했던 이들이다. 변호사 문재인은 그래서 끝까지 포기할 수 없었고, 결국 뒤늦게나마 그들의 억울함을 풀어줄 수 있었다. 그러나 허망하게 사라져버린 그들의 지난 세월을 어떻게도 보상이 안 되는 것이다. 그것을 생각하면 지금도 가슴 아픈 일이 아니겠는가.

노무현의 제갈공명

　문재인은 노무현이 대통령에 당선된 후 청와대 민정수석이라는 중임을 맡게 된다. 사실 그는 부산에 남아 있을 생각이었다. 인권변호사란 얘기를 들으며 권력을 비판하는 일만 해왔을 뿐 국정에 관해서도 정치에 대해서도 관여해본 일이 없었기 때문이다. 노무현 후보의 부산선대본부장을 맡았지만 민주당에 입당하지 않고 한 일이기도 했다. 그래서 노무현 대통령이 민정수석 자리를 맡아달라고 얘기해왔을 때 선뜻 답할 수가 없었다고 한다. 문재인의 마음을 눈치 챈 노무현은 "나를 정치로 나가게 했고, 대통령까지 만들었으니 책임을 져야 하지 않느냐"고 말했다 한다. 문재인의 가까운 친구에 따르면, 당시 권양숙 여사도 "이 사람을 대통령으로 만든 사람이 문 변호사입니다. 그런데 나무에만 올려놓고 그냥 가버리면 어떻게 합니까? 이 사람한테는 문 변호사가 있어야 합니다"라고 설득했다는 후일담을 전하기도 했다.

　숙고 끝에 문재인은 "원칙을 지켜나가는 일이라면 할 수 있겠지만, 정치하라고는 하지 마시라"는 말로 민정수석 자리를 받아들였다. 그는 참여정부 장차관 인사를 시작으로 검찰 개혁, 국정원 개혁, 권력기관 개혁, 법원 개혁 등 주요 사안에 의욕적으로 의견을 개진하면서 국정 운영에 임했다. 노무현의 전폭적인 신임을 받는 사람이다 보니 '왕수석'이라는 비아냥을 듣기도 했다. 권력이 그에게 집중된다고 생각하는 사람들도 있었고, 어떤 이들은 그래서 그에게 도움을 받을 수 있

문재인은 "원칙을 지켜나가는 일이라면 할 수 있겠지만,
정치하라고는 하지 마시라"는 말로
민정수석 자리를 받아들였다.
그는 참여정부 장차관 인사를 시작으로
검찰 및 권력기관 개혁 등
주요 사안에 의견을 개진하면서
국정 운영에 의욕적으로 임했다.
노무현의 전폭적인 신임을 받는 사람이다 보니
'왕수석'이라는 비아냥을 듣기도 했다.

을지도 모른다는 크고 작은 기대를 했을지도 모른다. 그러나 문재인은 그런 쪽으로는 냉철한 사람에 가깝다. 그 때문에 오히려 서운함을 느꼈을 사람들도 있을 것이다. 문재인의 지인이 들려준 한 가지 일화도 있다.

경남고등학교를 나온 한 공무원이 참여정부 시절 청와대를 방문했다가 문재인을 찾아 인사를 한 적이 있다고 한다. 문재인은 청와대를 찾은 공무원이니 으레 반갑게 맞으며 인사하다가 경남고 몇 회 졸업이라 하니 갑자기 분위기가 썰렁해졌다는 것이다. 그는 그만큼 연고를 앞세우게 되는 상황을 상당히 경계했던 듯하다. 그러나 우리나라처럼 관계의 맥락을 중시하는 나라에서는 그런 그의 태도가 낯설고 차갑게 보일 수도 있을 것이다.

그의 관료 스타일은 맺고 끊는 점이 확실하다는 점에서 군인다운 느낌도 난다. 특전사 시절의 경험이 밴 탓도 있을 것이다. 그는 참여정부 때 한국전쟁 전사자 유해 발굴 작업을 시작한 것에 대해서도 자부심을 갖고 있다. 그 전까지 말로만 애국을 외치며 독립투사나 2차 세계대전과 한국전쟁, 월남전쟁 참전군인 등 국가유공자에 대한 예우에 소홀했던 다른 정권과는 차이가 있다는 것이다. 유전자 감식으로 유족을 찾을 수 있게 하는 시스템을 갖추어서 전사자의 실종자 가족들 데이터베이스도 미국처럼 갖게 되기를 희망하기도 한다. 박근혜 대통령이 역사를 되살리자면서 자신의 아버지를 이상화하는 데에만 혈안이 된 것과 대비되는 대목이 아닐 수 없다.

참여정부는 과거사 정산에도 적극적이었다. 노무현 대통령은 광복

후의 반민족행위특별조사위원회가 600여 개의 친일파들을 조사했지
만 한 건도 처벌하지 못했다는 점을 아쉽게 생각했다. 프랑스에서는
비시정권 4년 동안 나치에 부역한 프랑스인들 가운데 1500여 명이
처형되고 14만여 명이 기소되었다고 한다. 독일 역시 지금까지도 나
치 전범이라면 아흔이 넘은 나이라도 중형을 내리고 있다. 참여정부
는 2004년 '일제강점하 친일반민족행위 진상규명에 관한 특별법'을
제정했고, 2005년 출범한 진상규명위원회가 4년간 조사해 1006명
의 친일파를 확정했다. 그러나 이에 대한 반발도 심했다. "이미 몇십
년이 지났는데 굳이 과거를 왜 들추느냐, 미래가 중요한 것이 아니냐,
국가를 또 분열시키려 하느냐" 하는 식의 관점으로 날을 세우는 언론
과 정치인들도 많았다.

참여정부 때는 언론과 대립각을 세운 일들이 꽤 있었다. 특히 보수
언론으로부터 부정적인 집중 포화를 많이 맞았던 게 참여정부였다.
언론에 관한 한 문재인은 분명하게 말한다.

문재인　　언론은 권력에 대한 심판관 역할을 해야 해요. 그런
데 때로는, 대선 때 보면 그런 본분을 벗어나서 '메이커(maker)'
역할을 하려고 하는데 그런 게 문제죠. 의혹 제기를 넘어서 없는
것도 만들어내기까지 해요, 집요하게. 노무현 대통령이 후보일
때도 악의적인 것을 넘어 오보들도 많았어요. 인수위 시절에는
아예 오보백서를 발간했을 정도였죠. 그래서 보수 언론과 대립
하게 되는 그런 일들이 있었어요. 그런데 사실 참여정부 때야말

　　　　　　　　　　　　　　　　　　　　문재인의 삶

로 언론의 자유가 있었거든요. 그만큼 특권들이 없어진 거고요. 이를테면, 과거에는 신문 가판이 나오면, 각 정부 홍보 부처에서 가판을 다 보고 정부에 대해 비판적이거나 왜곡되거나 하는 기사가 있으면 그거에 매달려서 빼달라, 어떻게 해달라 하는 게 일이었거든요. 그러다 보니 반대로 언론에서는 정부에 인사 청탁이라든지 여러 요구를 하게 되고, 정부는 거의 다 들어주게 되는 그런 식의 언론과 권력 간의 유착, 특혜가 있었죠. 그런데 참여정부에서는 그걸 다 끊었어요. 가판은 아예 보지 말라 했어요. 가판을 상대하지 않으니까, 관심을 아예 갖지 않으니까 가판이 저절로 없어지게 되죠.

세상을 바꿔보겠다는 그들의 꿈은 그러나 호락호락하게 풀리지 않았다. 제대로 뭔가를 바꿔나가려면, 기득권을 가진 이들의 양보, 진보진영의 협조, 언론의 호응, 국가기관의 공조 등 다양한 동력이 있어야 했다. 노무현 대통령이 "도대체 대통령이 되어서도 아무것도 할 수 없다"는 이야기로 깊은 절망을 표현한 적이 있었던 건 그런 이유에서였을 것이다.

그런 뼈아픈 경험을 했기 때문에 문재인은 그때보다 더 열린 자세로 보수진영의 사람들을 설득하고 그들의 생각도 포용하려고 노력하는 게 아닐까 싶다. 실제로 그가 지난 대선 때 가장 먼저 대선후보 인터뷰에 응한 언론이 종편 채널인 MBN과 조선일보였다. 그에게는 '편을 긷다시 다른 쪽은 상대하시 않겠나'는 근본주의적 자세나 적대하는 마음이 없는 것은 분명한 것 같다. 물론 그럼에도 그가 넘어야 할 산은 높다.

이나미　사실 우리나라에는 알게 모르게 '이너 서클'이 있어요. 길게 보면 친일파부터 시작해서 독재까지, 그리고 그들의 2세, 3세들까지 이어지는 기득권 카르텔 같은 게 있잖아요. 사실은 그들이 보기에 노무현 대통령이나 문재인은 이를테면 '아웃사이더'인 거예요. 자신들의 세계에 끼워주는 게 싫은 거죠. '감도 안 된다, 근본이 없다'는 식으로 배척하면서 철저하게 자신들의 세계를 지키려고 하죠. 어떻게 보면, 노무현 대통령도 그런 보이지 않는 벽을 깨지 못하고 결국은 무너지신 게 아닌가 하는 생각도 들고요. 어떻게 생각하세요?

문재인　그런 기득권 카르텔을 깨트려야 하죠. 그걸 깨트려야 정상정인 나라가 됩니다. 검찰이 사정기관으로서 제 역할을 하고, 언론이 박근혜 게이트를 보도하듯이 권력을 제대로 감시하고 비판하는 역할을 하면, 그런 일은 안 생기잖아요. 그러면 권력도 훨씬 건강해지면서 국정을 농단한다든지, 권력을 남용한다든지, 그런 일들을 막을 수 있죠. 그래야 정상적인 나라가 되는 거고요.

또한 편 가르기 하지 않고 포용해야 하는 것은 틀림없죠. 상대쪽에서 노무현 대통령이나 나를 아웃사이더로 보고, 말하자면

문재인의 삶

대한민국 주류가 우리를 배척하는 것, 어쨌든 그럴 수 있다고도 생각해요. 그런데 오히려 더 분노하게 되는 것은, 실은 우리 안에서도 이른바 기득권 세력이 있고, 또 그들의 배척이 있는 거예요. 노무현 대통령이 후보가 됐을 때, 지지도가 떨어지니까 당내에서 후보를 교체하려 했던 것도 나는 야권 내의 기득권의 작동이라고 생각합니다. 뿐만 아니라 이른바 운동권에도 엘리트주의 같은 게 있어요. 운동권의 주류가 있어서, 거기서 볼 때도 노무현은 저 변방의 사람인 거예요. 그래서 운동권 주류 그룹에 속하는 사람들과 노무현 대통령과의 관계가 원만하지 못했고, 그런 이들이 때때로 노무현에 대한 '비토[15]' 세력으로 작용을 했죠. 노무현 대통령이 그런 선택을 한 데에는, 수구적인 그룹들의 배척 때문이 아니라고 저는 봅니다. 오히려 그런 데에 대해서는 굉장히 강했어요. 나도 마찬가지인데 영남에서 김대중 대통령을 지지하고 민주당 깃발을 들고, 그 자체가 대단히 소수파의 길이었고, 지역 내에서는 빨갱이, 김대중 앞잡이, 배신자 이렇게 왕따 취급받는 일이었지만, 그런 것에 개의치 않았어요. 그런 면에서는 대단히 강인한 사람이에요. 그러나 우리 쪽의 공격은 아주 아프죠. 노무현 대통령은 진보진영으로부터 많이 매도당하고 그랬잖아요. 나중에 수사 당하고 할 때도 오히려 진보 언론의 글들이

---

15 영어로 veto, 거부권이라는 의미의 정치 용어다. 정치권에서는 이유를 불문하고 반대할 때, 옳고 그름과 관계없이 그냥 싫다는 의사표시를 할 때 많이 쓴다.

정말 비수같이 사람을 찌르는 그런 게 있었어요. 나는 노무현 대통령이 절망하고 무너진 게 그런 것 때문이라고 생각합니다.

이런 저런 정치적인 소용돌이와 공허한 말싸움, 이권싸움을 지켜보는 일은 충분히 괴로운 일일 것이다. 문재인이 민정수석을 지내면서도 정치를 할 생각을 갖지 않았던 데에는 그런 영향도 있었을 법하다. 그가 민정수석이 되고 1년 정도 되어갈 무렵, 당시 열린우리당에선 그에게 다가오는 총선에서 영남지역에 출마하라는 요구가 있었다. 그는 거듭 뜻이 없다고 밝혔지만, 이를 못마땅하게 보는 시선이 많았다. 심지어 "영화는 누리고 희생은 하지 않으려 하느냐"라고 언론을 통해 압박하고 비난하는 말을 하기도 했다. 아예 공식적인 자리에서 "왕수석 노릇을 하니 계속하고 싶어 하는 모양"이라고 비아냥거리는 이도 있었고 "융통성 없는 원칙주의자라 정치를 해선 안 되는 사람"이라고 힐난하는 말도 있었다.

그는 많이 지쳤던 것 같다. 건강도 마음도 많이 상한 상황에서 문재인은 무거운 직책을 내려놓고 원래의 자리로 돌아가겠다는 결심을 한다. 사의를 표명하고 1년여 만에 민정수석 자리에서 내려왔다. 그리고 자유인이 되어 히말라야로 여행을 떠났다. 앞으로의 인생을 신중히 생각해보려는 마음이었다고 한다. 그런데 운명은 그를 그렇게 두지 않았다. 네팔 카트만두의 한 호텔에서 그는 신문을 통해 노무현 대통령의 탄핵 소식을 접했다. 그런 상황에서 여행을 계속할 수가 없었다. 결국 그는 돌아와 탄핵대리인단을 꾸렸다. 탄핵은 결국 기각됐고,

노무현 대통령은 일에 있어서는 뛰어난 사람이었고,
국민에 대한 애정도 깊었지만,
보수층과 언론의 마음을 얻는 데에는 실패했던 것 같다.
문재인이 만약 대통령이 된다면 어떨까.
그는 보수와 진보 모두를 아우르는
큰 리더가 될 수 있을까.

그는 다시 청와대로 돌아갔다. 시민사회수석, 민정수석을 지내고 잠깐 청와대를 떠났다가 마지막 비서실장을 지내고 노무현 대통령 퇴임과 함께 청와대를 나왔다.

노무현 대통령은 일에 있어서는 뛰어난 사람이었고, 국민에 대한 애정도 깊었지만, 보수층과 언론의 마음을 얻는 데에는 실패했던 것 같다. 어쩌면 그들로부터 사랑받는 것에 대해서는 일찌감치 포기했을 수도 있다. 그러나 임기 내내 노동계나 진보적인 사람들에게서도 의외로 많은 반발감과 실망감을 얻었다. 워낙 기대가 컸기 때문일 수도 있고, 모든 것을 다 대통령에 투사하는 국민 정서 탓일 수도 있다. 어쨌거나 그 모든 것들을 포용하고 통합할 수 있는 리더가 우리에게는 필요하다. 정말 유비나 관운장 또는 제갈공명처럼 걸출한 정치인이 있어서 모두를 잘 포용했다면, 눈 하나 깜짝하지 않고 모르쇠로 일관하고 거짓말하는 이들에게 그렇게 허무하게 정권을 넘기지는 않았으리라. 문재인이 만약 대통령이 된다면 어떨까. 그는 보수와 진보 모두를 아우르는 큰 리더가 될 수 있을까.

실패하는 리더는 편을 갈라 자신과 의견이 같으면 내 편, 그렇지 않으면 제거해야 될 적으로 간주해서 결국 조직을 붕괴시킨다. 나치가 유대인을 학살할 때, 캄보디아의 크메르루즈와 중국의 문화혁명이 지식인들을 박해하고 몰살시킬 때, 대한민국의 보수언론과 권력층이 종북 프레임이나 반공 이념으로 민주주의를 유린할 때, 짧게 보면 그런 정치 조작이 유효할는지 모르지만 역사를 길게 보면 결코 그렇지 않다는 것을 우리는 안다. 결국 처절하게 실패하고 비참하게 최후를 맞게 되지 않는가.

문재인도 '우리 안의 근본주의'에 대한 성찰의 시각을 드러낸 적이 있다. "통합을 말하면서도 선을 긋고 편을 가르는"[16]근본주의에 대한 반성과 경계는 문재인이란 개인이 정치 인생을 하는 내내 갖고 가야 할 과제이기도 하겠지만, 실은 우리 모두가 조심해야 할 이념적 함정이기도 하다. 젊었을 때는 '과연 무엇이 옳은가'에 대해 방황하기 때문에 비교적 자기와 다른 입장에 대해서도 일단 겸허하게 듣던 사람도 나름대로 결론을 내린 다음에는 자신이 옳지 않다고 생각하는 것에 대해서는 과도하게 전지전능의 시점에서 판단을 내리게 된다. '내가 다 고민한 바이고 겪어본 바라 아는데, 당신의 생각은 틀렸다, 그러니 고쳐야 한다, 혹은 당신의 행동을 멈춰라, 심지어는 벌주겠다' 하는 식이다. 한때는 파릇파릇하고 따뜻한 감성으로 세상의 모든 약한 것들을 품던 지사(志士)들이 나이 들어서는 어느덧 추한 고집쟁이가 되어 사람들이 경원하는 대상으로 바뀌는 경우도 흔하다. 마음속에서 스멀스멀 자라난 근본주의 때문이다. 기왕에 문재인이 우리 안의 근본주의에 대해 언급했으니 아무쪼록 끝까지 그런 태도를 잘 유지해주었으면 하는 바람이다.

---

16 문재인, 『1219 끝이 시작이다』, 바나출판사, 2013.

큰 정치를 꿈꾸다

　문재인은 노무현 대통령의 장례를 치른 후에 변호사의 자리로 돌아갔다. 하지만 봉하마을이 있는 곳에서 한나라당 김태호 후보에게 야권 단일후보가 참패하면서 정권 교체에 대한 열망이 커졌고, 결국 그는 정치의 길로 들어선다. 2012년 4월, 부산에서 국회의원으로 당선이 되고 6월에는 대선 출마를 선언했다. 쑥스러움이 많고 낯도 가리는 데다 권력의지도 별로 크지 않는 사람이었던 그가 출마선언문에서 불비불명(不飛不鳴)을 이야기했다. 지금까지는 날지도 울지도 않고 조용히 있었으나 이제는 높이 날아보겠다는 의지의 표현이었다. 이후 당내 경쟁자인 손학규, 김두관, 정세균을 차례로 넘고 당외에 있던 안철수 후보와 단일화를 이뤄 대권에 도전하게 된다. 그러나 국정원의 댓글 조작 사건, 보수언론의 합작 등 여러 논란 속에서 그는 대선에서 실패한 후보가 된다.

　문재인은 권모술수에 능하지 못한 사람이다. 오히려 정직한 정공법을 펴는 이미지와 더 가깝다. 2012년 대선 때를 떠올리면, 실은 선거기간 내내 "안타까울 정도로 답답하다, 끌려다니기만 한다"는 이야기를 하는 이들도 많았다. 지략이나 전략이 뚜렷하게 드러나지 못했던 점도 있었다. 재수생이 되어 다시 대선을 앞두고 있는 지금의 문재인은 그때와는 또 다른 모습으로 서 있는 것 같다. 지금 그는 어떤 마음을 먹고 있을까.

문재인　제가 정치에 들어온 것은 대통령에 대한 욕심, 그런 것 때문에 들어온 것이 아니거든요. 그런 욕심이 있었으면 훨씬 일찍부터 정치를 했겠죠. 저는 직책이나 권력에 대한 욕심은 없고, 그것이 세상을 바꾸는 하나의 수단으로서 의미가 있는 것이어서 만약 세상을 바꾸는 일을 못한다면 대통령이 되는 의미가 없는 것이라고 생각합니다. 두려울 수 있죠. 바꾸려면 권력기관이든, 언론이든 부딪쳐야 하죠. 근데 그 맞부딪치는 것 없이는 바꿀 수 없다고 생각하기 때문에 무릅쓰고 바꾸겠다고 선언하고 있는 거고요. 물론 바꾸는 것은 혼자 힘으로 할 수 있는 일이 아니라고 생각해요. 바꾸는 것에 대한 국민들의 지지가 없이는 안 되죠. 우리 정치 지형 자체가 말하자면 대체로 압도적인 보수적인 지형이기 때문에 국민들의 지지를 얻지 못하면 실제로 바꾼다는 게 불가능하죠. 그래서 국민들에게 어떻게 바꿀 거라는 것을 분명히 제시하고 거기에 대한 공감과 동의를 얻어가야 한다고 생각합니다.

이나미　공감과 동의를 얻으려면 강렬하게 어필하는 것도 필요할 것 같아요. 이런 얘기들도 사실 있잖아요. '문재인은 사람은 좋은데 카리스마가 부족하다'는. 어떻게 생각하세요?

문재인　분명한 것은, 나는 살아오면서 한 번도 내가 생각한 어떤 원칙을 버리고 당장의 이익을 위해서 타협한 적이 없었습니다. 학교에서 제적당하고, 구속당하고 이런 일들도 피하지 않았고, 제가 당대표 할 때도 우리 당의 혁신, 이런 원칙 앞에서 끝까지 타협하지 않았어요. 여의도 정치에서는 포용하고 타협하라고 하는데 그것은 혁신을 포기하라는 말이나 똑같은 것이었으니까요.

그 결과 우리 당, 놀랄 정도로 달라지지 않았습니까? 우선 지난번 총선 때도 당장 제1당이 되고, 전국 정당이 되고, 지금도 지지율 1당 되고. 어쨌든 국민들이 더불어민주당에게 정권교체의 희망을 걸게 되는 데까지 오게 되고, 당원들이 자부심을 가지는 그런 정당이 됐죠. 나는 진짜 강한 것은 그런 것이라고 생각하죠. 과격한 소리를 한다거나 큰소리친다거나, 정치 9단 소리를 듣는다거나 그런 것을 잘하는 게 강한 카리스마라고 전혀 생각하지 않습니다. 그런 말이 나오는 것도 일종의 프레임이죠. 도덕적인 흠결이 있었으면 그걸로 저를 무너뜨렸을 텐데, 나는 그런 게 전혀 없으니까 '사람은 좋다, 사람은 됐다'는 말을 하고 더 이상 시비하지 못하는 게 아니겠어요?

이나미　　이건 너무 앞서가는 건지 모르겠는데, 노무현 대통령은 선거 운동하고 그럴 때 "정동영도 있다, 추미애도 있다" 이렇게 그다음 후계자를 키워준다고 할까, 그런 얘기를 하던 게 기억이 나거든요. 혹시 문재인에게도 누구도 있다, 누구도 있다, 이렇게 말할 수 있는 정치인들이 있나요?

문재인의 삶

문재인　사실 지금 우리 당 대선주자들이 다 그런 분들이죠. 세상은 우리가 5년 또는 10년 이렇게 한다고 바뀌는 것은 아니고, 10년, 20년 계속 이어가야 되는 거고요. 나는 그래서 정당책임 정치를 주장합니다.

정당책임 정치는 말하자면 정권 운용에 정당이 중심이 되고, 책임도 정당이 진다는 뜻이에요. 제가 되면 문재인 정부가 아니라 더불어민주당 정부가 되는 거고, 그래서 정당이 정책 생산에 있어서도 중요한 역할을 하고, 인사에 대한 것도 함께 협의하거나 추천받거나. 그러면 그 틀 속에 우리 당의 대선주자들이 다 포함되게 됩니다. 우리 당의 대선주자들이 지역적으로도 잘 안배가 되어 있는데 다만 호남이 없어요. 호남도 전라남북도지사나 시장 이런 분들이 계시는데, 본인들이 나서지 않아서 그렇지 그분들도 나선다면 지금 대선주자들이 받고 있는 정도의 지지를 충분히 받을 만한 분들입니다. 그래서 그런 분들까지 포함해서 일종의 정당책임 정치라는 틀 속에서 함께 힘을 모아 국정을 운영하는 거죠. 그리고 그분들이 입각해서 국정 경험도 쌓아나가기도 하고 함께 더불어민주당 정권을 계속 이어가게끔 힘을 모아서 하는 것이고요. 그게 제가 생각하고 있는 정당책임 정치라는 틀이에요.

이나미　이번에 좀 다른 질문인데, 나를 움직이는 롤 모델 같은 사람, 나를 끌고 가게 한 힘 그런 게 있으신지 궁금해요.

문재인　대학교 때는 이영희 선생 같은 분들의 영향을 많이 받았죠. 그리고 다산 정약용과 정조 때의 이덕무 같은 사람들.

이나미　실학자를 꼽으시니 반가운 마음이 드네요. 특히 정약용이나 이덕무 같은 사람은 실학자들 중에서도 현실적이고 기술적인 곳에도 관심이 많았던 사람이잖아요. 혹시 지금까지 살면서 그들처럼 구체적인 실천을 했던 경험이나 앞으로 하겠다거나 그런 게 있으실까요?

문재인　사실 그분들에 비하면 보통의 우리들은 약간 얼치기 같은 거죠. 다산 선생이나 이덕무 같은 사람들은 자기 전부를 오랜 세월동안 정말 변치 않고 바치죠. 우리는 절반이나 할까요? 그 깊이, 집념, 꾸준함, 쉽게 따라갈 수 있으려나 모르겠어요.

이나미　왜요, 따라가실 수도 있죠. 충분히 그러실 수 있다고 생각합니다.

문재인이 실학자인 정약용과 이덕무를 롤 모델로 뽑았다는 점은 매우 인상적이다. 정약용은 너무나 잘 알려져 있다시피, 실학자이자 개혁가로서 관리들의 폭정을 비판하며 목민관이이 지켜야 할 지침을 밝힌 저서 『목민심서』와 국가의 제도와 법에 관한 개혁의 근본 원칙을 제시한 『경세유표』, 그리고 홍역에 관한 의서인 『마과회통』 등을 지은 인물이다. 뿐만 아니라 당시 왕이 아니고선 접하기 힘든 서학서들을 읽고 수원화성을 빠른 시간에 완성했던 사람이기도 하다. 기중가설에 따라 활차녹로, 즉 도르래를 만들고 거중기를 고안해서 성을 만들었는데, 여기서 놀라운 것은 그때 쌓은 돌 하나하나에 당시 직접 일을 했던 목수와 석공들의 이름을 새기도록 했다는 점이다. 양반과 중인, 상민, 노비로 철저히 계급이 나뉜 사회였는데도 불구하고 정약용이 사회주의적 토지제도인 '여전론'과 '정전론'을 주장했다는 점도 의미심장하다. 그가 서학서를 꽤 많이 읽었기에 토머스 모어의 '유토피아'가 스며든 서양 철학자들의 영향을 받았을 수도 있다. 또 서학서는 예수회 신부들이 한역을 한 것이었기 때문에 원시 기독교 사상을 직간접적으로 접했을 것이다. 그의 형인 정약종은 천주교사에서 빼놓을 수 없는 순교자로, 이로 인해 두 형제가 유배를 가기도 했으니 정약용의 사상에 기독교 영향이 미치지 않았을 리 없을 것이다.

그로부터 긴 역사가 흘렀다. 이씨 왕조의 대한제국이 비극적으로 막을 내리고, 법과 제도를 통해 계급사회를 청산했음에도 불구하고 언제부터인지 우리 사회는 마치 다시 계급이 존재하는 것처럼 태어난 신분이 그 사람의 인생을 결정하는 확률이 점점 더 높아지게 되었다. 이른바 '수저계급론'이다. 문재인이 성장할 때만 해도 전쟁과 혼란스러운 상황에서 어제의 종이 오늘은 사장님이 되고, 어제의 도련님이 오늘은 노동자가 되는 등 언제든지 바뀔 수가 있었다. 그리고 그런 운명의 전환에는 물론 운도 있었지만 열심히 공부하면 되는 길이 있었디.

하지만 최근 몇 년 동안 사람들은 열심히 노력하면 달라질 수 있다는 희망이 사라지고 있음을 절감하게 된다. 거대한 부를 상속받은 경우와 거액의 부채를 상속받은 경우, 성공의 노하우를 아는 부모 밑에서 성장한 경우와 생존과 존엄을 지키기에도 급급한 경우 등 자신의 의지와 상관없이 부모의 부로 평생의 운명이 결정되는 것을 보면서 많은 이들이 분노와 절망에 빠지게 된 것이다. 빈부차이가 극심한 미국에서 실시하고 있는 차별철폐 조치(Affirmative action)처럼 불이익을 당하고 있는 소수 집단의 구성원을 특별 대우해주는 법이 조금 더 확대될 필요성이 있는 시점이다. 우리나라에서도 농어촌 출신이나 기초수급자 등을 대학 입시 등에서 따로 선별하는 제도가 있지만 전체적인 불평등 상황에 비하면 여전히 너무 미흡하다는 생각이다. 마침 문재인이 정약용이란 인물을 존경한다 하니 그처럼 하나하나 구체적으로 실천해나갔으면 하는 바람이다.

문재인이 꼽는 또 하나의 인물인 이덕무에 대해서도 잠시 짚어보자. 이덕무는 본인이 책 보는 바보, 즉 간서치(看書痴)라 칭할 정도로 엄청나게 책을 읽었고 방대한 양의 저술을 남겼다. 이덕무의 저술 총서인 『청장관전서』는 예절규범, 미학, 역사, 풍속 등등에 관한 일종의 백과사전이다. 당시 실학자들은 정권을 잡고 있던 노론과 주자학자들과는 생활부터가 많이 달랐다. 아내들이 낮에는 농업이나 품앗이 등 밖에 나가 생업에 종사해야 했기 때문에 박지원, 박제가, 이덕무 등의 문집을 보면 벗이 찾아왔을 때 그들 스스로 직접 밥을 지어 대접하는 장면들이 등장한다. 가만히 앉아 종이나 아녀자들이 차려다 주는 밥상을 받는 일반적인 사대부 이미지와는 전혀 다른 것이다. 직접 밥을 차려 먹어보고 살림을 챙겨보지도 않은 이들이 어찌 나라 살림을 제대로 할 수 있겠는가.

이나미　마지막으로, 궁극적으로나 개인적으로 인생의 목표, 이런 것을 위해 살아왔다는 하는 점. 대통령이 되는 것과 상관없이 개인적인 인생관, 그 이후의 계획 같은 게 있으신지요?

문재인　사실 저 개인적으로는 동양적인 노장사상 이런 쪽에 좀 더 가까운 편이에요. 옛날에 장자를 많이 읽었는데, 저는 자유로움이 좋아요. 제가 정치에 들어온 것은 그런 제 개인적인 자유에 대한 추구를 버리는, 희생이 따르는 일이겠죠. 그래서 계속 맘고생을 했던 점도 있었고요. 노장사상으로 보면 '과연 정치라는 것이 근본적으로 세상을 바꿀 수 있는 것인가' 계속 의문을 가질 수도 있죠. 잠시는 바뀐 듯이 보일지라도 인류 역사를 보면, 실제로 그리스 시절의 고민이 그대로 지금도 되풀이되고 있는 거고.『로마인 이야기』읽어보면 로마 시대에 했던 복지에 대한 정책들, 지금도 그 테두리 내를 벗어나고 있는 것은 아니거든요. 똑같은 고민을 그 시기에도 했고, 지금도 되풀이하고 있고. 역사가 발전하는 것 같지만 억압하는 기제들이 더 교묘해지고 고도화되니 과연 얼마나 달라지는 것인가. 긴 역사로 보면 정치로 세상을 바꾼다는 것에 회의적인 생각이 원래는 있었죠. 그래서 살아오면서 저는 정치보다는 오히려 시민운동이 세상을 더 근원적으로 바꾸는 거다 생각했어요. 정치는 말하자면 그 정권 시기뿐이지만 시민운동은 다르니까요. 그런데 이명박 정권 이후 세상이 완전히 거꾸로 가버리고 있으니까. 그냥 단순히 발전이 지지부진해진다거나 정체 상태에 빠졌다거나 그런 정도 같으면 모르겠는데, 그나마 힘겹게 이루었던 민주주의라든지 그런 모든 부분들이 다 거꾸로 가고 있잖아요. 국민들을 편 갈라서 생각이 다른 쪽은 종북으로 몰고, 블랙리스트니 뭐니 해서 완전히 짓밟고 절멸시켜버리려는 행태를 보면서 '정말 이대로 가다가는 나라가 절단 나겠다'는 위기감을 가질 수밖에 없었어요. 그래서 제가 원래 추구하던 상은 유보하고, 지금은 해야겠다, 거꾸로 가는 흐름은 바꿔놓아야겠다는 생각을 하게 된 거죠. 앞에서도 이야기했지만, 그걸 하지 못하면 제가 대통령 하겠다고 나선 것은 의미가 없어요. 이번 대선이 어떻게 될지 모르지만, 성공한다면 저에게 주어진 역할과 임무, 그런 기간이 끝나고 난 후에, 혹은 대선에 실패하면, 다시 제가 원하던 원래의 삶으로 돌아가야죠.

이나미　　　성공하셔야죠. 성공하시길 바랍니다.

문재인의 삶

3부

문재인의 생각

새로운 희망은 어떻게 만들 것인가?

'프레임 공격'에 대한 반론

문재인은 지금 현재 가장 강력한 대선 후보로 점쳐진다. 어쩌면 그렇기 때문에 그를 향한 검증의 날이 더욱 거센지도 모르겠다. 보수 기득권 세력을 비롯해 그를 '반대'하는 사람들은 앞뒤 재지 않고 공격의 말들을 쏟아내기도 한다. "문재인만 아니면 된다"거나 "문재인이 문제"라고 말하며 뿌리 깊은 반감을 드러내는 사람들도 있고, "경제에 무능할 것"이라거나 "종북이다, 안보관이 불안하다"는 '프레임'을 줄기차게 들이대는 이들도 있다.

이에 대한 것부터 시작해서 대통령 후보로서 그가 갖고 있는 생각과 계획들에 대해 하나씩 자유롭게 물어보았다.

이나미   이른바 보수 세력에서는 '종북'이라는 프레임으로 공격들을 많이 하잖아요. 꼭 그게 아니더라도 이렇게 주장하는 거죠. 진노나 친분은 도덕적이고 열정은 있을지언정 실제로 일은 그것만 갖고는 안 된다, 과연 우리를 잘살게 할 능력이 있느냐 하는 공격이죠.

문재인　　우리사회에 뿌리 깊이 박힌 문제에서부터 비롯되는 게 있어요. 역사의 맥락으로 살펴보자면, 역사학자 이덕일이 『송시열과 그들의 나라』라는 책에서도 주장한 내용인데, 아직도 우리나라는 노론이 지배하는 사회라는 것이죠. 조선말 노론이 세도정치를 통해서 결국 나라를 망친 것 아닙니까. 나라가 패망하고 난 이후에는 그 세력들이 대체로 친일 지주세력으로 전환했고, 이 사람들이 해방 이후에는 잽싸게 반공이라는 탈을 쓰고 독재세력이 되었고요. 민주화되고 난 이후에도 친일 청산 못하고, 독재도 청산하지 못했기 때문에 지금도 그들이 우리 사회를 강고하게 지배하고 있다는 거죠.

이 사람들이 친일에서 독재로 옮겨갈 때 반공을 내세웠듯이 지금도 구조를 이념화하는 거예요. 좌파, 우파 또는 진보, 보수로 갈라서. 더 적나라한 표현으로는 '종북' 이렇게 색깔론으로 이념화해서 편을 가르는데, 기실은 이 대결이라는 것이 보수, 진보나 좌우의 대립이 아니거든요. 사실 우리가 바라는 것은 대한민국을 정상적이고 상식적인 나라로 만들자는 거예요. 그게 촛불 시민들의 염원이잖아요. 더 진보적인 나라로 만들자, 더 좌파적인 나라로 만들자는 것이 아니라.

그동안 너무 몰상식하고 비정상적인 일들이 많이 벌어졌잖아

문재인의 생각

요. 국가 권력을 사사롭게 운영하면서 자신들의 사적 이익, 부정부패의 수단으로 삼고, 국가의 공공성 같은 것들은 아예 무시하고요. 청문회 때마다 늘 보는 것처럼 고위 공직자 후보라는 게 한결같이 병역을 기피하거나 위장전입하거나 부동산 투기를 하거나 논문을 표절하거나 세금을 탈루하거나 이런 식으로 국가에 대한 자신들의 의무는 전혀 이행하지 않고 반칙으로 특권만 누려왔거든요. 그런 그들이 비정상적인 거죠. 그런 사람들이 보수라는 이름으로 이념화하고 나누면서, 보수라는 자리를 참칭하는 거예요. 그래서 그 사람들이 자기들 권력을 유지하기 위해 친노나 친문 쪽을 종북 좌파니 이런 식으로 프레임을 걸면서 비난하는 거죠. 실제로 그들 세력의 비정상적인 모습, 몰상식한 모습, 민낯이 드러난 게 이번 박근혜 게이트인 거고요.

유능과 무능의 프레임도 허구에 불과해요. 자신들이 유능하다는 이유가 경제와 관련한 건데, 실제로 김대중, 노무현 정부와 이명박, 박근혜 정부의 경제를 비교해보면 상대가 안 됩니다. 어떤 지표를 가지고 비교해도, 경제성장률부터 국민소득증가율, 수출증가율, 외환보유고 증가율 이런 긍정적인 지표부터, 반대로 실업률, 국가부채증가율, 가계부채증가율 등 부정적인 지표까지 모든 면에서 김대중, 노무현 정부가 더 우월합니다.

'안보'도 마찬가지에요. 실제로 안보를 다 망쳐놓고 남북관계를 극단으로 파탄시키고, 전쟁이 날까 불안하게 만들고, 북핵 문제도 녹수무색으로 방지한 거나 다름없거든요. 외교 안보 면에서

새로운 희망은 어떻게 만들 것인가?

도 지극히 무능한 게 그들이에요. 그런 쪽에서 '유능과 무능' 그런 허구의 프레임으로 우리 쪽을 오히려 공격하는 것인데, 그건 말이 안 됩니다.

이나미   그 사람들 논리는 김대중, 노무현 때는 우리나라가 고성장 시기, 세계적으로도 비교적 확장 시기였다는 거고, 이명박과 박근혜 시기는 중진국의 함정이라고 하죠. 우리나라가 어느 정도 성장이 끝났기 때문에 자기네들은 나름대로 선방했다고 그렇게도 얘기하잖아요?

문재인   세계 평균 경제성장률보다 못한 것은 변명할 길이 없죠. 과거보다 낮아진 것까지는 이해할 수 있다고 해도 미국보다도 성장률이 못한 것은 어떻게 변명할 겁니까? 그런 것은 변명할 길이 없는 거죠.

이나미   그러면 우리가 더 유능하다는 것을 보여줄 수 있는, 집권을 하게 되면 어떻게 끌어올릴 것이다 하는 생각이나 대안이 있을까요?

문재인   기본적으로 실패의 가장 큰 원인은 지금도 우리 사회를 지배하고 있는 박정희 체제라고 봐요. 박정희 시대가 끝난 게 이제 거의 사십 년인데, 말하자면 10·26 이후에 청산하지 못하고 신군부로 이어지고, 6월 항쟁 때도 결국은 청산하지 못하고 그대로 이어지는 거거든요. 박정희 체제가 낳은 게 박근혜 정권인 거죠. 어쨌든 박정희 체재의 경제 패러다임이 지금도 그대로 사용되고 있는 거예요. 박정희식 개발이 당대에는 우리 경제를 성장시키는 데 유용한 면이 있었거든요. 그런데 지금은 통하지 않죠.

기본적으로 여전히 수출 중심 성장 전략을 펼치는데 수출은 대기업이 하는 거란 말이에요. 그러니까 대기업들한테 특혜를 줘야 되고, 법인세도 낮춰줘야 되고 하죠. 그러니 정경유착이 생기는 거예요, 자연히. 그래서 수출 대기업하고 중소기업하고 엄청난 불평등도 생겨나게 되는 거고요. 이제는 수출 기업들이 일자리도 만들어내지 못하거든요. 수출 경쟁력을 유지하려고 하니까 전부 자동화, 전산화로 인력을 줄이게 되고 임금이 감당이 안 되면 외국으로 나가게 되고. 실제로 통계상 대기업들의 고용이 2000년대 이후 지속적으로 줄고 있어요. 이제는 수출 중심의 경제 패러다임이 맞지 않는 거예요. 그런데 계속 고집하니까 경제가 성장이 안 되는 거죠.

수출도 물론 여전히 중요하지만, 이제는 내수를 살려서 수출과 내수가 같이, 양 바퀴로 성장하는 경제 패러다임으로 바뀌어야 되고, 그러려면 국민들의 소비 능력을 높여줘야 하죠. 그래서 주장하는 게 '소득주도성장'이죠. 이게 우리만의 생각이나 주장이 아니라, IMF라든지 세계적으로 다 신자유주의 성장에 대한 반성에서 지금 하고 있는 거예요. 보통 외국에서는 임금주도성장이라고 이야기를 많이 하는데 우리가 소득주도성장이라고 하는 이유는, 우리는 자영업자가 600만 명으로 굉장히 많기 때문에 자영업자들의 소득을 임금이라고 표현하기 어려워서 통으로 소득주도성장이라고 해요. 한마디로 중하층 소득자들의 임금을 비롯한 소득들을 높여줘야 되는 거죠. 그것을 제가 '국민성장'이라는 이름으로 표현한 것이기도 하고요.

이나미 　　경제 참모들이 있으시죠? 씽크탱크(think tank)도 있고 하시지만, 일각에서는 '친문에는 경제 전문가보다 운동권이나 정치 전문가들이 더 많다' 그런 지적들도 있던데요. 실제 경제 참모들을 끌어들여서 그들과 함께 경제 관련 정책들을 만들고 그러시고 있나요?

문재인 　　그럼요. '정책공간 국민성장'이라고 부르는 '씽크탱크'의 대부분이 경제학자들이죠. 김대중, 노무현 두 번의 집권 경험을 거치면서, 그전까지는 이른바 비판경제학자는 많아도 주류 경제학이나 성장에 대한 담론 같은 것이 빈약했다고 할 수 있는데, 지금은 그렇지 않아요. 지금은 오히려 경제학 쪽의 맨파워도 보수 쪽보다 우리가 더 강하다고 생각합니다. 경제민주화 쪽만이 아니라 성장 담론에 대해서도요. 조윤제 소장을 비롯해서 자문위원장 하고 있는 박승 총재라든지, 소장 학자로서는 김현

철 서울대 교수도 있고요. 이런 분들 다 쟁쟁하죠. 씽크탱크에 지금 800여 명 정도 모여 있는데, 대단한 학자 그룹입니다.

이나미   그럼 이번에는 경제 말고 또 하나 약점으로 걸고넘어지는 문제가 '안보' 얘기가 있어요. 일례로 "내가 대통령 되면 북한부터 가겠다"고 했던 걸로 말들이 많았잖아요.

문재인   저는 대한민국 대통령이 당선이 되면 가장 먼저 미국부터 다녀와야 된다, 그게 당연하다는 생각을 버려야 하지 않나 생각합니다. 과거의 책봉 승인받는 시기도 아니고요. 물론 한미동맹은 너무나 중요해서 계속 공고히 발전시켜나가야 합니다. 그런데 그렇다고 해서 미국부터 다녀와야 되는 것은 아니고, 미국도 그래야 한다고 생각하지는 않을 겁니다. 북핵 문제를 해결할 수 있다면, 누구든 만나고 어디든 갈 수 있는 것이죠. 당연히 미국과도 협의하는 것이고요. 미국도 그런 것은 흔쾌히 협력해줄 거라고 보고요. 무조건 만나기 위해서 간다는 것이 아니라 성과가 담보 된다면 가는 것이죠. 그래서 "북핵 문제 해결에 도움이 된다면 북한에 먼저 갈 수도 있다"라고 한 것이고요.
북한 핵 해결에 이명박, 박근혜 정부는 철저히 실패했잖아요. 강도 높은 제재나 압박이 필요하기도 하죠. 그러나 제재나 압박만 가지고 해결되지 않는다는 게 확인된 거예요. 제재나 압박은 계속 해나가더라도 한편으로는 대화나 협상이 병행돼야 되는 거죠. 정작 미국은 지난해에 북한과 투트랙 협상 같은 거 하지 않았습니까? 우리와 똑같이 갈 줄 알았더니 자기들은 필요하면 비공식적으로, 비밀회담으로 그렇게 투트랙 협상을 하잖아요. 그런데도 우리만 '북한이 먼저 핵 폐기 선언하지 않으면 아무것도 안 한다' 이렇게 하고 있는 거예요.

친박 단체와
노년층의 정서

　문재인이 논리적으로 대응해도 절대 바뀌지 않는 사람들도 물론 있다. 촛불을 든 사람들의 반대쪽에서 태극기를 들고 광장을 점령했던 이들이다. 그들은 사생결단의 마음으로 박근혜를 지키려고 한다. 그 결기 어린 모습들은 거의 종교적인 수준으로 비쳐지기도 한다. 또한 그들 중에는 과거에 고생하며 이룬 것들을 정권이 바뀌면 모두 뺏길 것이라 생각하는 이들도 있다. 고생 안 하고 그냥 복지 수당이나 타면서 무임승차하던 이들이 자신들의 재산을 다 빼앗아갈 것이니 박근혜를 지켜야 한다는 것이다. 더 극단적인 이야기도 나온다. 영관급 군인들이 구데타를 하겠다고 하거나, 집회에 나올 때 군복과 칼을 들고 나와야 한다는 말들이 그렇다.

　　이나미　　촛불집회의 반대쪽에 있는 사람들에 대해선 어떻게 생각하는지, 그들을 정치적으로 포용할 수 있을지도 궁금하기도 해요.

　　문재인　　사실 그들 중에는 원래 촛불을 들고 나온 다른 분들과 비슷한 생각을 과거에는 가졌던 분들이 꽤 있어요. 예를 들면, 박근혜 대통령측 변호인단에 있던 서석구 변호사나 조갑제

씨 같은 분들이 그렇죠. 사람이 한평생 일관되기가 쉽지는 않지만 가장 극적으로 변모한 사람 중 한 분이 서석구 변호사예요.

서석구 변호사는 판사 시절에, 부림사건 관련 재판들 중 한 건을 판결했는데 그때 국가보안법에 대해 무죄를 선고한 아주 소신 있는 판사였거든요. 그 걸로 시골 법원으로 발령이 나고, 말하자면 인사 보복 조치를 당하고 나서 바로 옷 벗고 변호사로 개업했죠. 그리고 낙동강 페놀 사태 당시 시민사회운동이 일었을 때 앞장섰던 분이고요. 한데 김대중 정부 때부터 돌아서기 시작하더라고요. 김대중 대통령이 독재한다고, 그래서 물러나게 해야 한다고 변호사 시국선언을 하자고 나한테 제안한 적도 있었어요. 그러더니만 점점 오른쪽으로 가서 광주 5·18 민주항쟁이 유네스코 기록유산으로 등재가 될 때 유네스코 본부 찾아가서 항위 시위도 하고, 지금은 완전히 오른쪽의 아이콘이 됐죠.

그리고 조갑제 씨는 국제신문 해직기사였거든요. 5공 시절, 서슬이 시퍼랬을 때 민주화운동 단체나 인권운동 단체들이 다 문을 닫았다가 84년도 무렵부터 조금씩 재건되기 시작하는데, 그때 부산에서 재건된 게 부산민주시민운동협의회, 약칭 부민협이라고 해요. 나중에 6월 항쟁도 주도한 단체인데요, 그 부민협이 창립되는 행사에서 조갑제 씨가 초청 연사였어요. 행사 장소가 부산 YMCA 강당이었는데 경찰이 원천봉쇄하는 바람에 강연회도 아예 못 열고, 창립대회도 못 열고 그랬죠.

이야기가 좀 샌 것 같은데, 어쨌든 민주화운동이나 시민운동을 하면서 그런 분들을 많이 봤어요. 국면마다, 고비마다 아주 강경한 주장을 하던 사람들이 그 뒤에는 변절하는 모습을 보이거나 운동을 그만두는 경우가 많았죠. 빨리 뜨거워지는 바람에 빨리 식는 건지 모르겠지만, 나는 일관되고 꾸준한 게 좋아요. 그래서 과격한 주장이나 강경한 목소리는 오히려 별로 신뢰하지 않는 편이에요. 한 시기의 국면을 주도하지만 결국은 일을 그르치고 책임지지 않지요. 그들의 입장을 무조건 다 포용한다, 그렇게 말할 수는 없을 것 같습니다. 그렇다고 나와 생각이 다른 사람과는 한 자리에 있을 수 없다 이런 식의 태도도 곤란하고요. 각 개인의 특성, 여건, 살아온 삶 그런 것들을 고려하면서 한 분씩 설득할 부분은 설득하고, 관철할 부분은 관철해가면서 소통을 해야겠지요.

이나미　　　사실 과격하게 이야기하는 분들 중에는 나이 드신 분들이 많으세요.

문재인　　　어르신들이 많죠. 기본적으로 그런 분들은 전쟁을 체험했거나 또는 전후의 피난살이, 하여튼 전쟁의 상처를 실제 겪은 분들이라는 점에서 충분히 배려를 해야 한달까, 그 부분을 이해해야 한다는 생각이 들어요. 상처를 받았기 때문에 아주 이념적이 된 것이기도 하고. 반공, 그걸 넘어서서 거부적인 사고에 빠지기 쉬운 면이 있었고. 한편으로는 이런 분들이 우리나라를 근대화, 산업화시킨 주역들이기도 한데, 그에 비하면 지금 우리나라 노인들이 세계에서 가장 가난해요. 노인 빈곤율이 거의 50%에 달하고 있고, 노인 자살률도 세계에서 최고이고, 노인들이 굉장히 절망적인 상황일 수 있죠. 그런데 그런 상황에 대한 불만들을 노인 복지나 이런 쪽을 등한시한 세력을 대상으로 삼지 않고 6·25 전쟁의 상흔으로 남은 이념적인 쪽으로 잘못 돌리고 있는 거죠. 그렇게 증오심이나 적대감 같은 것을 계속 부추기는 식의 정치 환경 속에서 살아오기도 했고요.

이나미　어르신들이 접하는 정보들이 물론 이념적인 부분들이 많기는 한데, 이런 점도 있는 것 같아요. 이를테면, 지난 대선에서 박근혜 후보를 왜 찍었느냐 물어보면, 노인수당 20만 원을 준다고 했다는 점 때문이라고 얘기하는 분들도 많아요. 어르신들은 이른 아침에 보통 투표를 많이 하는데, 그때 기억으로는 오후 늦은 시간에도 어르신들이 줄을 많이 서 있고 그랬어요.

문재인　선거 양상 그 부분은, 우리가 SNS에서 우위에 있다고 생각했죠. 그런데 그쪽에서는 어떻게 했냐 하면, 카카오톡에 집중했어요. 어르신들이 인터넷이나 다른 건 안 하셔도 카톡은 하니까요. 고연령층 분들도 다들 카톡 연락망을 통해 촘촘히 다 연결되어 있어요. 각종 괴담들, 이런 것들도 순식간에 다 퍼지는 거죠. 우리가 알지 못하는 사이에 말도 안 되는 논리들이 그쪽에서는 쫙 전파돼서, 그런 이야기를 진실이라고 믿고 이런 저런 판단이나 주장을 합니다. 그 카톡 망을 통해 투표를 독려하기도 했고요. 오후 두세 시에 투표했냐고 확인하고, 아직 안 한 사람들한테 투표하라고 독려하고 차편을 보내주겠다고 한다든지, 그런 방식으로 동원을 하는 거죠. 그러니까 과거에는 연세 많은 분들은 오전에 투표를 많이 하고 오후에는 젊은 사람들이 많이 했는데, 이제는 꼭 그렇지만도 않은 거예요. 오후 늦게 연세 드신 분들이 더 쏟아져 나오는 그런 식의 양상으로 변했죠. 이건 선전, 홍보의 기술적인 이야기이긴 하지만요.

이나미   선전, 홍보 기술도 중요하지만 노년층에게 현실적으로 와 닿는, 복잡하지 않고 단순하게 매력적으로 느껴질 수 있는 정책이 있어야 할 것 같아요. 그런 점에서 박근혜 후보를 찍은 분들도 있으니까요.

문재인   우리가 반성해야 할 대목이지만, 전적으로 그 때문이라고는 생각하지 않습니다. 이랬을 수는 있죠. 당시 박근혜 후보는 지역적으로 대구, 경북 지역이 주력 기반이었는데, 출정식만 대구에서 하고는 선거운동 내내 대구, 경북을 방문하지 않았어요. 우리는 호남이 주 지지기반인데 선거 일정의 거의 태반을 호남에 할애했고요. 세대별로 치면 저쪽은 50, 60대가 주 지지기반인데, 그쪽 시시가 탄탄하니 선거 기간 동안 박근혜 후보는 계속 젊은 세대를 공략했어요. 반면에 우리는 주 지지기반이 20대에서 40대인데, 그들의 투표율이 낮으니까 그들을 투표장에 가게 하려고 선거운동의 거의 전력을 기울였죠. 그 측면에선 성공했다고 봐요. 실제로 지난번 대선 때 젊은 층들의 투표율이 사상 유례가 없었을 정도로 높았거든요. 노무현 대통령보다 제가 2040 세대에서 훨씬 더 높은 지지율을 얻었어요.

그런데 이쪽의 결집이 저쪽의 역결집을 불러일으킨 측면이 있다고 봅니다. 실제 노인 복지정책은, 그뿐만 아니라 어느 분야든 정책적으로는 우리가 우월했다고 생각합니다. 노인 수당 20만 원 부분도, 저희가 먼저 이야기했죠. 우리는 2배라고 표현하고 저쪽은 20만 원이라고 해서 홍보 면에서 그게 더 다가가게 하는 점은 있었을지 몰라도, 내용은 우리가 지지 않아요. 그런데 종편이나 주류 언론들이 그쪽을 뒷받침해준 거죠. 종편 시청률이 높지 않다고 해도, 끊임없이 반복해서 노출시키기 때문에 그런 점에서 지상파 영향력보다 훨씬 능가하는 점도 있다고 봐야죠. 우리가 반성하고 극복해야 할 점입니다.

노년층들은 나름대로 자기들의 공동체가 견고해서 소통도 그 안에서 폐쇄적으로 하는 경향이 있다. 그만큼 젊은 층으로부터 소외된 탓도 있을 수 있겠다. 지난 대선 때부터 노인 세대들 사이에선 이른바 가짜 뉴스와 같은 정보들이 퍼졌다. 특히 저학력의 노년층들은 생각이 고착화되는 경향이 있어서 자신과 다른 의견을 듣는다고 쉽게 기

문재인의 생각

"지난 대선에선 우리는 주 지지기반이 2040 세대였는데
그들의 투표율이 낮으니 그들을 투표장에 가게 하려고
선거운동의 거의 전력을 기울였죠.
그 측면에선 성공했다고 봐요.
실제로 지난번 대선 때 젊은 층들의 투표율이
사상 유례가 없었을 정도로 높았거든요."

존의 생각을 바꾸지 않는다. 또 어려서 일본 제국주의나 독재정권의 전체주의적 방식의 교육을 받고 성장했기 때문에 친일사관이나 군국주의적 사관을 옳다고 믿기도 한다. 이런 믿음은 때로는 종교적 망상 형태로 번지기도 한다. 김일성이나 김정일이 죽었을 때의 북한 사람들처럼, 박정희 대통령이 죽었을 때 깊이 애도하며 의지하는 마음의 영도자를 잃었다고 생각하는 이들이 적지 않았다. 이들의 심리에는 박근혜 대통령이 자신들의 종교적, 혹은 영적 메시아의 딸로 비치기도 한다.

가짜 뉴스들은 이런 심리를 파고들면서 그들의 피해의식을 부추기고, 상대진영에 대한 증오심을 부추기는 데 초점을 맞춘다. 정권이 바뀌면 자신들은 더 홀대받고, 비참해질 것이라는 망상을 갖도록 만드는 것이다. 이런 점들은 어떻게 극복해가야 할까. 노년층들의 정서에 어떻게 다가갈지, 그들의 마음을 어떻게 풀어나갈지는 앞으로 문재인이 더 노력해야 할 부분일 것이다.

문재인의 생각

언론의 영향력과 세대 변화

이나미　　　종편, 보수언론 이야기가 나왔으니, 좀 더 이야기를 해보면요. 최근에는 좀 복잡해진 게, 조선일보에서 처음 우병우 수석과 관련된 기사를 썼고, 또 종편 채널인 JTBC에서 태블릿 PC 속의 파일들을 공개했고요. 그래서 요즘에는 어르신들이 JTBC에 대한 거부감은 말할 것도 없고, 조선일보도 불매운동을 한다고 하고요.

문재인　　　그런데 사실 보수 메이저 언론은 결국은 다시 돌아갈 거라고 봅니다. JTBC를 제외한 나머지는요. 조선일보라든지 종편 쪽이 이번에 방향을 튼 것은, 사실 전통적인 정권 연장 방법이기도 했어요. 현직 대통령이 지지도가 낮아지고 있기 때문에 밟고 넘어서면서 그것이 정권교체인 것처럼 만드는 것이죠. 박근혜 대통령도 결국은 이명박 정부를 밟고 올라서면서 차별화했고, 박근혜 당선이 마치 정권교체인 것처럼, 그게 일종의 전술이었거든요. 조선일보나 이런 쪽에서도 박근혜를 넘어서야 보수정권의 재창출이 된다고 보는 거죠.
그런데 박근혜 대통령은 그렇게 해줄 생각이 없는 거예요. 다른 대통령 같았으면 나를 밟고 넘어가라, 보통 이렇게 하는데 그렇게 하기를 서부하니까 판이 굉장히 복잡해지고 어려워진 거죠.

그러나 탄핵되고 나서 저쪽의 후보가 정립되면, 아마 보수언론이나 종편은 다시 일사불란하게 이쪽을 종북으로 몰고 저쪽을 키워주면서 그렇게 갈 거라고 봅니다. 언론의 심판자 역할을 하는 게 아니라 정권을 만들어내는 주체 역할을 하려고 할 거예요. 그렇게 할 것이라 생각합니다.

그래도 다행스러운 것은, 어쨌든 제도 언론의 영역이 많이 약화되고 있다는 거죠. 과거에 비해서 대안 언론들도 많이 생겼고요. 달라지고 있다고 봅니다. 젊은 세대들은 한쪽으로 치우친 그런 정보들은 거의 신뢰하지 않는다고 생각합니다.

이나미 그래도 여전히 강고하게 바뀌지 않는 세대들이 있잖아요.

문재인 많이 이완되고 있다고 봐요. 이게 고령의 문제만은 아니고 학력의 문제도 있어요. 60대만 해도 대학 진학률이 얼마 안 됐죠. 60대 이상은 저학력 세대인데, 50대 넘어서면서는 그래도 학력이 높아져요. 세대효과[1]나 연령효과[2] 이런 얘기들도 하는데, 나이가 들면서 보수화되는 경향도 있지만 한편으로 어떤

---

1 각 세대가 겪은 독특한 사회적, 문화적, 정치적 경험으로 인해 생성된 그 세대만이 갖는 특유한 성향을 말한다.

2 연령에 따라 사고방식이 변하는 현상. 젊을 때는 변화와 개혁에 대한 욕구가 강하지만 나이가 들면서 자연스럽게 변화보다 안정을 선호하게 되는 경향을 설명하는 용어다.

문재인의 생각

연배들은 나이가 들어도 원래 자기 생각을 고수하면서 나이가 드는 게 있어요. 지금의 50대 초반들은 40대의 생각을 어느 정도 그대로 가지고 나이가 든 것으로 보입니다. 지난번 대선 때는 40대 후반 정도가 2040 세대와 5060의 세대의 분기가 됐는데, 지난번 총선 때는 그 분기점이 50대 초반으로 확장됐다고 봅니다. 요즘 여론조사 결과를 보면, 우리 쪽을 지지하는 층이 55세 정도까지 확대된 것으로 보여요. 그래서 앞서가고 있는 거고요. 50대의 지지를 더 확장하는 게 승부처라고 볼 수 있죠.

출산에서 노후까지,
복지를 말한다

이나미　　50대의 지지를 끌어올린다고 한다면, 지금 50대들을 잘 살펴봐야 할 텐데요. 50대들의 경우, 최근에 소비지수도 떨어지고 스스로 아주 불안하게 생각하거든요. 위로는 부모들을 부양하고, 젊은 자녀들은 전혀 독립하지 못하고. 그래서 심리적으로도 많이 가난한 사람들인 것 같거든요.

문재인　　낀 세대이지요. 자신들은 부모들을 모시는데 자식 세대로부터는 부양받지 못하는 세대들. 고생해서 자식들을 대학까지 졸업시켜도 취업하지 못하니까 은퇴한 이후에도 다시 취업 전선에 나서야 되는…… 노후에 대한 대비는 되어 있지 않고, 그래서 노후는 불안하기만 한데 과거처럼 자식에게 기대하기 어려운 그런 세대들이죠.

이나미　　네. 그래서 이게 아까 이야기한 노인 빈곤율과 연결되는 건데, 노후 문제가 요즘 큰 화두 중의 하나인 것 같아요. 이런 문제에 대한 구체적인 생각이나 대안에 대해서도 궁금합니다.

문재인　　노인 복지에 대해서는 지난 대선 때도 그렇고, 저는 많은 관심과 애정을 갖고 있고 정책도 분명했습니다. 앞에서도 이야기했듯이, 5060 세대들은 정보 취득 방법이 굉장히 제한되어 있는데 제한된 매체들이 왜곡된 주장을 하는 것부터 짚고 넘어가야 할 것 같습니다.

예를 들면, 노인수당 20만 원에 대해서도 우리 쪽에서 말하면 곧이곧대로 이야기하지 않아요. "재원이 어디 있어서?" 이렇게 몰아붙인다거나 그러죠. 우리가 2배 더 드리겠다고 했고, 그게 액수로 표현하면 20만 원과 같은데, 아까 말했듯이 '20만 원'이 더 다가가는 표현이었다는 점은 반성해야 할 대목이긴 합니다. 그런데 노인기초연금은 제가 일찌감치 올리자고 했던 거고요, 박근혜 정부는 결국 제대로 지키지 않았어요. 지금 현재 20만 원을 온전히 다 지급받고 있는 사람이 40%밖에 되지 않거든요. 우리는 70%에게 30만 원을 지급하겠다고 지난 총선 때 공약을 냈어요. 현재는 왜 40%밖에 안 되는가 하면, 기초생보대상자들은 소득으로 삼아서 빼고, 이런 식으로 하니 실제로 40%밖에 안 되는 건데, 우리 당 정책공약에 의하면 그런 걸 따지지 않고 70%의 노인에게는 30만 원을 다 지급하겠다는 겁니다.

그리고 또 하나가 국민연금 소득대체율[3]을 40%에서 50% 수준

3　연금가입기간 중 평균소득을 현재가치로 환산한 금액대비 연금지급액으로 연금액이 개인의 생애평균소득의 몇 %가 되는지를 보여주는 비율. 소득대체비율이 50%이면 연금액이 연금 가입기간 평균 소득이 절반 정도 된다는 의미다.

으로 끌어올리려고도 합니다. 그 외에 공공 노인요양시설을 대폭 보강한다든지, 노인들의 '치매'를 국가에서 관리해주는 '치매국가 책임제'도 생각하고 있습니다. 노인 문제를 개인에게 부담을 지우는 것이 아니라 국가가 함께 책임지는 시스템을 만들어야 한다고 봅니다.

이 부분에 대해서는 그의 말이 설득력 있게 다가왔다. 문재인의 어머니도 아흔이 넘은 고령이고, 아내의 어머니 역시 현재 치매를 앓고 있다고 했다. 그에게 대한민국 노년 세대가 처한 문제나 '낀 세대'들이 느끼는 고민은 곧 그 자신이 실제 삶에서 느끼는 것들인 셈이다. 그런 점에서 그가 말하는 계획들은 그저 표를 얻기 위한 선심성 공약이 아닌 것만은 분명하다.

이나미 　복지 이야기를 더 해보면, 현재 많은 젊은 세대들이 결혼부터 해서 출산과 양육에 대한 부담도 많이 갖고 있잖아요. 그 부분에 대해서도 굉장히 신경을 쓰고 계신 것 같긴 한데, 어떠세요?

문재인 　기본적으로 출산에 대해 부담을 느끼는 게 아니라 심리적으로 안심하고 낳을 수 있겠다고 생각할 수 있게 궁극적으로 가야 한다고 생각합니다. 저출산 문제는 정말 시급하게 해결해야 하는 당면 과제예요. 임신부터 보육까지 국가가 책임진

문재인의 생각

다는 관점에서 접근해야죠. 특히 셋째 아이부터는 출산부터 의료비, 학비까지 국가가 책임질 수 있어야 한다고 생각해요. 그다음에 육아휴직을 아빠도 사용하게 하고, 아이를 키우는 부모에 대해서는 적어도 아이가 초등학교 입학할 때까지는 근무시간을 임금 감소 없이 단축시키는 것도 필요하다고 보고요. 아이를 어린이집에 보낸 이후에 출근하고 아이가 돌아오는 시간에 맞춰서 퇴근할 수 있도록 하는 겁니다. 10시부터 오후 4시까지 근무를 하면서, 그것도 아이의 형편에 따라서 유연하게 조정할 수 있도록 하고요. 그 외에 또 신혼부부들에게는 그린벨트를 해제해서라도 반값 공공임대주택을 제공한다든지 하는 계획도 생각하고 있습니다.

공공부문 확대와
일자리 정책

이나미　　노인세대부터 젊은 세대까지 모두 만족시키는 복지 혜택을 해주려면 사실은 공적, 인적 자원을 꽤 확보해야 할 텐데요. 그럼 효율적인 작은 정부는 되기 힘들겠네요.

문재인　　작은 정부가 좋다는 것은 일종의 미신이라고 생각합니다. 실제로 우리나라는 지난 십 년 동안 공공분야에 대한 투자를 억제한 결과, 전체 취업자 가운데 공공부문에 해당하는 비율이 OECD 국가 평균의 3분의 1밖에 되지 않아요. OECD 평균이 21.3%인데 우리나라는 현재 7.6% 이런 수준이에요. 이걸 OECD 평균의 절반인 10% 정도까지만 올려도 추가되는 숫자가 81만 정도 됩니다. 당장 소방공무원, 경찰공무원을 비롯해서 군 부사관 등 국민들의 생명과 안전과 관련된 업무, 공공서비스, 복지 이런 쪽을 늘려나가고 또 처우 개선도 필요하고요.

이나미　　그에 대한 재원 대책도 있으신지요?

문재인　　예를 들어 이야기를 하면, 이명박 정부가 4대강 예산 사업에 국가예산 22조를 투입했습니다. 22조라는 돈이 어떤 정도의 금액인가 하면, 연봉 2200만 원의 일자리 100만 개에 해당하는 거예요. 그러니까 결국은 재원의 우선순위의 문제이지, 그 정도의 재정은 국가가 충분히 마련할 수 있는 능력이 있다는 것이죠. 지금도 2017년 예산 가운데 고용 부문에 투입시킨 예산이 17조입니다. 국가 예산이 400조인데 그 가운데 205조 정도가 재량 예산이에요. 나머지는 경직된 예산이고. 이 예산들을 절감하면 고용 예산에 조금이라도 돈을 더 돌릴 수 있는 거죠. 뿐만 아니라 해마다 예산 증가액이 15조 원쯤 됩니다. 예를 들면, 10조를 공공부문에 투입한다고 하면, 지금 공무원 초임이 연봉 2000만 원 정도인데, 그 일자리 50만 개가 되는 거죠. 그런 식으로 이 부분을 국가의 가장 중요한 과제라고 인식하고, 재정의 우선순위를 부여하는 것에 대해 국민들이 동의한다면 충분히 할 수 있다고 봅니다.

박근혜 대통령이 제안해서 만든 청년희망재단은 2016년 해외 일자리 양성 사업에 23억 4000만 원을 썼다. 그러나 이를 통해 정규직의 해외 일자리를 얻은 청년은 딘 33명에 불과했다. 청년 일자리 창출의 마중물 역할을 할 것이라는 정부의 설명과는 달리 거액의 예산만 낭비한 셈이다. 결국 들인 돈에 비해 성과가 안 나오자 해외 일자리 프로젝트의 절반 이상을 접었다. 이 청년희망재단에 국민과 기업이 낸 기부금이 1461억 원에 이른다고 한다. 관련법상 그동안 모인 기부금은 기부사에게 놀아가지 못하고 국가로 귀속되기 때문에 재단

해산도 할 수 없는 상황이다. 무책임하고 주먹구구식 행정은 안 하느니만 못하다. 적어도 이와 같은 상황은 다시 일어나지 않았으면 하는 바람이다.

이나미 말씀하셨던 것처럼, 공공부문 일자리가 사무직종으로만 치중되는 게 아니었으면 좋겠어요. 민간 노인요양보호사들 중에는 거의 조선족들이 많아요. 노인들을 돌보려면 아무래도 대소변도 받아내야 하고 험한 일이라고 생각하니까 청년들은 하려고들 하지 않거든요. 그런 일들도 공공 차원에서 공무원직으로 뽑고 합당하게 대우해주면 좋겠다는 생각도 들어요. 힘든 일이어도 비전이 있다는 생각이 들면 젊은 사람들도 충분히 선택할 수 있다고 보거든요. 호텔리어 같은 직업도 사실 처음 들어가면 요양보호사 못지않게 고된 서비스 일을 해요. 그런데 그런 기간을 참고 견디면 직급도 올라가고 대우도 많아지고 성공할 수 있다는 비전이 있으니 선택하는 거잖아요. 요양보호사도 그럴 수 있다고 봐요.

문재인 그렇습니다. 요양보호사는 대체로 기간제 일자리가 많고 근무조건도 들쑥날쑥해서 한 달에 250만 원을 받는 사람들이 있는가 하면 70~80만 원 받는 열악한 사람들도 있거든요. 그런 쪽을 전체적으로 사회서비스 직군 등 별도의 직군을 만들어서 신분을 보장해주고 안정된 직업으로 만들어주고, 그렇게

문재인의 생각

"지난 10년간 공공분야에 대한 투자를 억제한 결과,
전체 취업자 가운데 공공부문에 해당하는 비율이
OECD 국가 평균의 3분의 1밖에 되시 않아요.
이를 절반 정도까지만 올려도
추가되는 숫자가 81만 정도입니다.
국민들의 생명과 안전과 관련된 업무, 공공서비스, 복지
이런 쪽을 늘려나가고 또 처우 개선도 필요하다고 봅니다."

질 좋은 일자리를 만들어가는 게 필요하다고 봅니다. 일자리 정책이라는 게 좋은 일자리를 만들어내는 것 더하기 질 나쁜 일자리를 질 좋은 일자리로 전환시키는 것이니까요.

이나미　일자리 문제와 관련해서 또 한 가지 여쭤보고 싶은 게 있는데요. 50대들 중에는 농촌으로 가고 싶어 하는 사람들이 은근히 많아요. 그런데 가지 못하는 이유 중의 하나가, 사실 저는 농업도 일종의 전문직이라고 생각하거든요. 제대로 알지 못하면 실패하는 경우가 많은 거예요. 그리고 작황에 따라서 어떤 때는 잘되기도 하지만 잘 안 될 때가 많으니 그게 불안한 것도 있고요. 그래서 한 3년, 5년 정도 해보다가 그냥 다시 나오는 사람들이 있더라고요. 만약에 농업 종사자들을 국가에서 고용하는 식으로 해서 고용이 불안하지 않게 해주고, 작황이 좋지 않을 때는 재해보험 등으로 일정 정도 보장해주고요. 만약에 국가에 고용된 농민이다, 그러면 할 사람들이 꽤 있을 것 같은데, 너무 나간 얘기일까요?

문재인　그렇게까지는 어려울 수 있겠죠. 그런데 우리나라 식량자급률이 23% 정도예요. 지금까지 이 정도 자급률로도 버텨온 것은 우리가 식량을 쉽게 수입할 수 있기 때문이죠. 국제시세가 국내 생산가격보다 낮으니까 시장 논리에 의해서 수입하게 되는데 머지않은 장래에 요즘 같은 기상이변이나 재해가 계속된다면 식량 수출 국가들이 제대로 식량을 수출하지 못하는 때가 올 거라고 봅니다. 그러면 식량 대란이 일어날 수 있고, 그야말로 식량이 무기화되거나 하면 식량 주권을 잃어버리는 일이 생길 수 있는 거죠. 그렇게 생각한다면 지금 어려운 상황 속에서 농업을 지키는 사람들은 우리나라의 기간산업을 지키는 아주 중요한, 일종의 공직자 같은 역할을 하는 사람들이라는 기본 인식이 필요하다고 생각해요. 그렇다면 그 사람들의 소득을 제대로 보장해주는 여러 제도 같은 것도 필요한 거고요. 그 사람들을 국가가 공무원의 형태로 고용할 수는 없겠지만, 그런 정신은 필요하다는 것이죠. 귀농을 지원해주는 것들이 지금도 있기는 한데, 한 번의 지원으로 사실은 끝나요. 그런데 일본 같은 경우는 그렇지 않고, 정착할 때까지 한 3년 정도 매달 기본소득 어느 정도를 보장해주기도 하거든요. 자생력을 가질 때까지 일정 소득을 보장해주는 것도 필요할 수 있고, 그런 방식으로 장려할 필요가 있을 테지요.

일자리 부족에 대해 좀 더 이야기하자면, 금년부터 대한민국의 생산가능인구[4]가 줄어듭니다. 생산가능인구라는 게 15세부터 64세까지를 말하는데, 저출산이 워낙 오래 지속됐기 때문에 계속해서 생산가능인구가 줄고 있고 2030년쯤 되면 대한민국 총

---

4 생산가능연령인 15~64세에 해당하는 인구. 경제활동인구와 비경제활동인구로 나뉘는데 경제활동인구는 다시 취업자와 실업자로 나뉘며, 비경제활동인구는 주부나 학생, 구직단념자 등이 해당된다.

인구가 줄어들어요. 저출산 문제 해결을 하려면 청년 일자리 같은 경우는 국가가 특단의 대책을 강구할 필요가 있다는 거고요. 그에 대한 대책으로 어떤 사람들은 외국인 노동자들의 수를 늘린다거나 이민을 폭넓게 개방해서 우리가 옛날에 호주나 뉴질랜드에 갔듯이 이민을 많이 받아들이는 개방적인 이민 정책을 해법으로 이야기하는 사람들도 있는데, 그건 대책이 아니라고 보고요. 우선 우리 자체 내에서 청년 일자리를 늘리고 청년들에게 저렴한 주택을 제공하고 그래서 일찍부터 결혼하게 만들고 아이를 낳을 수 있게 만들어주는 게 필요한 거죠. 또 여성의 경제활동참가율이 OECD 국가 가운데에서 우리나라가 이슬람국가를 제외하고는 최하입니다. 여성의 경제활동참가율을 높여나가는 게 우선 제일 중요한 대책이겠죠. 그다음에 또 실제로 일자리는 있는데 청년들이 기피한다던지 미스매치가 있을 수 있어요. 청년들은 구직란, 중소기업은 구인란을 겪게 되는 것을 해소해주는 방안들도 있어야 되겠죠.

이나미　　마이스터고나 특성화고를 더 활성화시켜야 한다는 그런 얘기도 하셨던 것 같은데요. 현실적으로 아직까지는 대학교를 못 나오면 좋은 데 취업도 성공도 하기 어렵다는 인식이 너무 커요. 고등학교만 졸업해서는 질 좋은 일자리를 찾기가 너무 어렵죠. 또 중소기업에 들어가도 보장이 안 되고 임금 격차도 굉장히 크고요. 처음에는 엇비슷한 것 같아도 시간이 지날수록 엄청나게 달라지더라는 걸 경험적으로 잘 알고 있죠. 그런데 지금 세상 돌아가는 것을 보면 대기업 역시 보장된 자리가 아니거든요. 평균 근무연수가 7년이 안 된다고 해요. 사회는 그렇게 변했는데도 여전히 대학을 나와서 대기업을 가야 그나마 미래가 보장된다는 생각이 바뀌기 힘들어요. 안타까워요, 이런 현실이. 중소기업이든 어디든 자신이 원하는 것을 선택해서 열심히 하면 미래가 보장된다는 희망을 주는 구체적인 방안이 마련되면 좋을 것 같아요.

문재인　블라인드 채용제라고, 가장 기본적으로는 아예 학력란을 없애는 거죠. 그래서 고졸이든 대졸이든, 명문대학이든 비명문대학이든, 서울에 있는 대학이든 지방대학이든, 아무런 차별 없이 똑같은 출발선에서 경쟁할 수 있게끔 해줘야 한다고 생각합니다. 그다음에 공정임금제라고 표현을 하는데, 지금 대기업과 중소기업, 그리고 정규직과 비정규직 그리고 남녀 간의 임금 격차가 너무 크지 않습니까? 적어도 80% 수준 정도까지는 유지할 수 있도록 임금 격차를 줄여주는 게 필요할 것입니다. 그게 현실화되면 고등학교만 나와도 잘살 수 있고, 대학교 때문에 엄청 기를 쓰지 않아도 되는 세상이 될 수 있는 거고요.

또 하나는, 대학 진학의 코스도 다시 생각해볼 수 있죠. 우리는 중학교, 고등학교 나오면 대학교 가고 이렇게 하나의 코스만 있는데, 그건 우리나라만 그래요. 고등학교 졸업하고 중소기업에 취업해서 일정 기간이 지나면 그 경력으로 대학교 입학 자격을 부여해주는 방식도 생각해볼 수 있거든요. 장학금도 주고요. 대학 입학 코스를 다양하게 만들어주는 것도 한 방법이 될 수 있을 것 같습니다.

일리가 있는 말이라는 생각이다. 아예 어느 정도 일하면 대학에서 1년이나 2년 정도 공부한 것과 대등하게 대우해주면 안 될까 하는 생각도 든다. 대신 온라인 코스로 강의와 시험을 병행해가면서 말이다.

노동과 갈등
그리고 소통과 통합

이나미　　정규직, 비정규직 얘기가 나와서 말인데요. 민주노총이나 한국노총 이런 데 속한 노동자들은 정규직들이 더 많잖아요, 그들의 입김도 세고요. 보수 쪽에서 공격하는 것은 '노조들이 우리 경제를 어렵게 만든다'라거나 '민주당 쪽에서는 민주노총의 도움을 받고 있다'고도 하고, 또 '민주당이 정권을 잡으면 비정규직한테는 오히려 불리하다'는 식의 논리도 펴는 것 같아요. 어떻게 생각하세요?

문재인　　지금 우리나라 대기업의 정규직들이 단체교섭력에 의해서 보호받고 있는 건 사실이죠. 그 점은 인정해야 되고, 거기에 노동조합 이기주의도 작용하는 면이 있을 수 있고요. 그런데 사실 실제로 노동자들이 보호받는 비율은 얼마 되지 않아요. 우리나라는 전체 노동자 가운데 노동조합 조직률이 10%밖에 되지 않습니다. 세계적으로 가장 낮은 나라 중의 하나고요. 그 다음에 노동조합에 가입하지 않아도 단체협약의 확장 적용으로 단체협약이 적용될 수 있게 하는 단체협약 확장제도가 다른 나라에는 도입이 되었고, 우리나라도 제도가 있긴 한데 거의 확장되는 예가 없습니다. 우리는 단체협약 적용률도 노동조합 조직

률과 거의 같습니다. 한 10% 정도죠. 프랑스는 노동조합 조직률이 10%밖에 안 되도, 단체협약은 90%의 노동자들이 적용받고 있어요. 영국이나 독일처럼 노동자 조직률이 훨씬 높은 나라도 있고요. 어쨌든 우리는 그 10% 가운데 대기업 노동자는 또 극히 일부잖아요? 그러니까 그렇게 해서 과보호되고 그것이 우리 경제를 어렵게 만든다고 하기에는 너무나 적은 숫자예요. 과보호는 시정되어야겠지만 그게 핵심이 아니고, 거기서 제외되는 다수 90% 노동자들에 대한 보호, 이게 더 급선무인 거죠.

노동시장에 대한 구조개혁이 필요합니다. 구조개혁 할 때는 대기업 조직 노동자들의 양보나 고통 분담이 필요하지만, 그러려면 거꾸로 노동계 쪽에 주는 게 있어야 되는 거죠. 준다는 것은 90% 미조직 노동자들에 대한 처우 개선이 함께 주어져야 한다는 뜻입니다. 10% 조직 노동자들이 그 정도는 양보할 수 있는 거예요. 이런 사례들이 노동계에 있습니다. 우리나라 노동계가 그런 부분을 전향적으로 하고 있어요. 2015년도에 공무원연금 개혁할 때 공무원들이 공무원연금에 대해서 상당히 양보를 했거든요. 보험료를 더 내고 나중에 적게 받는 양보를 공무원노조가 받아들였어요. 받아들이면서 무엇을 조건으로 합의를 했는가 하면, 국민연금의 소득대체율을 높이는 것을 국회를 중심으로 노사정 합의를 한 거죠. 대단하잖아요. 자기들 것은 양보하면서 자기들에게 다른 것을 달라는 것이 아니라 다른 사람들이 받는 국민연금의 소득대체율을 높여달라고 요구한 것이기 때문에, 공

"한편으로는 격렬한 기득권의 저항이 있을 것이고
한쪽에서는 개혁이 바라는 대로
이루어지지 않는다는 것에 대한 불만이 있을 수 있죠.
그런데 어쨌든 중요한 것은
국민늘 손을 꼭 잡고 가는 거라고 생각해요.
나는 국민들과 충분히 소통하고,
어려우면 그 어려움을 제대로 호소하고,
그럼으로써 해결해나가야 된다고 봅니다."

무원들에게 이런 책임감과 사회연대의식이 있는 거예요.

그런데 정부가 그 합의를 어겼죠. 그래서 공무원연금 개혁만 받아내고 국민연금 소득대체율을 높이는 부분은 없었던 일처럼 무시해버리고. 이런 식으로 자꾸 해왔기 때문에 노동계 쪽의 신뢰를 잃고 있는 거지요. 노동계 쪽의 양보를 요구하고 고통 분담을 요구하면서 거꾸로 노동계 쪽 이야기를 들어줘야 될 부분들, 미달되는 부분들에 대한 충분한 보호들이 함께 주어진다면 대한민국 노동계가 다 받아들일 겁니다. 노동계를 설득해서 사회적 대타협을 이끌어낼 수 있는 능력 면에서 우리가 새누리당보다는 훨씬 낫다고 자부합니다. 아까 말한 공무원연금 개혁의 양보를 끌어낸 것도 우리 당이 끌어낸 것이었고요.

이나미　그렇게 생각을 해서 사실 노무현 대통령을 뽑은 사람이 많았는데, 노무현 정부 때도 노동계가 그렇게 많이 협조하지 않은 것처럼 보였거든요. 양쪽의 갈등을 부추긴 면도 있었지요. 실제로 어땠었나요?

문재인　그게 개혁의 역설이라는 거죠. 어떤 개혁이 이루어지면 개혁에 만족하는 것이 아니라 개혁에 의해서 더 많은 요구들을 하게 되는 부분이 분명 있습니다. 그때 공무원노조가 합법화되고 주 40시간 노동제가 되고 노동자를 위한 개혁들이 많이 이루어졌는데 노동자들은 더 급하게 더 많은 요구들을 하면서 노정이 부딪치고 갈등을 일으켰죠. 그건 사실인데, 그에 대해서 저희 쪽도 그렇지만 노동계 내에서도 많은 반성들을 하고 있는 것으로 알고 있습니다. 그나마 노동에 대해서 호의적인 정부 시절에 속도 조절을 해가면서 개혁을 극대화해나갔어야 되는데 너무 성급했다는 반성을 하고 있고, 아마 다시 민주정부가 수립된다면 노동계가 그때보다는 훨씬 더 합리적인 요구를 해올 것이라고 생각합니다.

이나미   많은 사람들이 박근혜 정부 이후가 더 걱정이라고도 얘기합니다. 촛불 집회와 탄핵도 이끌어냈기 때문에 국민들이, 심리학 용어로 얘기하자면 약간 팽창된, 우리가 뭐든지 할 수 있다고 생각하는 면이 있어요. 또 박근혜나 최순실 그리고 그 주변의 김기춘, 우병우, 주변의 몇 사람만 처벌하면 적폐가 해소돼서 새 세상이 열릴 것이다, 아주 단순하게 보는 사람들도 분명히 있단 말이죠. 그런데 실제로 그렇지 않으면, 아까 말씀하신 개혁의 역설처럼 또 '이럴 줄 알았다' 하고 엄청나게 불만을 표출할 수 있겠지요. 그러면 보수 쪽에서는 다시 또 거기에 편승해서 똑같은 시나리오가 반복되지 않겠느냐, 이렇게 우울하게 얘기하는 사람들도 있거든요.

문재인   그럴 수도 있겠죠. 한편으로는 격렬한 기득권의 저항이 있을 것이고 동시에 한쪽에서는 개혁이 바라는 대로 이루어지지 않는다는 것에 대한 불만이 있을 수 있죠. 그런데 어쨌든 중요한 것은 국민들 손을 꼭 잡고 가는 거라고 생각해요. 국민들이 따라오지 못하면 충분히 설득하고 동의를 받아서 개혁을 이끌어나가야 하고요. 또 혹시 국민들이 더 급격한 것을 요구할 경우 그것이 현실적으로 어려우면, 현실적으로 어려운 사정들을 충분히 설명하고요. 나는 국민들과 충분히 소통하고, 어려우면 그 어려움을 제대로 호소하고, 그럼으로써 해결해나가야 된다고 봅니다. 하여튼 국민들의 손을 꼭 붙잡고 가는 개혁이 중요하다고 생각해요.

국민들 손을 꼭 붙잡고 가는 따뜻한 지도자, 유세를 다닐 때의 마음과 말을 그대로 지니고 가는 소박한 지도자. 문재인이 그런 대통령이 될 수 있다면, 그 약속을 지킬 수 있다면 얼마나 좋겠는가. 그것만으로도 성공한 대통령이 될 수 있지 않겠는가 하는 마음이다.

문재인의 생각

먹거리 문제와 자원

이나미　아까 식량 대란 얘기가 잠깐 나왔는데, 혹시 GMO[5] 식품에 대해서는 어떻게 생각하세요? 먹거리 문제이기 때문에 논쟁이 뜨겁거든요. GMO가 국민 건강을 위협하는 재앙이 될 거라는 문제제기도 많고 환경 얘기도 있고, 그건 너무 과도한 얘기라는 주장도 있고요. 딜레마일 수도 있을 텐데, 그러니까 우리는 GMO를 반대한다, 그러면 식량 수입 비용 등 경제적 문제가 생길 수 있고, 찬성한다고 하면 국민 건강에 해롭지 않느냐고 할 수 있고요. 정치하는 분들은 얘기하기가 힘들 수도 있을 것 같은데, 이런 문제는 어떻게 생각하세요?

문재인　그것을 무 자르듯이 할 수 있겠습니까? 무조건 반대 또는 무조건 찬성 이렇게 하기는 어려운 주제 같고요. 나는 인공적인 것은 일체 안 된다는 생태근본주의는 찬성하지 않습니다. 어쨌든 기술의 발전이라든지 이런 부분들은 우리가 충분히 활용해야 되는 것이고요. 다만 그것이 인체에 유해하다는 우려가 있다면, 그런 부분들은 충분히 검증해야 하는 거죠. 충분히 검증

5　유전자변형농산물로 일반적으로 생산량 증대 또는 유통·가공 상의 편의를 위해 유전공학기술을 이용, 기존의 육종 방법으로는 나타난 수 없는 형질이나 유전자를 지니도록 개발된 농산물을 말한다.

되지 않은 가운데 무분별하게 그쪽으로 달려가는 것도 맞지 않다고 생각해요.

이나미 먹거리 문제가 중요하기 때문에 농업 얘기를 좀 더 해볼게요. 농업이 앞으로는 더 각광 받는 새로운 4차 산업일 수도 있잖아요?

문재인 그렇죠. 나는 그렇게 생각합니다.

이나미 그래서 그것에 대한 정책적인 대안이랄까 그런 게 있으신가요?

문재인 우선 기본적으로 식량자급률이 더 떨어지지 않도록 유지해나가는 게 중요하다고 생각합니다. 그렇다면 농업에 대해 기본소득이 보장되게 하는 농정이 필요하겠죠. 농업이 기상에 따라서 작황이 왔다 갔다 하는 부분에 대해서는 여러 가지 보험 제도로 발전시켜서 재해 때문에 작황이 나쁜 경우도 보상받고 혹은 과잉생산 때문에 가격이 폭락한 경우에도 보험의 보상을 받는 것이 필요할 것 같습니다. 그리고 기본적으로 쌀이 남아돌잖아요. 생산량에 비해서 소비량은 해마다 뚝뚝 떨어지고 있거든요. 재고미 보관비용만 해도 해마다 한 6000억 원 정도가 소요될 정도예요. 그래서 쌀 소비를 늘리기 위해 막걸리, 각종 과

자, 국수 등에 쌀을 원료로 하도록 했죠. 그래도 한계가 있어요. 심지어는 사료화하자는 주장까지 나오고 있는 실정입니다. 사료화한다는 것은 농민들이 정서적으로 받아들이기 어려운 부분이 있죠.

그래서 역대 정부들은 농업을 구조조정 대상으로 삼아서 해마다 벼 재배면적을 줄여나가는 거예요. 지난해에 박근혜 정부가 농업진흥구역을 상당히 축소하고 해제하고 그랬잖아요? 다른 용도로 전환시켜나가기 위해서. 나는 그것은 잘못된 방향이라고 봐요. 식량자급률 유지를 위해서도 그렇고 또 논이 갖고 있는 환경생태적인 가치가 측정할 수 없을 정도로 높아요. 그렇기 때문에 살려나가야 되는데, 그러려면 궁극적인 해결 방법은 결국 남북관계가 풀리는 길밖에 없어요. 김대중, 노무현 정부 시절에는 남는 쌀들을 북한에 수해 같은 게 있을 때 인도적 지원용으로 보내기도 하고, 그렇지 않은 때는 북한의 광물자원과 교환하는 형식도 있고요. 그렇게 해나간다면 우리 농민들도 살고 남북관계도 풀리고 북한에 도움도 되겠고 우리도 북한의 광물이나 희토류를 국제 시세보다 훨씬 저렴하게 구입하는 방법이 되겠죠. 물론 북핵 문제가 해결되고 남북관계가 불려야 가능한 일이죠.

이나미　　광물자원과 교환하는 것은 좋은 방안일 수 있겠네요. 인도적 지원의 경우는 반대쪽에서 하도 퍼주기, 퍼주기 그런 말을 하니까요.

문재인의 생각

문재인   수재 같은 재해가 났을 경우에 도와주는 거까지 그러는 건 좀 지나친 게 아닐까요?

이나미   그렇지요. 우리가 북한에게 지원을 하지 않는 바람에 중국과만 교역을 하고 있어서 광물자원을 거의 중국에서 많이 가져간다고 들었습니다.

문재인   북한에 지하광물하고 희토류가 많아요. 그것과 교환하는 방식도 좋죠. 그렇게만 해도 좋죠.

남북관계, 대북정책,
안보와 북핵 문제

이나미   기왕에 북한 얘기가 나왔으니까, 정말로 북한에 '퍼주기'한 것이 언제인가요? 김대중 정부 때인가요? 제가 정확하게 몰라서 짚어주시면 좋겠어요.

문재인   대북 송금액이 가장 높았던 것은 사실 김영삼 정부 때예요. 김영삼 정부와 이명박 정부의 대북 송금액이 오히려 김대중, 노무현 정부보다 더 많았습니다.

이나미   그런데 왜 YS, 이명박 정부는 퍼주기라는 공격을 안 받았을까요? 그런 생각도 해봐야 될 것 같아요.

문재인   햇볕정책이라는 말을 그렇게 왜곡한 것이죠. 그런데 실제로 남북 간의 경제협력으로 북한이 얻는 도움이 1이라고 하면, 우리 경제가 얻는 이득은 거의 100도 될 수 있다고 봐요.

이나미   그건 어떤 근거가 있는 건가요?

문재인   우선 기본적으로 구조 자체가 우리의 자본, 기술에 북한의 값싼 노동력이 결합되는 형태이기 때문에 북한이 얻는 것은 그냥 임금밖에 없지만 우리는 막대한 이익이 생기고, 거기에 연관되는 업체들까지 후방 효과라는 것을 얻는 것이죠. 개성공단에 120여 개 업체가 들어가 있었는데, 그 업체들이 얻은 자체 매출이나 이익만 해도 북한 노동자들한테 간 임금보다 수십 배 많고요. 또 그들 업체에 납품하는 원부자재 납품업체라든가 관련 기업들이 한 5000여 개는 되거든요. 그렇게까지 파생되는 경제 효과를 생각하면 우리가 얻는 이익은 수백 배 되는 거죠. 안보라는 면에서 본다면, 북한의 장사정포[6] 같은 군사력이 원래는 개성공단 남쪽에 있었는데 전부 개성공단 너머로 후퇴한 거잖아요. 그러니까 안보적인 이익도 있는 것이고, 또 우리 기업이 북한 땅에 진출한 거거든요. 북한 땅을 우리 기업들이 거의 생산기지처럼 사용한 것, 그걸 통해서 북한에 시장경제를 확산시키고 한국이 경제적으로 훨씬 더 우월하다는 것도 북한 주민들이 다 알게끔 했고요. 한국 기업이 간식으로 제공하는 초코파이만으로도 알 수 있는 거죠. 그렇게 북한을 우리한테 의존하게 만드는 그런 이익은 이루 말할 수 없는 거거든요. 그런 방식으로 북한을 자기 개혁, 개방 또는 자본주의 체제로 이끌어내는 거죠.

이나미   역사적으로 봐도 비슷한 게, 비스마르크 시대에 하

---

6   북한 육군이 보유한 장거리 사석이 가능한 화포류를 총칭한다.

노버 등의 지역이 프로이센과는 분리되어 있었죠. 그때 비스마르크의 정책 중 하나가 경제적으로 분리된 지역을 통합하자는 거였고요. 그래서 먼저 경제가 그 지역을 다 점령했고 결과적으로는 통일이 됐죠. 서독과 동독이 통합될 때도 역시 동독의 경제가 먼저 들어갔고요. 그런 사실을 간과하고 무조건 북한을 고사시켜야 된다고 나가는 건 저 역시 아니라고 봐요. 실제로 고사시키면 시리아나 이라크처럼 전쟁무기만 개발하고 완전히 내전으로 갈 수도 있다고 생각해요.

문재인　　그리고 실제로 그렇게 해서 북한이 급변 상태가 생기더라도 북한이 남쪽으로 손을 내미는 것이 아니라 중국에 손을 내밀게 되는 거죠. 그러면 통일은 더 까마득해지는 거예요. 설령 통일이 된다 해도 우리가 치러야 되는 통일비용이 엄청나게 되는 거고요. 그래서 통일 과정은 당연히 경제 통합의 과정을 1단계로 거쳐서 이후로 정치, 군사, 외교적인 통일까지 나가야 되는 거죠. 그런데 이명박 정부 시절에 북한을 고사시키는 그런 적대정책은 다분히 이념적인 것이었어요. 박근혜 정부는 약간 차원이 다르게 보이는 것이, 처음에는 신뢰 프로세스니 통일 대박이니 또는 실크로드 익스프레스(Silk road express)[7]나 유라시

7　한반도종단철도(TKR)를 시베리아횡단철도(TSR) 및 중국횡단철도(TCR)와 연결해 우리나라에서 유럽까지 이르는 철도를 만들겠다는 구상을 말한다.

아 이니셔티브(Eurasia Initiatine)[8] 하면서 일단 목표나 방향만큼은 전향적으로 잡았거든요. 그런데 어느 날 갑자기 북한 조기 붕괴설 쪽에 빠져들었어요. 그래서 그때부터는 오히려 북한을 목 조르기해서 붕괴를 단축시키는 쪽으로 가닥을 잡은 셈인데, 그것이 실제로 객관적인 정보나 정세 분석에 따른 것이 아니라 출처를 알 수 없는, 그런 데 사로잡혀 있었던 게 아닌가 싶어요. 갑작스런 개성공단 중단이라든지 이런 것은 합리적인 정책 과정에 의한 것이었다고 도저히 볼 수가 없는 것이거든요.

이나미　대북정보와 관련해선 국정원이 쥐고 있어야 하는 일인데, 핵심으로 파고 들어가지 못하는 것 같아요. 항상 뒷북이나 추측만 나오고요. 정보력이 부족하다는 느낌이 저도 들거든요.

문재인　국정원에서 김대중, 노무현 정부 시절의 대북 라인 이런 쪽을 전면적으로 물갈이했죠. 그래서 대북 전문 인력 자체가 굉장히 빈약해졌어요. 제가 역대 통일부장관 지냈던 분들이나 김대중, 노무현 정부 시절 통일부장관들한테 물어봤습니다. 혹시 박근혜 정부에서 통일정책에 대해 자문을 구해온다든지 또는 대북 접촉을 할 때 노하우나 의견을 물어본다든지 하는

8　유라시아 대륙을 하나의 경제공동체로 묶고 북한에 대한 개방을 유도해 한반도의 평화를 구축하는 방안을 말한다.

게 있는지요. 그런 적은 단 한 번도 없었다고 그래요. 그러니까 남북 상황이 어려워진 가운데 가까스로 뭔가 대화 채널이 마련됐다고 한다면, 그 대화를 어떻게 해야 성공시킬 수 있을지 과거에 경험해봤던 사람들에게 물어봐야 하거든요. 참여정부에서는 10·4 남북정상선언[9] 때, 과거 김대중 정부 시절 6·15 남북공동선언[10] 당시 협상에 참여했던 분들한테 수많은 조언을 구했거든요. 그런 자세가 전혀 없다는 것이 안타깝죠.

이나미   국정원 개혁에 대해서도 이미 언급하셨잖아요. 반발도 있을 텐데, 어떻게 보세요?

문재인   국정원이 지금은 국내정보 쪽에 너무 치우치면서 상대적으로 대북정보나 해외정보가 굉장히 약해졌거든요. 그래서 국내정보 기능은 완전히 폐지하고 국정원을 대북, 해외, 안보와 테러, 국제 범죄를 전담하는 전문 해외안보정보원, 말하자면 한국형 CIA로 더 강화시켜 개편하겠다는 것이 저의 공약입니다.

이나미   그런데 국내정보 관련 기능을 완전히 없앤다고 하면

---

9   2007년 10월 4일 노무현 대통령과 김정일 북한 국방위원장이 공동으로 발표한 '남북관계 발전과 평화번영을 위한 선언'을 말한다.

10   2000년 6월 15일 평양에서 개최된 남북정상회담에서 김대중 대통령과 김정일 국방위원장이 남북관계 개선과 평화통일 노력을 위해 발표한 공동선언을 말한다.

문재인의 생각

보수 쪽에서는 국내에서 간첩들이 활동하게 내버려둔다는 거냐, 이렇게 반발할 수도 있을 것 같은데 어떻게 설득하실 건가요?

문재인   그런 부분들은 경찰에 국내정보 기능을 강화하면 되는 것이기 때문에 염려하지 않아도 된다고 봅니다. 또 해외나 북한과 연결되어 활동하는 간첩 같은 경우는 대북과 해외정보니까 당연히 국정원에서 역할을 해줘야 되겠죠. 그동안 정작 해야 할 대북정보 파악 역할을 한 것이 아니라 자기들에게 필요한 정치정보를 수집하고 조작했다는 것이 문제죠.

이나미   걱정이 되기도 해요. 지난 10년 동안 국정원이나 검찰, 경찰 조직이 정권과 유착 관계로 강고하게 연결돼 있었기 때문에 정권이 바뀌면 입지가 불안해지는 거잖아요. 그렇기 때문에 어떻게든 정권 교체를 막으려고 할 거란 말이죠.

문재인   국정원이 국민을 위한 전문 정보기관으로 거듭나는 길입니다. 그럼에도 불구하고 저항한다면 무릅쓰고 개혁해야죠. 결국 국민들이 눈 부릅뜨고 감시해주는 것과 우리 쪽에서도 정말 경각심을 가지고 만약에 국정원이나 검찰, 경찰이 다시 선거에 개입한다면, 그 부분은 결단코 용납하지 않을 거라는 경고를 해야 되죠. 또 우리 당에도 그쪽을 꿰뚫어볼 수 있고, 파악할 수 있는 맨파워들이 있기도 하고요.

이나미　다시 돌아가서 대북정책과 관련해서 한 가지 더 이야기하자면, 북핵 문제에 대해서도 여쭤볼게요. 극단적으로는 '북한을 쓸어버려야 한다, 선제 타격해야 한다'고 주장하는 사람들도 있고, '문재인은 북핵에 대해 단호하게 이야기 안 한다'라고 공격도 하고, 한편으로는 '북한이 핵을 포기하면 어떻게 보상하겠다는 확실한 것을 보여줘야 한다'는 이야기도 있습니다. 그러니까 당근과 채찍이 다 필요할 수 있는 건데요. 어떤 생각을 갖고 계신지 궁금합니다.

문재인　일단, 북한을 선제 타격해야 된다는 주장은 아주 무책임하기 짝이 없는 게, 아마 그렇게 말하는 사람들의 십중팔구는 군대를 안 갔을 거라고 생각해요. 자기 자식도 군대를 안 보냈을 거고요. 우리가 맞지 않고 때릴 수만 있으면 때리면 되죠. 그런데 우리가 적게 맞을지는 몰라도 안 맞을 방법이 없어요. 우리가 맞는 부분은 어떻게 할 건가요? 그러면 우리 민족의 생존권이 위협받고 심지어 그런 분위기가 조성되는 것만 가지고도 대한민국 경제의 대외신용도가 떨어져서 투자가 줄어들고 경제가 직격탄을 맞게 돼요. 그러니까 철없는 이야기죠.

북한이 핵을 개발하면 당연히 제재하고 압박해야죠. 필요하면 훨씬 더 고강도의 제재도 필요하고요. 그러나 제재하고 압박하는 궁극의 목표는 결국 핵을 폐기하도록 하기 위한 협상테이블에 북한이 나오게 만드는 거예요. 그래서 앞에서도 언급했지만,

제재와 압박과 협상은 '투트랙'으로 진행돼야 하는 거죠. 단언컨대 트럼프 정부는 북한하고 대화할 겁니다. 우리가 뒤통수 맞을 수 있어요. 미국이 우리하고 똑같이 갈 거라고 생각하면 오산이에요. 미국은 미국대로 북한 핵의 확산을 막아야 되기 때문에 트럼프 행정부도 당연히 북한을 제재하고 압박하겠지만 거기에만 머물지 않을 겁니다. 우리도 북한과 다양한 방법을 구사해서 어쨌든 북한으로 하여금 핵을 폐기시키게 해야 돼요. 그 방법들은 페리 프로세스(Perry Process)[11]라고 이미 클린턴 정부 시절에 해법이 제시됐었고, 그에 따라서 참여정부 때 6자회담과 9·19 공동성명을 통해 핵무기 파기를 합의하기도 했고요. 그때와 약간 달라진 점은 있죠. 북한이 굉장히 고도화됐기 때문에 아마 단숨에 북한 핵 폐기로 가기가 쉽지 않을 수 있죠. 그러면 먼저 북핵을 동결하고, 그래서 추가적인 핵 실험이나 추가적인 핵 고도화, 추가적인 미사일 도발이나 장거리 미사일의 고도화를 우선 멈추게 하고, 그다음 단계로는 완전한 폐기로 들어가는 것을 함께 협의해야 되는 거죠.

어쨌든 분명한 것은 이명박, 박근혜 정부가 북한 핵을 해결 못했잖아요. 그러니까 그들 정부가 했던 방식으로 계속 가서는 해결되지 않을뿐더러 점점 북한이 고도화돼서 지금 북한 핵이 무기화 단계에 이르고 있다고 대체로 그렇게 보고 있거든요. 아직 핵

---

11 미국 클린턴 행정부 시절이 대북포용정책이사 북핵 해법 로드맵을 정리한 보고서를 말한다.

을 미사일 탄두에 장착할 수준까지 되지는 못했지만 폭격기 같은 데서 투하하는 식의 재래식 방법으로는 사용할 만한 단계까지 왔다는 거예요. 이렇게 되도록 한 게 이명박, 박근혜 정부 대북정책 실패의 소산인 것이라고 봐야죠.

이나미   실패를 따지는 것도 중요하지만 미래가 더 중요하기 때문에 이제는 그 대책을 마련해야 될 것 같아요. 김정남도 제거하는 걸 보면 굉장히 불안해하고 있는 건 아닐까 그런 생각도 들어요.

문재인   대책이란 게 과거에는 북한이 핵을 억제하면 대신에 경수로를 준다, 직접적으로 대가를 제공하는 방식으로 했는데 이제는 그런 방식이 다시 되풀이되기도 어렵고 그런 방식으로는 국민들 동의를 얻는 것도 쉽지 않을 거라고 봅니다. 그런 게 아니라, 남북관계가 풀려나가면 우선 우리로서는 우리 경제의 새로운 활로가 되고, 우리 경제가 북한으로 진출하고 대륙으로 진출할 수 있을 뿐만 아니라 부산, 목포에서 출발한 열차가 시베리아 쪽으로 연결돼서 물류가 유럽까지도 갈 수 있어요. 중국에서 하고 있는 일대일로[12]와 연결되면 우리도 물류에서 엄청난 덕

---

12 중국이 추진 중인 신(新) 실크로드 전략. 중앙아시아와 유럽을 잇는 육상 실크로드(일대)와 동남아시아와 유럽, 아프리카를 연결하는 해상 실크로드(일로)를 뜻하는 것으로, 시진핑 중국 국가주석이 2013년 9~10월 중앙아시아 및 동남아시아 순방에서 처음 제시한 전략이다.

을 보게 되고요. 또는 시베리아에 있는 천연가스가 가스관을 거쳐서 내려오게 되면 친환경 에너지원이기 때문에 원전과 석탄화력발전소를 대체할 수 있는 에너지원이 될 수 있어요. 심지어 일본의 손정의 소프트뱅크 회장이 오래 전부터 제안하고 추진하고 있는 건데, 아시아 슈퍼그리드(Asia Super Grid)라고 몽골에 대단지 태양광과 풍력발전단지를 조성하면 이를 통해 동아시아나 동남아시아권까지 전력수요를 다 충당할 수 있는 거죠. 국가 간의 합의만 이루게 되면 사업은 손정의 회장이 민자사업으로 충분히 할 수 있다는 것이거든요. 다른 나라들은 필요성에 공감해서 다들 손정의 회장 쪽과 MOU를 체결했어요. 몽골 정부도, 중국 정부도, 일본 정부도. 그런데 남북관계가 안 풀리니까 이게 안 되는 거예요. 이게 가능하게 되면 우리에게 새로운 성장 동력이 생깁니다. 북한도 많은 수입이 생겨납니다. 경유하는 것만 가지고도요.

이나미   남한이 그걸 체결하면 과연 북한도 따라올까요?

문재인   그럼요. 우리가 더 큰 혜택을 받게 되지만 그것이 북한 경제도 살리는 길이 되기 때문에, 그런 것이 북한이 핵을 포기하게 되는 대가가 되는 거죠. 그렇게 해나가려면 우리가 압도적인 국방 안보 능력이 뒷받침되어야 하는 거고요.

군대,
복무와 처우에 관하여

이나미　국방 안보 이야기 나왔으니, 이번에는 군대 이야기를 좀 해볼까 해요. 군대 복무를 1년으로 줄인다고 해서 말들이 많기도 했어요.

문재인　제 공약은 1년 6개월로 줄인다는 거예요. 1년 6개월로 줄인다는 것은 참여정부 때 국방부 내의 국방개혁추진단이라는 기구에서 만든 국방개혁안에 있는 내용이기도 해요. 서서히 1년 6개월까지 줄이자는 내용이었는데, 줄여나가는 도중에 이명박 정부 때 22개월에서 스톱을 시킨 거예요. 그래서 지금 22개월로 묶여 있는 거죠. 그래서 1년 6개월로 단축한다는 것은 이미 전문가들이 충분히 검증한 방안입니다.

또 1년 6개월로 단축되고 나면 더 단축될 수 있는 길이 있는지 살펴볼 수 있는 문제이고, 우리가 먼 미래에는 그게 1년까지도 가능할 수 있다는 거죠. 부사관들을 대폭 늘리는 거예요. 일본 자위대 같으면 다 부사관 이상의 간부병 체제거든요. 직업군인 중심 체제가 되면 징집병들은 더 단축될 여지가 있는 거죠. 그런데 그것은 한참 나중의 일이고, 이번 대선 공약에 포함되는 건 전혀 아닙니다.

문재인의 생각

이나미　　　군인도 어찌 보면 공공의 일자리이기도 하잖아요. 국방의 의무를 지는 것이지만, 그래도 처우가 너무 낮은 수준이다 보니 손해 보는 시간으로 보는 거죠. 복무 기간의 문제를 떠나서, 최저임금 수준으로 받을 수 있다면 군 복무에 대한 시각이 달라질 수도 있지 않을까 싶어요.

문재인　　　군대 역시 정당한 노동력의 대가를 지급해야겠죠. 국방의 의무가 있다고 해서 노동력을 무상으로 제공할 의무가 있다는 것은 아니거든요. 참여정부 때 육군 병장 봉급이 처음에 한 2만 원쯤 했었어요. 그걸 빠르게 올려서 마지막 해에는 8만 원 대까지 갔거든요. 그 이후에 이명박 정부 들어서 거의 동결 내지는 최소 인상만 하고 있다가 다시 지난번 대선 때 저하고 박근혜 후보가 똑같이 공약을 해서 2017년에는 병장 봉급이 20만 원을 넘어섰어요. 20만 원이라고 해도 최저임금의 15% 수준입니다. 그런 표현을 쓰고 싶지는 않지만, 이를테면 노동력을 착취한다고 말할 수도 있는 거죠. 어쨌든 제대로 대가를 지불하지 않는 것이어서 성낭한 대가를 지불할 필요가 있다고 봅니다. 단숨에는 어렵지만 최저임금의 50% 정도를 목표로 삼는다면 30% 수준에서 시작해서 연차적으로 조금씩 올려가는 방식으로, 그래서 몇 년 정도 안에 50% 수준까지 올라가게 설계할 수 있을 테죠. 2017년도는 이미 짜여 있긴 하지만, 지금 최저임금의 30%로 한다 해도 1조 조금 넘는 예산이면 적용 가능하니다. 내년부터 시작한다면, 어느 정도 인상이 원래 잡혀 있는 게 있기 때문에 그걸 감안하면 1조 미만의 예산만 추가되도 30%가 충분히 가능하겠죠. 그다음에는 예를 들면 35%, 40%, 45%, 50% 이런 식으로 올려간다든지 면밀하게 설계를 해서 적어도 50%를 목표로 하면 되지 않을까 싶어요.

이나미　그러면 한 50~60만 원은 받겠네요.

문재인　지금 최저임금이 135만 원쯤 되거든요.

이나미　이런 생각도 들 때가 있어요. 눈 치우고 그런 일들을 군인들이 많이 하잖아요. 인력 활용 면에서 너무 비효율적이라는 생각이요. 예컨대 이공계 계통, 물리학, IT 이런 쪽 공부하던 청년이 한창 반짝반짝할 때 군대에 가서 삽질만 하다가 머리가 둔해져버려서 자기 일의 연결성이 없어져버리는 경우가 있거든요. 축구 선수나 이런 사람들도 마찬가지고. 이를테면, 경력 단절이 문제가 되는데 군대 안에서 그런 학생들이 자신들이 가진 부분들을 활용할 수 있는 그런 대책 같은 게 있으면 좋겠어요.

문재인　그런 것은 특기병 제도를 활용해야겠죠. 지금 특기병 제도를 하고 있긴 합니다. 그런데 그렇게 다양한 경력을 충분히 활용하지 못할 텐데 그래도 특기병을 선발하고 있고 경쟁도

"군대 역시 정당한 노동력의 대가를 지급해야겠죠.
국방의 의무가 있다고 해서 노동력을 무상으로
제공할 의무가 있다는 것은 아니거든요..
단숨에는 어렵지만 최저임금의 30% 수준에서 시작해서
연차적으로 조금씩 올려가는 방식으로,
그래서 몇 년 정도 안에 50% 수준까지 올라가도록
그렇게 설계할 수 있지 않을까 합니다. "

꽤 치열하죠. 그걸 더 활성화하는 것이 중요하겠죠. 눈 치운다는 그 부분은, 군대가 삽질이 절반이잖아요. 군대에 있는 여러 가지 노동들을 다 군인들의 노동으로 충당하는 거죠. 군인들이 대민서비스로 길거리 눈을 치워준다든지 수재가 발생했을 때 돕는 것은 대민서비스이기 때문에 별개의 문제이고요. 군대에 많은 노동이 필요한 것을 전부 다 군인한테 시켜서 해결해온 건 문제죠. 제가 국회 국방위원이었을 때 많이 바꿔놓았어요. 2016년 예산부터 그런 예산을 조금씩 반영했고요. 전 군이 동시에 하기에는 실무상 어려우니까 전방부대부터 한다든지 해서 옛날에 군인들이 하던 노동 중의 일부를 일반 민간업체에 용역을 주는 식으로 그 예산을 반영했는데 아마 그게 앞으로 빠르게 늘어가지 않을까 싶어요. 그건 또 민간 쪽에 일자리를 만드는 방안이기도 하고요. 그리고 군인들을 사역에서 해방시켜주는 것이니까. 군인들은 국방하러 온 거지 다른 노동하러 온 것은 아니니까요.

이나미　　그런 비효율적인 것을 없애는 게 젊은 사람들이 진짜 바라는 것일 거예요. 제대로 훈련받고 군인다운 정신을 수련하다 나가면 좋을 텐데요. 가서 훈련은 안 받고 엉뚱하게 땅만 이유 없이 팠다가 괜히 덮었다가 그런 식의 바보 같은 짓을 너무 많이 했으니까요.

환경 문제와 에너지 외교

이나미   이번에는 조금 화제를 전환해볼게요. 기후 재해와 관련된 것이기도 한데요, 우리 생활과 밀접한 관련도 있고요. 보통 사람들은 미세먼지, 중국에서 오는 황사 이런 문제가 거대한 담론보다 실생활에서 더 크게 느껴지는 부분일 수 있거든요. 미세먼지나 환경 공해 이런 문제들에 대해서도 생각하시는 게 있을까요?

문재인   지금 우리가 하고 있는 것은 경보제가 있죠. 요즘 경보는 제대로 하고 있는 것 같습니다. 그다음에 미세먼지의 농도를 알려서 주의하게 하는 게 있고요. 앞서 해왔던 노력은 중국의 미세먼지 발원지에 식목 등을 통해서 미세먼지를 줄이는 것을 해온 정도일 겁니다. 그 외에 미세먼지 때문에 피해 입는 사람들에 대한 이런 저런 의료체계라든지 보상체계라든지 그런 건 지금까지 아마 없었던 것 같네요.

이나미   만들어주시면 좋을 것 같아요. 미세먼지의 원인이 중국에서 넘어오는 것이 대부분인데, 그에 대한 책임을 지지는 않잖아요.

문재인   기본적으로 한국과 중국, 넓게는 한중일 간에 에너지나 환경에 관한 국제적인 협약이 필요하죠. 예를 들어 일본의 후쿠시마 원전 사고로 자기들만 피해를 입는 것이 아니라 그 피해가 우리나라에도 미치는 것 아닙니까? 중국의 미세먼지가 우리 쪽에 오는 것처럼, 중국의 원전도 다 동해안 쪽에 밀집되어 있어서 만약에 사고가 나면 당장 우리 쪽으로 방사능 피해가 넘어오게 되어 있어요. 그래서 삼국 간의 에너지, 환경 이런 것을 정보 교환도 하고 방지체계도 함께 모색해나가고 국제적인 협조가 필요하죠.

이나미   그런 것을 우리가 더 중심적으로 밀고 나가면 좋겠어요. 원전 반대하시잖아요? 앞에서 얘기가 잠깐 나왔는데, 태양광 에너지 이런 측면에서도 협력이 잘 이뤄지면 좋겠다는 생각이 들어요.

문재인   그렇죠. 제일 통 큰 방안은 앞에서도 언급했듯이 소프트뱅크의 손정의 회장이 구상하고 있는 아시아 슈퍼그리드와 관련한 협의를 해나가는 걸 거예요. 유럽에는 여러 나라 전력망이 서로 연계가 되는 슈퍼그리드가 있어요. 그래서 전력 생산 단가가 비싼 나라는 값싼 나라에서 수입해서 쓰기도 하고 남으면 수출하고 이렇게 하는 거죠. 아시아 슈퍼그리드로 몽골 쪽에 태양광과 풍력발전 단지가 조성되면, 그야말로 그건 100% 신재생에너지죠. 그리고 시베리아 천연가스도 무공해 내지는 저공해 재생에너지거든요. 그것도 오래 전부터 러시아와 협의를 해오던 사업인데, 남북관계가 안 풀려서 슈퍼그리드도 천연가스도 다 안 되고 있는 거예요.

국내적으로 보면 신재생에너지를 빠르게 늘리기 어려운 형편이긴 합니다만, 어느 정도 가능하다고 보는 부분은 있습니다. 우선 전라남도 서남해안 쪽에 해상 풍력, 또는 해안지방의 태양광 이런 정도는 신재생에너지로써 충분히 경쟁력이 있는 것으로 전문가들이 보고 있어요. 해상풍력은 후보지가 더 있어요. 전남 해안뿐만 아니라 새만금 쪽이라든지 제주도까지 있는데, 그런 식으로 해나가면 상당한 신재생에너지를 만들어낼 수 있고 원전을 줄여나갈 수 있죠.

탈원전이라는 것이 어느 날 하루아침에 갑자기 원전을 짠하고 다 멈출 수 있는 것은 아니긴 합니다. 사실 일본의 후쿠시마 원전 사고 때 일본 전체 원전을 일시 전면 중단한 적이 있었는데 그것도 일본은 감당하긴 했습니다. 그러나 그러자는 것은 아니고 신규 원전 건설을 일단 중단하고 기존 원전에 대해서는 설계 수명이 만료되는 대로 줄여나가자는 거예요. 지금 현재로는 설계 수명이 한 40년 되기 때문에 요즘 건설되는 원전은 40년 가는 거죠. 그렇게 따지면 2060년 정도 가면 원전이 없어지게 되는, 그렇게 장기적으로 탈원전하는 것이기 때문에 그 속도에 맞춰서 신재생에너지를 늘려나가거나 대체에너지를 만드는 것은 충분히 가능합니다. 그러는 사이에 아까 말한 시베리아 가스가 들어오면 훨씬 더 속도를 앞당길 수도 있는 것이고요.

이나미　또 시베리아에는 엄청난 임업자원도 있고 하니 같이 잘해나가면 좋겠네요.

문재인　남북관계가 풀리기만 하면 가능하죠. 경제적인 통합, 협력 관계만 되고 나면 우리 한국경제에는 무궁무진한 기회가 되죠. 그런데 얼마 전에 러시아가 일본에 해저터널을 통한 철도 연결을 제안했더라고요. 저는 좀 충격을 받았던 게, 그게 우리로서는 상당히 억장이 무너지는 거예요. 그게 김대중 정부 때부터 키워온 꿈이었거든요. 철의 실크로드 또는 실크로드 익스프레스 이렇게 표현해왔던 건데, 우리 철도가 북한을 거쳐서 시베리아 철도와 연결하면 그게 유럽까지 그냥 가는 겁니다. 그러면 지금 해상으로 가는 물류비용의 몇 분의 1밖에 들지 않아요. 또 부산 같은 경우는 완전히 동북아 물류의 거점이 돼서 미국이나 동남아 지역의 화물들, 심지어 일본의 화물들까지도 부산항으로 와서 거기서부터 철도로 유럽까지 갈 수 있는 거죠.

참여정부 때는 우리나라, 러시아, 북한 간 삼국철도회담을 몇 번 한 적이 있어요. 상당히 진도가 나갔던 겁니다. 그때 어느 정도까지 합의가 됐는가 하면, 북한 철도시설 개량비용을 어떻게 분담하는가 하는 수준까지 갔다가 그 이후에 남북관계가 막히면서 다 중단된 거예요. 국가 경영의 측면에서 이런 상황을 만들었다는 것은 정말 안타깝죠.

이나미　참여정부 때 진행됐던 협의들이 단절된 것은 참 아쉽습니다. 말씀하신 대로 러시아나 중국, 일본, 미국 등 우리나라를 둘러싼 4개 대국들 사이에서 어떤 역할을 할지에 대한 비전이나 어젠다를 좀 더 집중적으로 사람들에게 보여주고 그러면 좋겠다는 생각이 듭니다.

문재인　외교적으로 러시아에 대한 비중을 더 많이 높여야 됩니다. 우리가 4대 강국 가운데 러시아에 대한 외교가 상대적으로 소홀한 편인데 지금은 국제 정치적으로도 러시아가 굉장히 중요해졌어요. 지금 중국과 러시아가 굉장히 가까워져서 협력도 많이 하는데, 요즘 트럼프가 푸틴과도 가깝다는 것 아닙니까? 트럼프는 러시아를 끌어들여서 대중국 포위식의, 자기들 말로는 아시아 재균형에 이용하려는 겁니다. 그런 면에서도 러시아가 갖고 있는 국제정치적인 점이 중요합니다. 앞으로 우리가 남북관계를 풀어내고, 그 이후에 우리 경제가 북한을 넘어 대륙으로 뻗어나가는 데에는 러시아가 굉장히 중요한 파트너가 되는 거죠. 러시아의 시베리아 개발에 우리가 당연히 참여할 수 있고, 러시아로서는 시베리아 개발이 러시아의 미래이기도 하거든요. 우리하고 많아 떨어지죠. 심지어 지금 러시아와 중국이 함께 협력해서 러시아 쪽에서 바로 북해로 빠지는 운하를 만듭니다. 그러면 북극 항로가 언젠가 열릴 텐데 그러면 남쪽으로 돌아가는 것보다는 훨씬 물류비용이 절감되거든요. 그 운하로 가면 북극 항로보다 굉장히 많이 단축되는 거죠. 러시아가 앞으로 우리 경제 협력에서 굉장히 중요하다는 한 예입니다. 우리도 그 운하 건설에 참여할 수도 있고요. 하여튼 이런 모든 것이 남북관계가 풀려야만 가능한 거예요. 이게 얼마나 답답한 노릇인가 하면 옛날 백 몇 십 년 전의 헤이그 열사들이 그때 경성역에서 기차 타고 암스테르담까지 간 것이거든요. 지금 세월이 백 몇십 년이 흘렀는데 우리는 비행기나 배를 타지 않고는 외국으로 갈 수 없는 섬처럼 됐잖아요. 우리가 섬에서 벗어나는 정책이 중요합니다.

이나미   러시아와 가까워져서 러시아가 북한을 압박하면 거꾸로 남북관계가 좋아질 수도 있지 않나요?

문재인   물론이죠. 우리로서는 무궁무진한 가능성이 있는 건데, 사실 그런 식의 가능성을 가진 나라가 전 세계에서 한국밖에 없거든요. 기본적으로 한국의 지정학적인 위치가 옛날에는 주변 강대국으로부터 침략당하는 위치였지만 지금은 해양과 대륙을 잇는 역할을 하고 있기 때문에 우리 경제가 해양으로도, 대륙으로도 뻗어갈 수 있어요. 그런데 지금 대륙 쪽이 꽉 막혀있는 거예요.

트럼프의 미국,
아베의 일본

이나미　　요즘은 '스트롱맨(strong man)의 시대'라고 하더라고
요. 트럼프, 아베, 시진핑, 푸틴. 다 명확한 자기 목표를 제시하고
밀어붙이는 점도 있고, 국수주의적이고 자민족 중심인 부분도
있는 것 같고요. 특히 방위비 분담금부터 해서 여러 문제들이 있
어서 트럼프는 힘든 상대라는 생각도 들어요.

문재인　　저는 오히려 그렇게 생각 안 합니다. 클린턴 후보보
다 훨씬 나은 측면도 있습니다.

이나미　　어떤 면에서 그런가요?

문재인　　우선 대북관이나 대북정책을 봐도 클린턴은 오랫동
안 거듭해서 밝혀온 대북 인식과 정책이 대단히 강경합니다. 실
제로 오랫동안 국무장관을 하면서 불신이 켜켜이 쌓여서 일관
되게 강경파예요. 그런데 트럼프는 선거 운동용으로 강경한 발
언을 한 거죠. 그 뒤에 보면 발언이 조금씩 달라져요. 대통령이
되고 난 이후에도 그렇고, 트럼프뿐만 아니라 참모들의 발언도
놀랄 만큼 달라졌어요. 그래서 트럼프 쪽이 훨씬 더 실용적이겠

다는 생각이 들어요. 우리와 접점이 충분히 있을 거라고 생각합니다. 트럼프는 지금까지의 대북정책 기조를 바꿔야 된다고 생각하는 사람이에요. 기조를 바꾼다고 생각하면 두 가지 밖에 없잖아요. 하나는 군사력을 사용하거나 하나는 대화하거나. 그런데 군사력 사용은 사실상 거의 불가능하죠. 그 가능성이 거의 낮다고 보면, 대화하는 쪽으로 갈 확률이 충분히 있죠. 적어도 오바마가 했던 것처럼 아무것도 안 하는, 오로지 문 닫아놓고 제지하고 압박하고 비난만 하는 데서는 벗어날 거라는 거죠.

이나미 그런데 우리 보통 사람들의 생각으로는, 트럼프는 아주 보수적이고 기업에 호의적인 것 같거든요. 무기상들과도 관계가 있을 것 같고요. 그들은 전쟁을 하면 미국 경제가 좋아진다는 생각하잖아요. 우리나라에서 국소적인 전쟁을 하면 무기도 팔고, 미국 경제에 도움이 되니까 언제든 전쟁을 일으킬 수도 있다고 생각하는 사람들도 있지 않나요?.

문재인 클린턴 대통령 시절에, 그러니까 YS 정부 때 실제로 제한적 북폭이었나, 군사적인 공격을 할 계획을 세웠던 적이 있어요. 그런데 결국은 못했죠. YS가 제동을 걸었다고 이야기한 적이 있어요. 사실 우리 쪽에 아무런 피해 없이 일방적으로만 때릴 수 있었으면 미국 쪽에서 때렸죠. 그렇지만 안 맞고 때릴 방법이 없는 거잖아요. 때리면 우리가 더 많이 때릴지는 몰라도 우리만 맞는 것이 아니라 미군도 맞게 되어 있어서 그 피해를 감당할 수 없으니까 결국 미국이 못한 거거든요. 그래서 군사력 사용은 거의 어렵죠. 대화를 통한 해법이 도저히 불가능해지고 북한이 핵을 제3세계나 테러단체 쪽에 판매까지 할 정도까지 간다면 그때는 불가피하게 군사적인 공격을 할 수 있을지 모르지만, 다른 방법의 모색이 가능할 때까지는 무조건 전쟁부터 할 필요는 없는 거죠. 군사력의 사용을 미군이 이야기하는 것은 하나의 옵션으로, 말하자면 압박의 수단으로 하는 것이라고 봐야죠.

그리고 오히려 트럼프는 아까 미국의 군수산업 복합체 속에서도 빠져 있는, 그 구조 속에는 들어 있지 않은 사람이라고 보는 게 맞을 것 같고요. 이 사람은 공화당에서도 비주류니까요. 그리고 보호주의도 우리한테 피해만 오는 게 아닙니다. 득실이 교차하는 겁니다. 왜냐하면 우리는 미국하고 FTA를 체결했기 때문에 미국이 TPP[13]를 탈퇴한 것은 우리에게 도움이 되는 거라고 봐요. TPP라는 게 FTA를 한꺼번에 체결하는 것과 같은 것이거든요. 그런데 탈퇴하고 취소해버렸으니까 우리하고만 FTA를 체결하게 된 셈이죠. FTA 자체를 부정할 수는 없어요. 새협상을 요구할 수는 있을지언정 무시하지 못하는 거니까 오히려 한미교역에서는 우리에게 득이 되는 면이 있죠. 피해가 있다면, FTA

---

13 환태평양경제동반자협정의 줄임말로, 아시아·태평양 지역국 간에 진행 중인 광역 자유무역협정(FTA)을 말한다.

가 체결되지 않은 중국 이런 쪽에 대해서 관세를 높게 물리면 중국의 대미수출이 줄어들거든요. 그러면 우리의 대중수출도 영향을 받아서 줄어들게 되죠. 이런 타격을 받게 되면 득실이 교차하는 건데, 트럼프가 그런 식으로 막 가지는 않을 겁니다. 실용적으로 갈 것이라고 봅니다.

이나미　하도 예측을 할 수 없는 사람이라서요. 다른 나라 일에 상관 않겠다 그러고 갑자기 미군을 빼낸다든가 이런 상상도 하게 되는 게, 하도 이랬다 저랬다 하고 거칠고 그러니까 보통 사람들은 그런 상상도 하거든요. '분담금 너희가 많이 내라, 안 내? 그러면 우리는 빼' 이런 식으로 얘기 나올까 봐 걱정하는 사람도 있어요.

문재인　어쨌든 세계화라든지 자유로운 교역이라는 게 그동안 미국이 이끌어온 질서거든요. 그리고 그 속에서 나라마다 명암이 있긴 하지만 대체적으로는 세계 경제가 좋아진 측면이 있죠. 그런 질서를 이끌었던 미국도 굉장히 많은 혜택을 얻었고요. 그런데 좁은 국면만 봐서 보호주의로 확 가버리면 오히려 미국 경제에 더 나쁜 영향을 가져올 거거든요. 나는 경제만큼은 충분히 그런 걸 다 감안해서 정책을 신중하게 해나갈 거라고 봅니다. 일자리를 보호하는 정도야 하겠죠. 그래서 멕시코와 장벽을 친다든지, 나프타를 어떻게 한다든지 그렇게까지는 할 수 있을지

문재인의 생각

모르겠는데 전체적인 세계 질서를 보호주의 질서로 되돌리거나 그러지는 않을 거라고 봅니다.

이나미 　미국도 그렇지만, 일본과의 관계도 걱정입니다. 위안부 합의 문제도 그렇고요. 우리나라에 오는 일본 관광객은 줄고, 우리나라는 여전히 일본에 많이 가서 관광수지나 무역수지는 적자라고 해요. 그래서 일부는 위안부 합의 문제를 계속 물고 늘어지면 이익 될 것이 없다고 얘기하는 사람들도 있습니다. 이런 문제들을 어떻게 잘 정리해갈지 걱정됩니다.

문재인 　위안부 문제를 포함한 과거사 문제는 우리로서는 어쨌든 지속적으로 일본에 요구해야 될 내용들입니다. 다만 그것을 한일관계의 전제로 삼으면 안 되는 거죠. 박근혜 정부의 실패는 위안부 문제를 한일외교의 전제조건으로 삼아버렸기 때문에, 그 문제가 풀리지 않으면 아무것도 할 수 없게끔 흘러가버린 거예요. 오히려 자승자박이 돼서 할 수 없이 그렇게 말도 안 되는 합의를 한 건데, 처음부터 잘못된 거죠.

과거사 부분은 지속적으로 요구해나가되 미래지향적인 한일관계는 별도의 트랙으로 발전시켜나가는 실용적인 자세가 필요합니다. 박근혜 정부의 외교가 참담하게 실패한 것이 외교 자체로서 외교를 한 것이 아니라 외교를 순전히 국내 정치용으로 한 거예요. 그러니까 초기에는 반짝 좋아보였죠. 그래서 많은 국민들이 외교 분야를 박근혜 정부가 가장 잘하는 것으로 평가했잖아요? 그런데 외교라는 게 그렇게 가면 금방 파탄 나게 되어 있는 거죠.

저성장 시대의 경제정책

이나미　　경제 이야기를 좀 해볼게요. 지금 경제가 전체적으로 계속 죽어간다, 이런 걱정들도 많이 하고 출생률도 떨어져 있고요. 2050년쯤 되면 우리나라가 나이지리아보다 못할 것이라는 얘기도 있더라고요.

문재인　　지금 현재 우리나라가 저성장으로 빠져드는 양상을 보면, 일본이 잃어버린 20년이라고 부르는 장기복합불황의 시대로 들어가는 초기와 유사하다는 겁니다. 많은 전문가들이 우리가 일본형 장기복합불황 시대에 빠져들고 있다고 보는 거죠. 더 비관적으로 보는 사람들은, 그래도 일본은 그 20년을 견뎌낼 만한 체력이 있었는데 우리는 그 체력 자체가 없다고 보는 거예요. 그렇기 때문에 우리는 일본형으로 가는 것이 아니라 남미형으로 간다고 보는 분들도 많이 있어요.

이나미　　그에 대한 대안이라든가 정책이 있나요?

문재인　　그래서 소득주도 성장으로 경제 패러다임을 바꿔야 된다고 주장하는 거죠. 국민들이 골고루 경제 체력이 좋아져야 한다는 겁니다.

이나미   저는 경제는 잘 모르지만, 우리나라는 대기업이 중소기업에 하청을 주고 완전히 피라미드처럼 다 연결이 되어 있잖아요? 재벌기업 적폐 해소하는 건 좋은데, 사실은 좀 걱정도 돼요. 대기업을 옥죄면 그들은 영리하게, 어떻게든 자신들 이익을 남기려고 할 거거든요. 하청업체인 중소기업들이 결국 마이너스를 떠안게 되는 구조이지 않나 해요.

문재인   대기업들의 문제는 1, 2세대들이 갖고 있는 창업가 정신 이런 걸 잃어버렸다는 데에 있다고 봅니다. 왜 잃어버렸느냐? 그렇게 안 해도 되니까요. 일감 몰아주기, 문어발식 확장 이런 쪽으로 쉽게 돈을 벌 수 있는데 군이 옛날처럼 새로운 분야에 모험적인 투자를 할 필요가 없는 거예요. 그러니까 그걸 막자는 게 재벌개혁인 거죠. 재벌이 2차, 3차 협력업체를 쥐어짜는 구조를 막고 문어발식 확장을 통해 중소기업 영역으로, 골목 상권으로 침탈하는 것을 막겠다는 겁니다. 대신 자신들의 주요 업종에 대한 국제 경쟁력을 높이는 일에 더 집중하게 만들면 더 세계적인 경쟁력을 갖게 되고 중소기업이나 골목 상권은 살아날 수 있다고 생각해요.

이나미   한쪽을 억제하는 건 좋은데, 반대로 그럼 다른 쪽을 성장시킬 수 있는 여건들이 있는가 하는 궁금증도 있어요. 지금은 보면, 벤처가 100개 있으면 실제로 논을 벌 수 있는 데는 한

3~5% 정도라는 거예요. 90% 이상이 3년 안에 다 망해요. 젊은 청년들이 자기 가게를 열어도 그중 70~80%는 2~3년 안에 망한단 말이죠. 대기업을 막는 것 혹은 못하게 하는 것도 좋지만 그게 네거티브의 접근이라면, 중소기업이나 벤처를 플러스해주는 정책 같은 건 생각하는 게 있나요?

문재인　벤처를 창업하고 인큐베이팅하는 데까지는 지금도 여러 지원을 하고 있습니다. 실제로 박근혜 정부가 벤처 쪽에 많은 투자를 하긴 했죠. 그런데 인큐베이팅 시기가 끝나고 나면 그 뒤부터는 자생적인 경쟁력으로 이겨낼 수 있게 해야 되는데 그 힘이 없으니까 실패하는 거죠. 인큐베이팅 단계를 넘어서도 어느 정도 지속적으로 마케팅이나 금융을 지원해주는 것이 필요할 수 있죠. 또 벤처를 하는 사람들이 혁신적인 아이디를 가지고 새로운 제품을 만들어내면 대기업이 M&A라는 정당한 거래를 통해 제값을 내고 사야 돼요. 벤처하는 사람들은 그럼 또 다른 아이디어를 찾아 나설 수 있죠. 그런데 그게 아니라 탈취하고 집어삼키는 식으로 하니까 문제예요. 원래 벤처 성공률이 낮은 것은 어느 나라나 마찬가지인데, 모처럼 성공해도 잡아먹어버리니까 보람이 없는 거예요. 그래서 M&A 이런 것을 활성화시켜주는 것이 필요하다고 봅니다.

한 가지 더하면, 실패한 사람들이 또 다른 아이디어로 새롭게 창업할 수 있는 제도적인 기회가 있어야 되거든요. 미국에서도 실리콘밸리에 있는 업체들을 보면 보통 두 번째 창업에서 성공 확률이 훨씬 높아진다고 해요. DJ 정부 때도 한때 벤처 붐이 있었는데 단박에 성공한 기업은 100의 하나, 나머지는 실패해요. 정작 성공은 실패한 벤처업체를 인수한 그다음 사람들이 성공할 확률이 높았어요. 왜냐하면 거의 90%까지는 다 만들어놨는데 마지막 마케팅이나 이런 걸 감당 못해서 실패에 이른 경우들이 많거든요. 그다음에 인수한 사람은 훨씬 수월한 지점에서 시작한 것이죠. 그래서 새로운 도전의 기회를 줄 수 있으려면 창업한 사람들이 연대보증 이런 것 때문에 거기서 못 헤어나게 만들어놓은 제도를 아예 없애서 한 번 실패해도 다시 시작할 수 있는 구조를 만들어주는 게 필요하다고 생각합니다.

동성애, 낙태,
윤리적 이슈들

이나미　　좀 예민한 다른 문제를 여쭤보겠습니다. 낙태라든지 동성애라든지 이런 것에 대한 얘기는 말하기가 조심스러울 수도 있을 듯해요. 얼마 전에 성평등 정책을 발표하고 페미니스트 대통령이 되겠다고 선언하는 자리에서 차별금지법 문제를 두고 성소수자들의 거센 항의를 받기도 하셨고요.

문재인　　동성애 주제는 좀 민감한 부분이 있을 수 있죠. 그런데 나는 논쟁적으로 흘러가는 게 나쁜 건 아니라고 생각해요. 논쟁이 생기는 것은 좋은 거라고 봐요. 성소수자와 그 가족들의 심정, 그들이 겪는 상처와 고통에 깊이 공감합니다. 제가 연설하는 중에 그들이 방해하면서 소리쳤던 것도 충분히 이해가 되기도 해요. 그만큼 그 사람들이 처한 상황이 답답하고 어떻게든 그런 기회에 자신들의 목소리를 내려고 했던 것으로 이해하고 있습니다.

저도 개인적으로 다른 성적 지향을 갖고 있다는 이유로 배제되거나 차별받아선 안 된다고 생각합니다. 차별금지는 국가인권위원회법에 규정되어 있어요. 차별해서는 안 된다는 원칙은 확고하죠. 다만 동성혼 합법화 부분은 아직까지 사회적 합의가 모아

지지 않은 상태라고 봐요. 특히 개신교 쪽에서 아주 강력하게 반대하고 있어서 합법화를 논의하려면 우리의 인권의식이 더 높아져야 되는 거죠. 미국도 오랜 세월 동안 동성애 문제가 논쟁되어 왔는데 근래에 와서 일부 주가 합법화했고 드디어 작년에 미국연방대법원이 합법화하는 판결을 내려줬죠. 우리도 사회적 공론을 모아가는 데 시간이 다소 필요하다고 봅니다. 그래서 정권 교체로 더 민주적이고 인권의식이 높은 정부를 만들어내는 것이 선행돼야 하는 것이죠.

이나미　동성애 문제 외에도 윤리적으로 논쟁이 될 수 있는 주제들이 몇 가지 있는데요, 낙태나 줄기세포 같은 이슈들이요. 낙태 문제와 자기결정권 이슈에 대해선 어떻게 생각하시는지요?

문재인　자기결정권이 중요하지만, 그렇다고 낙태가 아주 완전히 허용될 수는 없지 않나 생각해요. 적절한 선은 있어야 된다고 봅니다. 지금 낙태는 원칙적으로 위법이고, 모자보건법에서 정하는 예외 사유에 해당하는 경우에만 허용되거든요. 나는 의학 쪽은 잘 모르지만, 예를 들면 임신 몇 개월까지는 여성들의 자기결정권을 존중해서 그때까지는 낙태를 허용하고, 일정한 기간이 지난 이후로는 원칙으로 금지하는 것거죠. 태아가 많이 성장한 후엔 낙태가 임산부에게도 위험하기 때문입니다. 일정 기간 이후로는 예외적으로 불가피한 경우에만 허용해주는, 그렇게 실효성 있게 해야 하지 않을까 싶어요. 지금은 법으로는 낙태가 범죄인데 실제로는 광범위하게 행해지고 있어서 법과 현실이 맞지 않아요. 상당 부분 사문화되어 있는 법이어서 실제에 맞게 조정할 필요가 있다고 생각합니다.

이나미　생명윤리와 연결된 문제로 줄기세포 이슈에 대해선 어떻게 생각하세요? 안락사나 존엄사 문제에 대한 생각도 궁금하고요.

문재인　저는 가톨릭이긴 합니다만, 줄기세포 문제는 조금 더 의학적인 관점에 서야 되지 않나 싶어요. 인류의 건강 면에서 도움이 되는 부분들을 위한 줄기세포 연구는 폭넓게 허용되어야 한다고 생각하고요. 다만 사람을 복제한다든지 뭔가 넘을 수 없는 윤리적인 한계가 있을 텐데, 그 윤리적인 한계는 공론을 모으고 전문가들이 논의해서 선을 그어줘야 되지 않나 그렇게 생각합니다.

그리고 안락사나 존엄사는 저는 인정해야 된다는 생각입니다. 물론 조건은 필요하겠죠. 우선 환자 본인의 뜻이 존중되어야 할테고, 두 번째는 환자가 명시적인 의사표시를 할 수 없는 경우가 많잖아요? 100% 환자의 의사에만 맡기면 환자가 의사 표시를 할 수 없게 됐을 경우에 해결할 길이 없으니까 객관적인 상황, 치유의 가능성이라든지 기간이라든지 가족들이 겪게 될 고통이

문재인의 생각

라든지 이런 걸 종합해서 일정한 정도가 되면 허용해줘야 되지 않을까 싶어요.

이나미　　열린 태도로 보시는 것 같아요.

문재인　　개인적으로 내가 만약에 그런 상황에 놓인다면 나는 안락사와 존엄사를 바랄 것 같습니다. 그래서 아내와도 서로 그런 식의 합의를 해둔 적이 있죠.

국민건강과 사회보험

이나미　　제가 의사이다 보니까 평소 생각했던 질문을 몇 가지 하려고 해요. 국민건강보험공단이 흑자가 누적되어 있는데 의사나 병원에는 풀지 않고 환자들한테서는 계속 걷고 있거든요. 공단에서 너무 말도 안 되게 가져가고 있는 게 아니냐고 양쪽이 다 불만이거든요. 혹시 이 문제에 대해선 생각해보신 적 있을까요?

문재인　　보험공단이 흑자를 보기 시작한 건 얼마 안 됩니다. 그 전까지 사실은 오랫동안 계속 적자여서 거기에 정부도 상당 부분 출연했고 근래 2~3년 흑자를 보면서 여유가 생겼을 테죠. 지금은 건강보험료부터 직장가입자와 지역가입자 간의 여러 불평등이 있습니다. 이를 소득에 대해 부과하는 것으로 일원화하면, 지금은 소득 가운데서 빠지는 것들이 많거든요. 그러면 건강보험료가 훨씬 더 평등해지고 공정해질 수 있고, 건보 재정도 충실하게 할 수 있고요. 중요한 것은 이걸 가지고 해야 되는 일이, 제가 본인부담상한제를 공약했었거든요. 박근혜 후보는 4대 중증질환 국가책임제를 내세웠고요. 어쨌든 최대한 본인 부담을 줄여주는 게 필요하고, 또 하나는 비급여 진료가 너무 많잖아요. 비급여 진료를 공단이 자의적으로 판단하는 것이 아니라 의료

문재인의 생각

적 관점에서 판단했을 때 진료에 필요하면 건보의 대상이 되어야죠. 의료에 필요한 건데 다 비급여 진료로 해서 보험에서 제외하는 식으로 해선 안 되는 거죠.

제가 얼마 전에 푸르메재단 넥슨어린이재활병원에 갔더니 아이들 재활병원에서 해야 되는 치료들이 상당 부분 비급여 치료인 거예요. 그 가운데 정신적인 치료가 필요한 아이들에게 미술 치료, 심리 치료 이런 걸 해야 하는데 이게 다 비급여 진료예요. 그러니 돈 있는 집 아이들은 미국 가서 진료를 받고 그러지만, 가난한 아이들은 아예 이용할 수 없게 만드는 식으로 되어 있는 거예요. 이런 경우처럼, 전문 의료인이 볼 때 진료에 필요하다고 판단되면 다 보험급여의 대상이 되게 하는 것이 필요할 것 같고요. 또 하나가 간병 부분이 보험급여 대상에서 제외되고 있잖아요? 사실은 간병 때문에 엄청난 부담이 생기거든요. 간병비가 하루에 8만 원 든다고 해요. 그럼 한 달에 240만 원의 부담인 셈이죠. 아니면 환자 가족이 병실에 붙어 있어야 하니 가족 전체가 난민처럼 되어버리고 그래요. 의료 수준이 지방과 격차가 나니까 해마다 지방에서 서울로 올라와 치료받는 환자가 200만에 달한다고 해요. 그러면 이 가족들이 다 흩어져 사는 거죠. 한 아이가 아파서 엄마가 서울에 와 있으면 다른 아이들은 돌봄도 받지 못하고요. 이런 상황에 대한 이야기를 들으면 안타깝죠. 서울의료원처럼 간호사가 간병까지 겸하게 하면 자연스럽게 간병비도 건보 체계 속에 들어가게 되는 거죠. 그러면 간병의 질도 훨

씬 높아지고, 그렇게 하려면 간호사 수도 훨씬 많아져야 되니 일
자리도 그만큼 늘어나게 되고요. 그런 방향으로 가야 되지 않을
까 생각합니다.

이나미　　　그런데 사실 간호사들이 너무 힘들어서 지금 있는
사람들도 잘 안 하려는 점도 있어요. 그리고 현재 의료수가[14]가
사실은 너무 낮아서, 의사들이 비급여로 갈 수밖에 없는 부분도
있어요. 정말 어려운 수술을 하는 외과, 흉부외과 이런 쪽 수가
는 정말 터무니없이 낮을 정도예요. 그래서 의사들이 일은 고된
데 돈을 못 버는 외과, 산부인과 쪽으로는 안 가려고 해요. 전부
다 비급여 쪽인 피부과, 성형외과로 가는 거죠. 지방에 산모들이
갈 산부인과가 없는 게 산부인과 의사들이 병원 개업을 안 해서
예요. 수가가 안 맞기 때문에 환자를 보면 볼수록 손해 보고 사
고가 나면 감당이 안 되니까 피부과 의사 노릇을 하는 게 현실이
거든요. 외국 같은 경우는 심장 수술을 하는 의사들이 가장 많이
버는데, 우리나라는 심장 수술하는 의사가 가장 적게 벌어요. 지
금 현재 의료수가 그대로 가면 병원은 환자를 볼수록 적자가 나
요. 그래서 그걸 어디에서 메우느냐 하면 비급여 진료로 메우거
나 병원 건물에 슈퍼나 식당 등을 운영해서 메우는 거죠. 이건

14　의사가 의료서비스를 제공하고 환자와 건강보험공단으로부터 받는 돈을 의미한다. 환자에게
　　제공되는 서비스 정도와 물가상승률 등을 바탕으로 매년 건강보험공단과 가입자단체, 의료계
　　가 협상을 통해 수가인상률을 결정한다.

　　　　　　　　　　　　　　　　　　　　　　문재인의 생각

굉장히 왜곡된 구조거든요.

문재인　의료수가를 현실화해주고 환자들에게는 건강보험의 보장률을 높여줘서 입원 환자는 90%, 통원 환자도 70% 정도까지는 높여줘야죠.

이나미　국민건강과 관련한 생활밀착형 질문 하나 더 할게요. 앞에서 미세먼지 이야기도 했지만, 우리가 생활에서 접하는 환경유해 물질들, 이를테면 석면이나 우레탄 이런 것들이 너무 많거든요. 충남 청양인가요, 거기서 석면 광산 문제가 불거지기도 했는데, 인근에 사는 사람들은 피해가 크거든요. 사실 석면에서 오는 암은 치료가 안 돼요. 그리고 우리나라 60~70년대에 새마을운동 하면서 초가집을 다 바꿨잖아요? 그게 다 석면이거든요. 그런데 정치 쪽에서는 큰 정책들 중심으로 다루니까 미시적인 것들은 별로 관심이 없는 것 같은 생각도 들어요.

문재인　미시적인 문제기 아니에요. 굉장히 중요한 겁니다. 그 자체로도 중요한 문제일뿐더러 이것을 해결하지 않으면 그만큼 의료비용이나 복지비용도 늘어나게 되니까 사회적 비용이 훨씬 더 커지기도 하고요. 건축물에 남아 있는 석면을 빨리 제거해내고 석면 폐광산 쪽에 아직도 남아 있는 석면이 확산되는 것을 빠르게 조치하는 것은 오히려 사회적인 비용을 크게 줄이는 길이라는 생각을 가져야 한다고 봅니다. 또 지금 석면이 가장 많이 나오는 생활 현장이 학교예요. 아이들이 수업하는 교실의 천장재에 석면이 다 들어가 있어서 지금 교체를 하고 있는데 재원이 부족하니까 빨리 교체하지 못하고 아직도 굉장히 많이 남아 있는 거죠. 그런 부분들은 현실적으로 국가 재정을 투입해서 안전제일, 생명제일, 정말 사람이 먼저인 정책을 세워야죠.

이나미　　또 언급하고 싶은 부분은, 산업재해와 관련된 부분이기도 한데요. 치킨이나 피자 배달 아르바이트를 하는 청소년들, 청년들이 많잖아요. 비정규직인 데다가 고용조건이 열악하기 때문에 아무런 보상도 못 받는 거죠. 최악의 경우, 사고가 나서 사망해도 산재 보험이 적용되지 않습니다. 그런 배달 현장이라든지, 공사 현장이라든지 산업재해가 빈번하게 일어나는 데가 많은데 거의 다 사각지대인 거예요.

문재인　　영세한 업체에서 근무하는 비정규직들이 4대 보험에 가입되지 않은, 사회안전망의 사각지대에 있는 경우들이 많죠. 지금 10인 이하 사업장의 경우에는 두루누리 사회보험이라고 보험료를 국가가 지원해주기도 합니다. 이 지원의 폭을 더 넓혀주면 영세한 사업들에서 근무하는 노동자들의 4대 보험이 강화될 수 있겠죠. 또 택배기사라든지 보험설계사, 학습지 교사, 골프장 캐디, 요구르트 아줌마처럼 사실은 노동자인데 전부 자영업자로 분류되는 그룹들이 있어요. 이 숫자가 이백 몇십만 명 된다고 합니다. 이 분들을 특수고용 노동자라고 부르는데, 이런 분들도 4대 보험 대상으로 생각하고 보장해줄 수 있는 노력들을 과거 참여정부 때부터 했고 일부분 해결된 부분도 있어요. 그런데 아직 전체적으로 보면 미흡하죠. 이 점은 다음 정부의 큰 과제 중 하나라고 생각합니다. 이 사람들을 노동자로 다뤄서 4대 보험은 말할 것도 없고 노동삼권도 보장해줘야 된다고 봅니다.

출판과 문화예술,
그리고 도서관

이나미　　문화계 문제도 짚어보고 싶습니다. 우선, 얼마 전 출판계에서 충격파가 상당히 컸던 이슈가 대형 도매상인 송인서적의 부도였거든요. 출판산업이 그만큼 어려운 상황이라는 거죠. 또 블랙리스트 이슈도 상당히 컸는데, 예술인들이 블랙리스트에 더 분개하는 이유가 생존의 문제이기도 하거든요. 문화예술 분야에서 일하고 싶어 하는 젊은이들이 사실 많거든요, 그런데 그런 이들이 조금 지나면 다 좌절하고 백수와 다를 바 없이 먹고살기가 힘드니까 포기하고 공무원 시험을 보겠다 하고 그렇게 되는 상황이 안타까워요.

문재인　　출판산업의 경우, 사람들이 점점 책을 안 읽어요. 미국이나 일본에 비하면 1인당 독서 권수가 10분의 1도 안 될 정도로 적죠. 그 이유를 두고 모바일 환경 때문에 그렇다고 하는 이야기들도 있는데, 그건 아니라고 봐요. 일본이나 미국도 모바일 환경으로 치면 우리 못지않거든요. 사실은 우리 사회가 너무 과로사회예요. 책을 읽을 수 있는 여유가 없는 거예요. 출판계에 대한 여러 지원도 정책적으로 물론 필요한데, 더 근본적으로는 과로사회에서 벗어나야 한다고 봐요. 참여정부 때 노동시간을

주 40시간으로 낮췄죠. 주 40시간제를 하면, 금요일까지 일하고 토요일, 일요일은 쉬게 되니까 이걸 주 5일 근무제라고 다르게 표현하기도 하는데, 주 40시간에 연장근로 12시간을 합쳐서 한 주에 할 수 있는 법정 노동시간은 최대 52시간으로 법에 규정 돼 있어요. 그런데 이명박, 박근혜 정부는 토요일과 일요일의 휴일 근무는 별개라고 말도 안 되는 해석을 한 거예요. 그래서 주 68시간까지 허용을 해왔기 때문에 우리가 세계적으로 최장의 노동시간을 갖게 된 거죠. 그러니 저녁도 없고, 휴일도 없고, 휴가도 없는 사회가 된 거예요. 주 52시간의 법정 노동시간만 준수해도 일하는 사람들이 저녁을 가질 수 있습니다. 휴가도 다 사용하도록 확실하게 의무화해야 되고요. 그러면 국민들이 문화생활에 대한 여유가 좀 더 생기지 않을까 싶어요. 그런 토대와 기반을 먼저 만들어줘야죠. 그런 다음에 출판이나 문화계를 육성해주는 지원제도 같은 게 필요할 것이고요.

문화예술과 관련해서는, 김대중 대통령이 이런 말을 했죠. "정부는 문화예술에 대해서 지원은 하되 간섭하지 않는다." 그런데 이 기조가 이명박, 박근혜 정부에 와서는 간섭을 넘어서서 아예 내편, 내 편 나누는 정도까지 나간 거예요. 블랙리스트를 만들어서 거기에 오른 사람들은 지원을 안 해주는 정도가 아니라 더 나아가서 아예 활동 자체를 못 하게, 작품 발표의 기회까지 다 봉쇄해버린 것이거든요. 이건 정말 나쁜 거예요. 어떤 면에선 뇌물 수수보다 훨씬 너 나쁜 겁니다. 지금 국면에서 드러난 범죄 행위

중에서도 가장 악랄하고 비난받을 가능성이 큰 게 블랙리스트라고 생각해요.

이나미   그렇죠. 그리고 책 이야기가 나와서 말인데요, 우리나라 도서관들은 장서 양이 많이 부족한 것 같아요. 저는 책 읽는 문화는 도서관을 통해서도 활성화될 수 있다고 생각하거든요. 도서관에 가면 정말 다양한 책을 빌려볼 수 있게 해야 하는데, 그렇지가 않은 것 같아요. 신간들도 거의 없고, 찾지 못하는 책이 사실 더 많거든요. 그러다 보니 도서관에도 거의 안 가게 되고요. 정부에서 중점적으로 도서관들이 책을 더 많이 구입하는 정책을 펴줬으면 좋겠어요. 그게 출판산업에도 결과적으로 도움이 될 수 있을 것 같고요.

문재인   공공도서관, 그러니까 시립도서관은 도서 구입비가 작게 배정되어 있다 보니 주로 기증 도서에 의존하게 되고 신간 비치율은 아무래도 많이 떨어지죠. 그건 지자체에서 도서 구입 비용을 더 많이 책정해야 되겠고요. 국립도서관 쪽은 사실 도서 보유량으로 보면 그렇게 뒤떨어지지 않습니다. 국립도서관도 그렇고 국회도서관도 그렇고요. 그런데 국립도서관 같은 경우는, 사실 도서관뿐만 아니라 국립극장이나 문화 관련 국립 시설들이 다 서울에 있죠. 지방에는 없거든요. 곳곳에 권역별로 분원을 두는 것도 필요하다고 봅니다. 국립도서관 부산분원, 광주분

원, 대구분원 이런 식으로요. 여러 국립 문화시설들을 전국 권역별로 골고루 배치해서 적어도 문화생활에 대한 부분을 서울과 수도권과 지방이 차별 없이 접할 수 있도록 해야 한다고 생각합니다.

이나미　　사실 국립도서관이나 국회도서관도 저는 가서 이용하기가 굉장히 불편해요. 위치도 그렇고, 가서도 별로 효율적으로 되어 있지 않고요. 제가 미국에서 경험한 공공도서관이나 국립도서관의 분위기는 전혀 다른 느낌이에요. 뭔가 국회도서관은 굉장히 고압적이라고 해야 하나, 너무 엄숙하다고 해야 하나, 그런 인상이 있어요.

문재인　　국회라는 울타리 속에 있어서 더 그런 걸까요? 아무 때나 갈 수 없는 곳이라고 인식할지 모르겠는데 사실은 개방되어 있어서 가보면 장서는 훌륭하거든요. 정책 상으로 책 읽는 문화라든지, 출판문화계가 더 활성화될 수 있는 방안들에 대한 고민은 앞으로 더 필요하겠다는 생각이 드네요

학제와 교육,
아동수당과 보육

이나미　　교육 문제와 관련해서 묻고 싶어요. 우리나라는 고등학교만 졸업하고도 독립할 수 있는 시스템이 아니잖아요. 개인적으로는 교육과정을 줄여서 16, 17세에 고등학교를 졸업하고 각자 직업교육 같은 걸 받는 것도 좋을 것 같아요. 그리고 유치원 같은 경우는 오히려 국가에서 빨리 의무교육을 하면 어떨까요? 만 3세부터 모든 아이들을 무상으로 보육시켜주는 거죠. 지금 아이를 안 낳겠다고 하는 이유 중 하나가 보육비가 많이 든다는 거거든요. 유치원부터 의무로 해서 16, 17세에 끝나게 하면 노동력 활용도 훨씬 더 좋아지지 않을까 그런 생각도 들어요.

문재인　　학제를 손볼 필요는 있다고 봐요. 그런데 학제를 손보는 것이 현실적으로 어려운 이유가, 입학년도를 앞당기면 원래 초등학교 1학년과 앞당겨져서 입학하는 아이들이 한꺼번에 하게 되는 거거든요. 이게 연쇄적으로 대학까지 가는 것이기 때문에 우선 그런 상황을 감당할 수 있는 시설 같은 게 여의치 않은 거죠. 여기에 학제 개편의 현실적인 어려움이 있는데 나중에 대학 졸업할 때도 한꺼번에 쏟아져 나오니까 취업도 문제가 되고요. 그래도 내가 생각할 때는 1년 정도의 초등학교 조기입학

문재인의 생각

정도는 가능하지 않을까 싶어요. 우선 1년 정도 초등학교 입학만 앞당겨도 유치원 단계까지의 비용이 적어도 1년은 줄어들게 되고, 1년 먼저 사회 배출이 되니까 그만큼 직장생활도 이르게 할 수 있고 심지어 결혼 연령도 앞당길 수 있는 거고요.

우리 학제가 3월에 시작하는 학제인데 외국식으로 9월 학제로 바꾸면서 1년을 앞당기면 6개월 정도의 기간이 생기거든요. 이것을 우리가 잠시 동안만 감당해내면 할 수 있지 않을까 싶기도 해요. 그게 제일 현실적인 방법 같고, 그러기에 앞서 보육이나 유치원 단계는 우선 국공립을 늘려야 되는 거죠. 지금은 아동 기준으로 하면 국공립 비율이 10%도 채 안 돼요. 제가 40%까지 늘리겠다고 공약을 했거든요. 외국은 국공립 비율이 훨씬 더 높은데 우리는 의료나 유치원, 보육에 대해서 국공립 비율이 너무 낮아요. 그런데 여기에서 이해관계의 충돌이 생기거든요.

우선 민간 어린이집을 비롯한 민간 보육이나 유치원 시설들이 안 그래도 출산율 저하 때문에 아이들이 줄어드니까 다들 운영이 어렵다고 하거든요. 국공립을 확 늘리겠다고 하면 민간 쪽의 반대에 직면하게 되죠. 이 부분은 늘리는 방법을 우선 기본적으로 하되 민간 어린이집이나 민간 유치원들이 들어가지 못하는 지역들의 공백을 메워주는 쪽에 1차로 하고, 둘째로는 경영이 어려워서 문을 닫거나 누군가 인수해주기 바라는 민간 보육 시설, 유치원들이 꽤 많이 있어요. 이런 곳을 국가가 인수하거나 공공형 사립 비율을 늘려나가면 민간 쪽에 그게 피해를 주지 않

문재인은 교육부 기능을 축소하되
백년지대계를 만들 '국가교육위원회'를 신설해
교육정책을 전담하도록 하겠다는 구상을 내놓기도 했다.

으면서 국공립을 늘릴 수 있는 방안이 될 거라고 봅니다.

이나미　　국가에서 어린이집에 보육비를 보조해주잖아요, 그래서 전업주부들인데 어린이집에 보내는 사람들도 있고요. 어떤 사람들은 '왜 우리한테 직접 보육비를 주지 않고, 보육시설에 줘서 어쩔 수 없이 보내게 만드느냐'고 얘기하는 사람들도 있고요.

문재인　　그 부분은 새로운 설계가 필요하다고 봅니다. 궁극적으로는 아동수당이라는 형태로 일원화시켜야 되지 않을까 싶거든요. 그래서 아동수당을 받아서 그 돈으로 아이들을 보육시설에 보내든지 또는 보육시설에 보내지 않고 부모가 직접 돌보든지 할 수 있게 하는 게 필요하다고 보고요.

그다음에, 아까 질문에서 고등학교만 졸업해도 충분히 독립할 수 있게 하는 방법은 제가 앞서 얘기한 블라인드 채용제 같은 것들이 있죠. 실력이 있으면 고등학교를 졸업해도 차별 없이 똑같은 출발선에 설 수 있게 해야죠. 또 이것도 앞에서 언급했는데, 단선화되어 있는 대학 입학 제도를 다양하게 열어놓는 거죠. 중소기업에 일정 기간 이상 근무한 것을 하나의 입학 자격으로 인정해서 대학에 입학하게 해주고, 그에 대해서는 국가가 장학금을 지원해주는 식의 제도를 만들다 보면 보다 많은 고졸자들이 그 방법을 선택할 수 있을 거고, 중소기업은 중소기업대로 구직난을 더는 방법이 되지 않을까 싶습니다.

양극화 문제와
노블리스 오블리주

이나미　이번에는 우리 사회의 빈부 격차 문제로 넘어가볼게요. 사실 미국도 지금 빈부 차이가 어마어마하게 크잖아요? 양극화 해소는 사실 불평등한 구조를 바꾸고 공정하고 정의로운 사회로 가기 위해서는 매우 중요한 문제라고 생각하는데, 어떤 사람들은 '무능력하고 게으른 사람들과 나눠야 한다는 것은 공산주의랑 다를 바 없다'고 공격적으로 말하기도 하죠.

문재인　자본주의가 가장 잘못 운용되고 있는 나라가 미국이잖아요. 우리가 자꾸 미국 모델을 따라가고 있는 게 우리 사회가 점점 양극화되어가는 큰 연유라고 봐요. 크게 보면 양극화 해소가 부자들의 이익을 결코 해치는 것이 아니에요. 젊은 사람들이 직장이 없으면 고령화 사회에 무슨 수로 어른을 공양합니까? 결국 젊은 사람들에게 보다 많은 일자리, 그냥 많은 게 아니라 질 좋은 일자리를 많이 제공해서 희망을 갖고 결혼도 하고 아이도 낳아야 나라가 유지되는 것이지 그냥 시장논리에만 다 맡겨서 완전히 경쟁사회로 가버리면 나라 전체가 망하는 거죠. 그러면 부자들도 따라서 망하는 거고요.

미국은 빌 게이츠라든지 투자의 귀재라는 워런 버핏 같은 사람들이 오히려 더 세금을 많이 내겠다고 하고, 사회 환원이나 기부를 엄청나게 많이 하거든요. 그런 양심적인 부자들이 있습니다. 기본적으로 서양은 그리스나 로마 시대 때부터 부자가 환원해야 된다, 사회에 투자해야 된다는 '노블레스 오블리주' 문화가 있었어요. 시오노 나나미의 『로마인 이야기』를 보면 장군들이나 황제가 콜로세움 같은 걸 만들어준다든지 공중목욕탕을 만들어준다든지 심지어 도로도 닦아주기도 하고 여러 가지 문화시설을 만들어주거든요. 그리고 전쟁이 나면 귀족의 자식들이 가장 먼저 전쟁터로 달려가서 오히려 더 많은 희생을 치르고요. 이런 것을 말하자면 부자들의 책임으로 여겼는데, 우리는 조선시대 때부터 양반은 세금도 안 내, 군대도 안 가, 병역도 안 해, 이런 식으로 각종 공적 의무에서 면제되고 특권만 받아왔던 식의 문화가 있어서 노블레스 오블리주라는 문화가 없는 거죠.

이나미　유교가 원래는 굉장히 공산주의적인 종교거든요. 실제로 아무리 돈이 많고 축재를 해도 99칸 이상의 한옥은 지을 수가 없었죠. 원래 유교정신에 의하자면 콩 하나라도 나눠 먹자는 게 사실은 사대부나 선비들의 생각이거든요. 과거에는 부자들이나 가진 자들이 절제하고 겸양이라는 게 있었지만 지금은 오히려 부를 과시하잖아요. 그건 잘못된 보수라고 생각해요. 진짜 보수라면 유교 전통을 제대로 배워야 되고 그러면 겸양이라든지 검소함이러든지 하는 것을 갖추어야 하는데 말이죠.

문재인   원래 보수라는 게 국가, 민족, 가족 공동체를 아주 중시하기 때문에 공동체를 위해서 자기가 헌신하고 희생하는 것을 아주 고귀한 덕목으로 여기는 것이거든요. 그런데 대한민국에서 보수의 주류로 행세해온 사람들은 어떻게든 군대 안 가고, 어떻게든 세금도 안 내고, 공적인 의무를 이행하지 않으면서 자기 이익을 위해서는 반칙을 하고 특권을 누리는 식으로 해왔던 거죠.

이나미   진짜 보수라기보다 가짜 보수죠.

문재인의 생각

변화와 희망을
향한 원칙

이나미　이제 거의 마무리를 지어야 할 시점일 것 같은데요, 끝내기 전에 제가 느꼈던 부분들을 중심으로 좀 이야기를 드려보고 싶어요. 제가 보기에 '문재인'은 정치인이라기보다는 선비나 공무원을 했으면 훨씬 더 편안하지 않았을까 하는 그런 생각이 들어요. 소위 정치적이라고 하는, 나쁘게 얘기하면 계산이나 꼼수, 흙탕물 같은 것들이 '문재인'에게는 너무 없다는 느낌이 들거든요. 사실은 그래서 오히려 더 앞으로 어떻게 버텨내실까 싶은 그런 마음도 들고요. 어떻게 생각하세요?

문재인　잘 버텨내고 있습니다. 그뿐만 아니라 얼마나 많이 바꾸어놓았습니까? 지금 우리 당을 보면 기적처럼 바꿔놓지 않았어요? 국민들은 정치가 달라지길 바랍니다. 그래서 여의도 정치 세계 내에서 하는 문법과 국민들이 바라보는 것하고는 달라요. 과거의 패권주의는 그런 거잖아요? 밀실에서 지분 나누고 공천도 나누고 당직도 나누고. 나는 그런 식의 행태에 따르지 않기 때문에 그건 패권주의라고 당당하게 말할 수 있는 것이고요. 그런 식으로 어려워도 원칙을 지켜나가니 얼마 안 되는 기간 동안 우리 당이 놀랄 만큼 달라진 거죠. 이번 대선을 통해서도 우리 정치판이 많이 달라질 겁니다. 지금 우리 당 경선 판을 보면 달라졌잖아요? 이제는 과거 구시대 정치하고는 많이 거리를 둬 왔던 새로운 정치를 지향하는 사람들끼리 경쟁하게 됐다고 봅니다.

이나미　혹시 진짜로 더 하시고 싶은 이야기나 그런 게 있으신가요?

문재인　저는 이 대담을 하면서 사실은 심리학자가 보는 정치, 그런 부분들이 궁금했어요. 사회심리학적으로 우리 정치가 갖고 있는 집단의식 같은 그런 부분들 있잖아요.

이나미　그 부분에 대해서 제가 지금 몇 가지 이야기를 해볼게요. 우리 정치의 문제가 여러 가지가 있는데 그중 하나가 너무 특정 개인에 대한 우상화 혹은 기대치가 너무 높다는 점이예요. 마치 대통령이 전부 다 할 것처럼 처음에 생각하는 거죠. 그것도 확정 편향의 심리로 자기가 좋아하는 사람, 싫어하는 사람 이렇게 나누는 문제가 있죠.

문재인　모순된 요구가 있죠. 제왕적 대통령을 하면 안 된다고 민주적 리더십을 요구하면서 다른 한편으로는 대통령이 마치 전지전능하게 모든 문제를 다 척척 해결해주는 것으로 보는 게 있죠.

이나미　그리고 국가에 대한 기대치가 너무 높아요. 마치 어머니한테 기대는 심리와 비슷하죠. 우리나라가 모성 콤플렉스가 비교적 강한 국가예요. 국가가 마치 어머니처럼 우리한테 복지도 해주고 안보도 해주고 경제도 해결해주고 요람에서 무덤까지 다 해주는 것을 기대해요. 그런데 현실적으로는 별로 못 받아요. 그 괴리가 굉장히 크기 때문에 '헬조선'이라는 얘기가 나오거든요. 저는 미국 같은 경우는 우리보다 복지가 좋다고 생각 안 하거든요?

문재인　미국은 복지가 우리보다 낫습니다. 건강보험 하나만 우리보다 못하지 나머지 복지는 우리보다 훨씬 낫습니다.

이나미　물론 좋은 면도 있지만 빈부 차이가 워낙 크기 때문에 홈리스들이 정말 어마어마하게 많잖아요. 흑인, 히스패닉, 이주자들 이런 사람들처럼 통계에 잡히지 않는 복지 사각지대에 있는 사람들이 너무 많아요. 그런데 문제는 그쪽은 모성 콤플렉스가 우리보다 강하지 않아서 애초에 국가에 기대를 잘 안 해요. 관심도 없고. 그래서 못 사는 사람들은 정치에 별로 관심이 없어요. 그런데 우리나라는 대통령이나 정치에 대해서 관심이 많은 편이어서 정부가 다 해결해줄 것처럼 기대하거든요. 그래서 레임덕이 다른 나라보다 빨리 오는 게 아닐까 싶어요. 3~4년이 아니라 1년만 지나면 여기저기 아우성치고 그러면서 대통령이 힘을 못 써요.

그래서 만약에 대통령이 되신다 해도, 그다음이 저는 더 걱정이에요. 지금은 어떻게 보면 사람들 마음들이 팽창되어 있어요. 국민들이 '우리가 뭔가 바꿀 수 있다, 이제 새 세상이 열릴 것이다, 완전히 새로운 대한민국이 열릴 것이다' 이렇게 부푼 기대를 하고 있잖아요. 1년이 지나면 그 기대가 아우성이 될 수도 있어요. 1년 만에 어떻게 완전히 바꾸겠어요? 이미 앞서 얘기하셨던 대로, 5년도 짧아요. 제가 볼 때 10분의 1도 못 바꿀 거예요. 그런데 기대치가 높고 모성 콤플렉스에 사로잡혀 있기 때문에 네거티브한 게 다 대통령이나 소수 몇 사람한테 돌아갈 수 있어요. 그게 자꾸 되풀이되다가 정치 혐오, 냉소, 무기력증에 빠질 수 있는 거고요.

문재인 그런 게 두려운 일이기도 하죠. 적폐 청산, 새로운 대한민국 건설이라는 게 만만한 일입니까? 게다가 이번에는 탄핵이라는 혼란스러운 정국 속에서 조기 대선에다가 인수위라는 과정이 없어서 준비할 수 있는 기간도 없는 거예요. 더더욱 어려운 상황에서 적폐 청산, 새로운 대한민국이라는 중차대한 과제를 해나가야 하는 거죠. 두려울 수 있는 일이긴 해도, 나는 앞서도 얘기했듯이 국민들 손을 꼭 붙잡고 가는 노력들을 할 거예요.

문재인의 생각

그러면 국민들이 충분히, 우리가 그런 것에 대한 의식은 높기 때문에 충분히 이해하리라고 봅니다.

이나미　　물론 의식이 높은 국민도 있지만 그렇지 않은 국민들도 많거든요. 제가 볼 때 '문재인'은 내향사고형인 분이세요. 외향인 사람은 외부 환경에 대한 정치적인 촉이라고 할까요, 그런 게 발달된 사람이고, 내향인 사람은 외부와 상관없이 자신의 원칙이나 가치관이 훨씬 더 앞서 있는 거죠. 다른 사람의 시선에 의해서라기보다 자신이 정의롭다고 생각해야 밀고 나갈 수 있는 그런 사람들이 내향형인 경우가 많아요. 그리고 감정형의 사람은 감정에 호소하는 이야기들을 툭툭 던져요. 그래서 이론적으로는 틀린 말인데 상대방을 움직일 수 있는 사람이기도 해요. 반면 사고형인 사람은 분명히 맞는 얘기를 하는데도 사람들은, 특히 감정형이나 직관형이 사람들은 조금 듣고 있다가 "그래서, 좋다는 거야? 나쁘다는 거야?" 이렇게 얘기가 나오거든요. 그런데 제가 볼 때 우리나라 국민들은 사고형이 소수예요. 그리고 감정형, 외향형이 다수예요. 그래서 쏠려나니기노 하고, 박근혜 대통령이 불쌍하고 애틋해서 뽑아줬다고 이런 얘기도 나오는 거죠.

문재인　　저는 약간 생각이 다른 부분도 있는데, 어쨌든 내가 징지토 틀어온 섯은 뭐가 되기 위해서가 아니라 정치를 바꾸기

위해서였고, 그래서 바꿔내지 못하면 나의 한계를 인정해야 할 수 있겠죠. 그래도 노력이 계속되면 될 거라고 생각하고, 그래서 가치나 원칙을 지켜나가는 것이 대단히 중요하다고 생각하고요. 당장의 대통령직을 위해 원칙이나 가치를 버리거나 굽히고 나가면 그것이 무슨 소용이 있겠습니까? 그래도 저는 국민들 전체적으로 인식이 많이 높아졌다고 생각하기 때문에 잘될 거라고 생각합니다. 그렇게 믿고 있습니다.

노무현 대통령에 비하면 지금의 문재인은 훨씬 덜 외롭게 시작하는 것이라는 생각도 든다. 노무현 대통령은 시작부터 지지율도 문재인보다 낮았고, 이미 그전 김대중 정부를 겪으면서 진보에 대한 회의 같은 게 생긴 상황이기도 했다. 그래서 끝까지 외로웠던 사람이 아닐까 싶기도 하다. 한편으로는 그래서 더 걱정이 되기도 한다. 노무현은 잃을 것이 없었던 상황이고, 문재인은 그렇지 않기 때문이다. 또한 외향형인 노무현은 저돌적인 면모가 있었던 것에 비해 문재인은 한 발자국 물러서서 생각하는 스타일에 가깝다. 물론 이 점은 약점일 수 있지만, 때로는 장점이 될 수도 있을 것이다. 지금은 시대상황이 노무현 대통령 때와는 또 다르니 말이다. 그때는 감성에 호소하는 것이 국민 정서와 맞았다면, 지금은 감성에만 호소해서는 설득되지 못할 수도 있다. 그만큼 세상살이가 더 복잡해지고 힘들어졌기 때문이다. 논리적이고 합리적으로 사고하는 문재인이 부디 지금 시대에 성공하는 리더가 될 수 있기를 기대해본다.

4부

문재인에게 보내는 고언

성공하는 리더가 되기를 바라며

그는 선한 사람이다

문재인을 가까이서 오랫동안 본 사람들은 누구나 그가 뼛속 깊이 진실하고 선하다고 말한다. 약속은 쉽게 하지 않아 답답하지만 한 번 한다고 약속을 하면 꼭 그 약속을 지키는 사람이라고 입을 모은다. 마음에도 없는 아부를 하거나 선의의 거짓말로 적당히 둘러대는 법도 없다. 자신의 이익을 위해 남을 해치려는 모략을 구사하지도 못한다. 일종의 결벽증처럼, 비열하거나 치사한 짓은 절대 할 수 없다. 본인이 스스로에 대해 생각하는 자아 정체성에 어긋나기 때문이다. 악한 행동을 한다면 그것은 인간 문재인이 아니라고 생각하는 것이다. 그만큼 선한 사람이라는 이야기다.

그러나 역설적으로 이런 선한 성품이 때로는 본인과 주변을 힘들게 할 때도 없지 않다. 책략을 쓰지 않으니 일을 추진할 때 시간이 오래 걸리거나 비효율적으로 보일 수 있다. 영혼 없는 외교적인 수사나 마음에도 없는 칭찬을 하시 않으니 주변 사람들은 칭찬에 인색하고 거만하다고 오해할 수 있다. 특히 선악에 대한 개념이 상대적으로 느슨해서 자신이 죄를 짓는 것에 대해 별다른 죄의식이나 문제의식이 없는 사람들은 이런 문재인을 매우 싫어할 수 있다. 보통 혼자서는 차마 하지 못하는 나쁜 짓도 여럿이 어울리면 하는 것이 집단 심리이기 때문에 동조하지 않는 사람들에게 "혼자 착한 척 한다"거나 "위선이다"라거나 "의리가 없다"라는 식으로 비난을 한다. 누군가 착하게 살려고 할수록, 본인들의 어두운 무언가가 더 부각되기 때문에 기분이 더욱 불쾌해지는 것이다. 그동안 문재인이 공격받았던 이유 중 하나일 것이다.

개인으로서의 문재인이라면, 자신의 도덕적 기준에 못 미치는 사람들은 아예 상대하지 않고 만나지 않으면 그만이다. 하지만 정치인으로서의 문재인은 이런 저런 잔머리를 굴리거나 편법을 쓰는 이들과 거의 매일 만나고 씨름해야 한다는 문제가 생긴다. 정치인은 개인으로 만나면 괜찮은 사람들이지만 정당의 속성 때문에 때론 패거리 집단이 갖는 이런 저런 선하지 못한 상황에 처할 수 있다. 관료들 역시 위계질서와 관료주의의 폐해 때문에 자기도 모르게 선하지 못한 일들에 연루될 수가 있다.

뼛속 깊이 선한 사람이라면 이런 복잡한 상황에서 그 개인이 처한 미묘한 맥락보다는 일단 불의에 분노하고 악한 사람들을 응징하고픈 의지부터 앞서기도 한다. 정치인 문재인이 본인의 흠결 없는 생애 때문에 사람을 '선한 사람'과 '나쁜 사람'으로 나누게 되는 역동이다. 물론 불의에 분노할 수 있어야 보다 정의로운 세상을 실현시킨다는 큰

문재인에게 보내는 고언

대의명제는 절대적으로 옳은 일이다.

하지만 문제는 세상 사람들은 완벽하게 그런 이분법으로 분류되지 않는다는 것이다. 분석심리학에서는 특히 사람의 마음속에는 선한 면만큼 악한 면이 내재되어 있다고 본다. 어떻게 교육받았고, 어떤 환경에 처했고, 본인의 의지가 얼마나 강하냐에 따라 때론 선한 사람이 될 수도 있고, 때론 악한 사람이 될 수도 있는 것이다. 보통 사람들의 무의식에 숨은 악한 본성이 상황에 따라 너무나 끔찍하게 활성화되는 것은 이미 미국의 심리학자인 필립 짐바르도 교수의 유명한 '스탠퍼드 교도소 실험'[1]같은 여러 실험 심리학에서도 이미 입증된 바 있다. 만약 문재인이 특정 사람들, 특정 집단들을 단순하게 '악한 사람들'이라는 딱지를 붙인다면, 사람의 심리를 너무 단순하게 파악하고 있다는 뜻이 된다.

흔히 죄는 미워하되 사람은 미워하지 말라는 상투적인 이야기들을 한다. 우리는 모두 태어날 때부터 원죄를 갖고 태어난 죄인이란 종교 교리도 있다. 문재인도 가톨릭 신자이지만, 가톨릭 신학에서는 범죄 의식이 없는 범죄 행위를 '질료적 죄'라고 하고, 죄의식을 가졌지만 외적으로 범죄행위를 뚜렷하게 저지르지 않으면 이를 '형상적 죄'

---

1 스탠퍼드 대학의 필립 짐바르도 교수가 1971년에 한 심리학 실험이다. 실험에 지원한 대학생 24명은 두 집단으로 나뉘어 각각 교도관 역과 죄수 역을 맡아 모의 감옥에서 지냈다. 그들은 시간이 지날수록 점점 자신의 역할에 빠져들어 교도관 역을 맡은 학생들이 죄수 역을 맡은 학생들에게 가하는 폭력이 심해지기 시작했고, 결국 2주로 예정된 실험은 6일 만에 끝나고 만다. 짐바르도 교수는 이를 '루시퍼 이펙트(Lucifer Effect)'라고 부르며, 수시로 변하는 환경이나 상황에서, 개인의 성격이 행동 예측이나 결정 요인이 될 수 없다고 했다.

라고 말한다. 지금 이렇게 글을 쓰고 있는 나 역시 살아가면서 셀 수 없는 많은 죄를 지을 수 있다는 얘기다. 이런 사실들을 강조하면 언뜻 적당히 넘어가고 용서하자, 라는 말로 들릴 수도 있다. 하지만, 누구나 마음 속 깊이 '악함'을 숨기고 있기 때문에 언제든 죄를 지을 수 있는 잠재적인 가능성이 있다는 사실을 부인한다면 현실에서 많은 어려움을 겪거나 오해를 사거나 심지어는 아주 좋은 사람으로 환골탈태 할 수 있는 사람들을 놓칠 수 있다.

문재인이란 한 개인의 이력을 보면 정말 그동안 한 점 부끄러움 없이 산 사람이다. 굳이 사람들을 착한 사람, 나쁜 사람으로 분류하려 들자면 그는 확실히 착한 사람이다. 그러나 정치인으로서의 문재인은 자신의 의지와 상관없이 철저하게 '결과적으로도' 선한 일만 했다고는 확신할 수 없다. 선한 의도로 시작한 많은 정치적인 선택이 본의 아니게 혹은 의도하지 않게 어떤 사람의 입장으로 보자면 나쁜 결과를 초래하는 경우의 수는 현실에서 매우 복잡하게 나타나기 때문이다. 누군가에게 선한 문재인이 위선자 문재인으로 공격받는 이유이기도 하다.

그렇다면, 적당히 악한 이들과 타협하고, 세상 누구라도 악한 사람이 될 수 있으니 굳이 선악을 구분하지 말라는 이야기인가? 그렇지는 않다. 철저하게 죄를 묻고 그 죗값을 치루는 사회만이 건강하고 안전한 시스템을 구축한다. 단기적으로는 적당히 넘어가면 포용적인 태도로 보일 수 있지만, 장기적으로 보다면 더 큰 죄를 불러오는 것일 수 있기 때문에 사회 전체를 큰 혼란에 빠트리는 것이 될 수 있다. 또한

문재인에게 보내는 고언

문재인을 가까이서 오랫동안 본 사람들은
그가 뼛속 깊이 진실하고 선하다고 말한다.
약속은 쉽게 하지 않아 답답하지만
한 번 한다고 약속을 하면
꼭 그 약속을 지키는 사람이라고 입을 모은다.
마음에도 없는 아부를 하거나
선의의 거짓말로 적당히 둘러대는 법도 없다.
자신의 이익을 위해 남을 해치려는
무력을 구사하지도 못한다.

그렇기 때문에 적당히 넘어가고 덮어주는 태도가 때로는 죄를 저지르는 당사자보다 훨씬 더 나쁜 영향을 끼칠 수 있다.

한편, 자신을 포함해서 모든 개인에게 악한 면이 있을 수 있다는 점을 인정하지만 그럼에도 시시비비를 가려야 하는 상황이라면 누군가로부터는 '과연 너는 그런 자격이 있느냐?'는 비난을 받을 수도 있다. 특히 법을 집행하는 정치인으로서는 자주 겪는 어려운 상황이다. 이런 딜레마에서 벗어날 수 있는 길은 어쩌면 매우 평범하고 단순하다. 즉 죄와 사람을 구별하는 것이다. 죄는 묻지만, 그 사람은 포기하지 않고 언제든 선한 쪽으로 갈 수 있도록 길을 열어주는 태도다. 어쩌면 사면, 감형 같은 제도들도 애초에 취지는 죄를 지었지만 반성하는 사람을 용서하자는 것이었을 터다. 좋은 제도들을 공정하게 집행하지 않는 바람에 엉뚱하게 이용되었을 뿐이다.

문재인은 선한 정치인이지만, 너무 엄격한 잣대로 추상같은 법 집행만 고집한다든가 혹은 세상을 선함과 악함의 이분법적으로 나눈다면 많은 사람과 자원을 잃어버리게 될 가능성도 없지 않다. 그래서 감히 주제넘은 처방전을 보내본다. 악한 '사람'에게 분노하지 말고, 악한 '행위'에게만 분노할 것을! 악한 사람처럼 보이더라도 끝까지 포기하지 말고, 용서를 진심으로 구하는 사람에게는 열린 태도로 포용해 자기 사람으로 만들 것을!

문재인에게 보내는 고언

그는 신중한 사람이다

한 번 하는 약속은 꼭 지키기 때문에 절대로 함부로 약속을 하지 않는다. 무언가를 빨리 빨리 결정하지 않는다. 여러 각도로 신중하게 검토해보기 때문이다. 촛불 집회 초기, 그가 재빨리 탄핵하라는 입장에 서지 않았기 때문에 공격을 받은 사실, 또 노무현 대통령이 서거했을 때 격렬하게 그 책임을 이명박 정부나 한나라당에 묻지 않고 점잖게 대응했던 사실 등등을 들며 고구마같이 답답하다고 하는 이들도 적지 않았다. 정치를 하라고 노무현 대통령을 포함해 많은 이들이 주변에서 아무리 권해도 꿈쩍도 하지 않았던 그가 환갑 즈음이 되어서야 겨우 초선의원이 된 것도 그의 신중한 성격 때문일 것이다. 어려서 삼국지연의 여러 번역본을 두루두루 열독하면서 때론 유비와 때론 공명과 때론 관우와 스스로를 동일시했던 사람이라면 사실 정치할 수 있는 기회가 왔을 때 그렇게 망설이지 않았을 수도 있다. 그러나 그의 신중한 성품이 끝까지 망설이게 만들었을 가능성이 있다.

이런 신중함은 어쩌면 대북관계 등 외교 부분에서 특히 과격하게 전쟁 불사를 외치는 사람들 눈에 답답함, 어리석음 같은 것으로 비칠 수도 있을 것이다. 그래서 더욱더 그가 안보와 군사를 아는 이들을 옆에 두고 중용하려 하는 것일 수 있겠다. 정치를 해보기는커녕 조직 하나 제대로 운영해본 경험이 없는 나의 눈에는 과감하게 의사결정을 내리는 이들이 참으로 대단하게 보인다. 어떻게 그 위험과 책임을 감수하면서 저렇게 용감하게 앞으로 나아갈까 하는 불안 때문이다.

저돌적으로 일을 추진하고 성공하는 이들은 대부분 자존감이 매우 높다. 그래서 혹시라도 일이 잘못되어 주변 사람들에게 비난을 들어도 그것 때문에 크게 상처받지 않고 또 다른 새로운 길을 모색해본다. 지금까지 문재인이 살아온 삶을 살펴보면 때론 멈춘 것처럼 보이기도 했지만, 쉼 없이 계속 앞으로 나아간 것은 틀림이 없다. 다만, 가벼운 일은 좀 가볍게, 무거운 일은 정말 무겁게, 구별하게 해주는 좋은 참모들을 옆에 두어 소중한 시간과 자원을 낭비하지는 않았으면 하는 바람은 갖게 된다.

문재인을 아는 사람들의 의견을 종합한 결과, 또 몇 번에 걸쳐서 직접 인터뷰하면서 그의 진지함과 신중함을 여러 측면에서 느낄 수 있었다. 미리 질문지를 주어 답을 기다려도 깊이 생각하기 때문에 꽤 시간이 흘러서야 겨우 만날 수 있었다. 어떤 질문도 허투루, 가볍게 여기지 않는다는 반증이다. 답안을 함께 보고, 토론할 수 있는 좋은 참모들이 순발력 있게 일을 처리하는 시스템이 아직 확립되지 않았으니, 아마 주변의 도움을 받는 것도 쉽지는 않을 것이다. 그러나 계속해서 좋은 인재들이 모이고 있으니, 혼자서만 너무 신중하게 모든 것을 다 일일이 결정하지는 않았으면 하는 생각도 든다.

그는 부지런한 사람이다

정상적으로 돌아간다면 청와대의 모든 비서진들은 모두 엄청나게 바쁘다. 특히 민정수석은 거의 24시간 새벽부터 밤중까지 극심한 격무에 시달린다. 문재인 역시 청와대에 근무하면서 이가 여러 개 빠질 정도로 일의 부담이 컸다. 하지만 그에게 과로는 일종의 습관이 된 지 오래다. 아내 김정숙의 말에 의하면 변호사가 된 이후, 집으로 사건 기록 등을 들고 들어와 거의 밤을 새다시피 한 날이 그렇지 않은 날보다 더 많았던 것으로 기억에 남아 있다. 무엇이든 완벽하고 더 철저하게 해야 직성이 풀리는 성품 때문일 것이다. 다른 사람들에게 일을 나누기보다는 직접 챙겨야 하는 성격 때문이기도 할 것이다.

그러나 이제 더 큰 정치의 그림을 그리고 있다면 실은 본인이 모든 것을 다 하는 부지런함보다는 좋은 인재들을 적재적소에 쓰고, 자신은 오히려 조금 느긋하게 혹은 그래서 더 신중하게 꼭 필요한 판단에 더 만전을 기해야 하지 않을까. 인간의 뇌는 조금 쉬어줘야 오히려 생산적이고 효율적으로 기능을 한다. 또 자신이 집중해서 하는 일과는 조금 다른 일을 할 때, 창의적인 생각이 번뜩 번뜩 떠오른다. 그리스의 철학자 아르키메데스가 목욕을 하다가 불현듯 물리 법칙이 생각나서 뛰쳐나왔다는 전설 같은 이야기, 파가니니가 꿈을 꾸다가 작곡의 영감을 얻었다는 일화, 벤젠이 잠을 자다가 벤젠기의 구조를 생각하게 되었다는 일화같이 쉬며 놀며 자나가 정말로 필요한 무언가를 얻을 수 있었다는 이야기들은 역사상 셀 수 없이 많다.

대통령뿐 아니라 다른 모든 큰 리더들 역시 그럴 것이다. 혼자 분주히 뛰면서 아무런 창조적인 아이디어가 없는 이보다는 아무것도 하지 않는 듯 보이지만 올바른 방향을 제시해주는 직관적이고 창의적인 리더가 실상 큰 조직에는 더 필요할 때가 많다. 미국 같은 선진국의 대통령이나 정치인들이 열심히 일하지만, 충분한 휴가를 갖는 이유일 것이다.

어찌 보면 지금까지 문재인이란 개인은 네팔이나 부탄 같은 나라에 갔을 때, 또 정치를 그만두고 양산에 내려갔을 때를 제외하고는 그야말로 일 중독자처럼 쉼 없이 달려온 사람이다. 워낙 어린 시절부터 지금까지 산동네에서 살면서 잘 닦은 체력이기에 특전사 훈련을 너끈히 해낸 것처럼 의욕과 투지를 배반하지 않아준 면은 감사한 일이 아닐 수 없다. 하지만 이제 60대 중반의 나이라는 점뿐 아니라, 만약 대통령이 되어 건강에 이상이 생긴다면 나라 전체가 흔들흔들 할 수도 있다는 사실을 잊지 말아야 할 것이다.

설령 모든 정치에서 은퇴하는 때가 오더라도, 지금까지 문재인이 살아온 궤적은 대통령이 되는 것과 상관없이 많은 사람들에게 사랑과 존경을 받을 만한 부분이 많다. 그런 만큼 정신뿐 아니라 몸도 아무쪼록 지금보다 더 소중하게 잘 보살펴야 하지 않을까. 일단 사랑받는 공인이 되면, 개인의 몸이 아니라 공적인 몸이 되는 것이다. 노무현 대통령이 자살했을 때, 많은 사람이 슬퍼했지만 또 적지 않은 사람이 분노했던 것도, 지금도 아프고 아쉬운 얘기이지만, 대통령의 몸은 국민들에게는 모두가 공유하는 공공 자산일 수 있기 때문이다. 노무현 대통령을 지켜주지 못해 죄의식을 가진 사람들일수록 아마도 문재인 같은 정치인을 또다시 만나기 힘들다는 사실 때문에 그가 자신의 몸을 더욱 소중하게 다루었으면 하고 바랄 것이다.

그는 단호한 사람이다

살면서 결정적일 때 문재인은 앞뒤를 재거나 자기 안일을 지키기 위해 내빼거나 했던 적은 없었다. 부모 대신 성당에서 구호 음식을 타와야 했던 어린 시절부터 몸에 밴 습관일 수 있다. 이 대담을 진행하는 중에, 어머니가 리어카로 연탄 배달을 할 때 동생은 기꺼이 했지만 자기는 툴툴거렸다고 이야기하는 눈에서 슬쩍 회한 같은 것을 읽었던 적이 있다. 어쩌면 어린 시절의 그런 추억이 그를 더욱 단호하고 용감하게 만들었을 수도 있지 않았을까 하는 생각도 했다. 굳이 정신분석학적 틀을 들먹이며 어린 시절의 죄의식이 더욱 한 사람의 초자아를 강하게 만들었다는 식의 상투적인 이론을 내세우고 싶지는 않다. 다만, 대부분의 성공한 사람들은 평범한 이들과 다르게 마음속에 품고 있는 금강석 같은 단단한 신념과 의지가 있는데, 그 재료는 어린 시절의 상처, 어려움, 후회 같은 것이라는 사실은 아무리 강조해도 지나치지 않는다고 생각한다. 어려운 집안에서 힘든 고난의 시간을 오랜 기간 겪은 문재인의 단호함은 그런 소중한 과정을 거쳐 형성되었기 때문에 더욱 가치 있는 품성이라고 본다.

다만, 그런 단호함은 때로 누군가에게는 '차가움'이나 '가차 없음' 혹은 '융통성 없음' 등으로 비칠 수 있다는 점 역시 부정할 수 없다. 한 공무원이 청와대에 방문했다가 인사한다고 들렀을 때, 반갑게 인사를 받다가 학교 후배라고 밝히는 순간 오히려 의자를 돌렸다는 일

문재인에게 보내는 고언

화를 들었다. 지연, 학연 등 사적인 인연과 공적인 업무를 철저하게 분리하겠다는 그의 의지가 읽히지만, 그 후에 동창들, 고향 사람들 사이에서 돌 수 있는 소문들, 악평들을 생각한다면 정치인으로서는 어쩌면 감점 요인이 아닌가 하는 시선도 있을 것 같다. 비겁한 타협주의, 기회주의, 원칙 없는 온정주의 같은 것을 비호하고 포용해야 한다고 주장하는 것은 아니지만, 때로는 자신의 소신이 과연 100퍼센트 옳은지에 대해서는 끊임없이 따져보고 되돌아봐야 할 점이 있지 않을까 싶다.

예를 들면 대기업의 적폐 청산도 자세히보자. 대기업이 그동안 벌어온 것에 비하면 그들이 우리 사회에 크게 기여하지 않은 것처럼 보일만한 이유들은 많다. 산재 노동자들에 대한 태도, 몇 조원의 재산이 있어도 재투자는 하지 않았다는 점, 오너 일가에서 모든 이익을 다 가져가고 정작 열심히 일하는 근로자들에게 떨어지는 건 쥐꼬리만 한 월급이라는 점 등등 대기업들이 지적받아야 할 점들은 하나둘이 아니다. 하지만 반대로, 대기업이었기 때문에 가능한 것들도 있었다. 선진국의 거대기업들과의 싸움에서 이길 수 있는 확률이 높은 건 대기업들이다. R&D 역시 마찬가지다. 중소기업이 투자할 수 있는 한계가 있는 것에 반해 대기업이 새로운 기술을 개발할 때 아무래도 유리한 부분이 많다. 실제로 2017년 1월 17일 미국의 경제전문지 《블룸버그마켓(Bloomberg markets)》은 한국이 전 세계에서 가장 기술혁신(innovation) 점수가 높은 국가라고 평가한 바 있다. 삼성, 현대, LG 등 기업들이 없었더면 가능하지 않은 일이었을 것이다. 만약 더불어민주당이 정권을 잡아도, 아기 목욕물을 버리려 하다가 아이마저 하수구에 버리는 일은 없기를, 빈대 잡으려다가 초가집 태워버리는 일은 없기를 바라게 된다. 단호하게 국가 대청소를 하려는 태도는 좋지만 디테일을 잘 보고, 쓸모 있는 것까지 쓸모없는 것과 함께 버리는 일은 없었으면 하고 바라는 국민들도 있다는 점을 기억해주길 바라는 마음이다.

문재인에게 보내는 고언

그는 희생적인 사람이다

대부분의 엘리트들은 조금씩은 다 이기적인 면이 있다. 특히 우리나라처럼 머리 좋은 자식을 특별대우하는 문화에서 공부 잘하고 똑똑한 자식들은 심부름은 물론 소소한 집안의 대소사 참여까지 면제받는 경우가 많다. 학교에서도 일단 공부를 매우 잘하면 선생님도 웬만한 일에는 눈감아주고, 심지어는 일진같이 폭력을 휘두르는 아이들마저도 잘 건드리지 않는다. 미국만 해도 공부 잘하고 운동 못하고 사회성 떨어지면 바보 취급 받지만, 우리나라는 다른 모든 것에 미련해도 일단 공부 잘하면 대접을 받는다. 선비들을 존경하고 우러러 보았던 과거 전통 탓도 있고, 공부 잘하는 것이 개인과 가문을 일으키는 가장 큰 동력이라는 지난 수십 년간의 경험 탓도 있을 것이다.

문재인의 경우도 어린 시절, 공부 잘하는 장남이었기 때문에 가난한 부모 형제에게 특별대우를 받았던 편이다. 자신 때문에 대학을 가지 못한 똑똑한 큰 누이에 대한 미안함은 문재인에게 조금은 특별한 마음의 흔적을 남긴 것으로 보인다. 일종의 부채의식이다. 환경 때문에 제대로 자신의 능력을 꽃 피우지 못하는 이른바 흙수저들에 대해 다른 정치인들보다 훨씬 더 공감하고, 불평등하고 불공정한 사회에 더 문제의식을 갖는 이유 중 하나일 수 있다. 그가 지금까지 열심히 살아온 이유도 자기를 위해 희생한 형제들에 대한 미안함도 있다. 돈을 벌자마자 아내에게 반, 나머지는 어머니와 형제들에게 나눠준 것이 그 증거다. 이해심 깊은 아내를 만나 아내와 부모 모두 화목하게 지금까지 살아온 것은 문재인이란 사람에게 큰 행운이 아닐 수 없다.

이런 희생정신은 사회에 나와서도 곳곳에서 엿볼 수 있다. 사회적인 비난을 감수하고 조선족 선원들을 변호한 것, 노무현 대통령 뒤에서 묵묵히 헌신한 점, 특히 업무에서 아랫사람들이 할 일까지 자신이 다 떠맡는 것에 대해 전혀 거리낌이 없는 점 등등에서 그의 희생정신을 엿볼 수 있다.

하지만 이런 희생정신은 때로 구원환상(Rescue Fantasy)에 빠져서 중립적으로 처리해야 할 때 자칫 감정적인 선택을 할 수도 있고, 자신의 능력 밖의 일까지 하다 오히려 결과가 더 좋지 않은 경우가 생길 수도 있다. 희생은 좋은 덕성이지만, 올바른 방향으로 제대로 펼쳐야 그 결과까지 좋다. 희생할 가치가 없는 일에 지나치게 몰입하다가는 정작 정말로 희생해야 할 때는 지쳐서 아무 일도 할 수 없을 때도 있기 때문이다.

사심이 없기 때문에 어쩌면 철저한 계산마저 하지 않고 감성적인 태도로 작은 일들에 희생을 하면서 큰일은 망치지 않도록 하는 것, 어쩌면 희생하고자 하는 마음을 오히려 붙잡아서 에너지를 아껴야 하는 것이 필요할 터다. 그런 점이 그에게는 더 힘든 과제일 수도 있을 것 같다.

문재인에게 보내는 고언

그는 의로운 사람이다

문재인은 그동안 별다른 인맥도 없이 거의 외로운 독립군처럼 정치를 해온 사람이다. 결벽증이 심해서 별다른 정치 자금도 받지 않았다. 30평짜리 연립주택에 사는 평범한 가장이며, 때로는 혼자 즉석밥을 데워 먹기도 하는 그런 사람이 대통령 후보로 나선 것이다.

지지율이 높아지면서 자발적으로 그의 캠프에 모여들어 대가 없는 무보수 봉사를 하는 인재들이 많아 졌지만, 노무현 대통령이 죽은 후, 대선에서 진 후, 당 대표가 되어 언론의 집중 포화를 받았을 때 같은 경우, 끝까지 그의 곁을 지킨 정치인들은 많지 않았다. 다들 먹고 살아야 하는데, 돈도 풀지 않고 앞날도 확실하지 않고, 세력도 별로 크지 않은 과거의 정치인을 쫓아다닐 필요가 없다고 느꼈을 수도 있다. 한편으로는 2012년 대선기간에 정말 열심히 보수도 받지 않고 문재인 후보를 도와줬는데 아무런 보상도 받지 못했으니 허무하고 서운했을 수도 있다.

문재인에게는 그런 상황에서도 그의 곁을 끝까지 지키고 있는 의리 있는 사람들이 그래서 더욱 소중할 수 있다. 그 사람들이야말로 사리사욕 없이 오로지 문재인이라는 한 개인만 믿고 따라주었으니 정말로 신뢰할 만한 이들이라고 생각할 수 있다. 일정 부분, 그런 판단이 꼭 틀린 것은 아니다.

그러나 과거의 예를 보면, 어려운 시절 자신의 곁을 준 사람들에 대한 무한 신뢰가 오히려 정치인에게는 큰 독이 된 경우도 꽤 많았다. 이른바 박근혜 최순실 게이트의 문고리 삼인방 같은 경우뿐 아니라 과거 정권의 비선 실세들은 모두 정치인들이 어려운 시절 끝까지 함께한 사람들이 대부분이었다.

그들이 윤리적으로 처음부터 문제가 있었을 수도 있지만, 그렇지 않더라도 이후에 부패의 고리로 들어서게 되는 이유에는 몇 가지가 있다. 우선은 오랫동안 어려움을 겪으며 살았던 것에 대한 보상심리 때문이다. 내가 이렇게 힘들게 이 사람을 챙겨줬으니, 그만큼 나는 특별대우를 받아야 된다는 생각이 발동할 수 있다. 거꾸로 그들에 대한 고마움과 신뢰로 권력을 잡은 이후 더 많은 권력을 그들에게 주게 될 수가 있다. 또 양 쪽이 다 조심한다 해도, 기가 막히게 힘의 흐름에 민감한 사람들이 주변을 에워싸며 각종 이권에 개입하도록 부추기고, 아부의 말로 부패의 고리에 동참시킬 수도 있다.

이런 유혹에 휘말리지 않기 위해서는 자존감이 아주 강해야 할 것이며 주변 사람들의 감언이설에 흔들리지 않는 확고한 신념이 있어야 할 것이다. 또 만에 하나 불순한 일이 일어난다면 리더는 과거의 인연이 얼마나 깊은지에 상관없이 단호하게 쳐낸다는 원칙도 있어야 할 것이다.

크고 선한 눈의 문재인에게 그런 냉철함과 단호함이 과연 있을지 의심하는 사람들도 적지 않다. 그의 측근들이 알아서 아주 철저하게 최순실이나 김기춘 같은 전철을 밟지 않도록 조심에 또 조심을 해야 할 것이지만, 문재인 자신도 점검하고 또 점검해야 할 것이다. 개인의

의리는 대의에 비하면 정말 아무것도 아니라는 사실을 아마 그도 잘
알고 있으리라 짐작해본다.

그는 약속을 지키는 사람이다

정책공약을 준비하면서 문재인은 참으로 많은 약속을 국민들에게 해왔고, 또 앞으로도 할 것으로 보인다. 하지만 아직 살림을 완전히 인수받지 못한 상황에서 이런 저런 계획들을 할 경우엔 실제로 실행되지 못할 일들이 널리게 될 수도 있다. 대선 후보들이 공약을 하는 것은, 마치 어떤 가게를 인수받는데 얼마나 숨은 빚이 많고, 얼마나 단골손님이 많은지 제대로 알지 못하는 상황에서 이것도 하고 싶고 저것도 하고 싶은 그런 심정과 실은 그리 크게 다르지 않을 것이다.

지난 10년간, 나라 살림뿐 아니라 경제는 참으로 왜곡되고 침체된 부분이 많다. 국민들의 사기와 자신감은 떨어져 있고, 정부에 대한 신뢰도는 바닥인데 새로운 정부에 대한 기대치는 한없이 높다. 이런 상황에서는 사실 대통령이 된 후가 더 문제일 수가 있다. 국가 재원은 한정되어 있는데, 해야 할 복지정책들은 태산이다. 법인세가 두려운 기업들은 새로운 투자를 두려워하고 곳간에 돈만 쌓아두려 하는데, 실업자들은 일자리가 없다고 아우성일 수 있다. 하지만 이미 선진국의 문턱에 들어가 힘들고 단순한 일자리들은 꺼려 하는 경우가 많아서 외국인 노동자들이 거의 다 담당하고 있는 상황이다.

물론 질 좋은 일자리를 모두 다 갖고 살면 좋겠지만, 정작 사회에서 꼭 필요한 직업은 단순하고 힘들고 위험한 일들이다. 비유를 하자면, 한 가정이 잘 돌아가려면 누군가는 걸레질을 하고 화장실 변기를 닦고, 더러운 쓰레기통을 버려주어야 한다. 한데 가족 모두가 다 파티의 주인공만 하려고 하고, 옷 차려 입고 백화점 외출하는 것만 좋아한다면 그 집안은 결국 파산하고 말 것이다.

나라도 마찬가지다. 애초에 대한국민 모두가 만족하는 일자리를 창출해낼 수 있는 지도자는 없다. 가난 역시 마찬가지다. 복지 수준이 높아지면서 오히려 근로 의욕이 떨어진 경우도 물론 있다. 개인적으로는 기초 수급비를 받아 외국여행을 갔다 온 후 큰 성취감을 느꼈다고 말하는 이를 직접 만난 적도 있다. 또 탈북 정착금을 받으면 대개는 일단 성형 수술을 하고 좋은 차를 탄다는 말도 직접 들은 적이 있다. 이런 경우를 일반화시켜서 국가의 지원을 받는 사람들이 모두 게으름을 부리며 엉뚱한 데 돈을 쓴다고 생각하는 것은 물론 옳지 않다.

하지만 주도면밀하게 나라 살림을 살펴볼 부분은 하나둘이 아니라고 생각한다. 그러다 보면, 애초에 내건 약속이 현실성이 없거나 문제점이 많다는 것을 발견할 가능성도 있다. 그럴 때, 나는 약속을 지키는 사람이라는 원칙에 사로잡혀 나라 살림이 거덜 나도 일단 실행해야겠다는 태도는 어리석은 것이라 생각한다. 누구든 완벽하게 지킬 수 있는 약속만 하고 살겠는가. 특히 표를 구걸해야 하는 정치인들은 원래 그런 줄 유권자라면 어느 정도 알고 있고 느껴온 바다. 그러니 지키지 못할 약속이 있다면 오히려 솔직하게 자신이 잘못 추측한 바를 인정하고 보다 현실성 있는 새로운 계획을 국민들과 함께 만들어갔으면 하는 주문을 마지막으로 해본다.

그는 "어찌 되든 국민 속은 꼭 집고 사셨나"라고, "현실적으로 어려

지난 10년간 나라 살림뿐 아니라 경제는
왜곡되고 침체된 부분이 많다.
국민들의 사기와 자신감은 떨어졌고,
정부에 대한 신뢰도는 바닥인데
새로운 정부에 대한 기대치는 한없이 높다.
앞으로는 현실성 있는 새로운 희망을
국민들과 함께 만들어갔으면 하는 바람을 가져본다.

우면, 어려운 사정들을 충분히 설명하고 소통하면서 해결해나갈 것이다"라고 힘주어 말했기 때문에 그런 점은 그를 한번 믿어봐도 되지 않을까 생각한다.

혼자서는 할 수 없어도,
함께라면 할 수 있다

여러 자료와 면담을 종합해보자면, 일단 문재인은 융 심리학적 성격 유형으로 따져볼 때, 잠정적으로 내향적 사고형으로 판단이 된다. 융 심리학에서 내향형이란, 일반인들이 흔히 생각하듯 '사람들과 어울리기 싫어하고 혼자 있기 좋아한다'는 식의 '내성적인 성격'과는 다른 개념이다. 내향형은 다른 사람들의 가치관이나 시선보다는 자신의 내면적 원칙을 더 중요하게 생각하는 경향을 말한다. 좋게 작용하면 다른 사람들의 평가에 크게 괘념치 않아 추진력이 있고, 나쁘게 작용하면 때론 지나치게 자기 길만 가서 다른 사람들을 불편하게 할 수가 있다. 여러 번 정치를 하라는 권유를 주변에서 해도 끝까지 버틴 이유 중 하나가 아닐까 짐작해본다.

이런 내향형인 동시에 사고형 인물들은 때론 즉각적으로 상대방의 감정이나 상황 변화의 맥락을 섬세하게 읽지 못해 주변 사람들을 당황하게 만드는 면이 있다. 문재인이란 사람에게 고구마 이미지를 갖다대는 이유일 수 있다. 또 감정적으로 사안을 접근하는 사람들과는 대화가 서로 잘 통하지 않아 매우 답답할 수도 있다. 자신의 느낌이나 직관대로 판단부터 앞서고 논리적으로 그 이유를 설명하지 못하고 무조건 좋다, 나쁘다 이야기하는 사람들과는 평화롭게 지내지 못할 가능성이 많다. 논리적인 사고를 하지 않고 감정적 판단이 앞서는 박근혜 대통령이 아마도 문재인과는 정반대형 성격으로 보인다. 물론 사람을 직접 꽤 오랜 시간 만나보지 않고 성격을 판단하는 것은 매우 위험한 일이다. 언론에 비치는 모습도 정치인들은 특히 대부분 왜곡되거나 과장되는 경우가 많아서 심리학을 하는 사람이라고 함부로 어떤 사람에 대해 판단하고 평가하는 것은 윤리적으로도 옳지 않다.

그럼에도 불구하고 감히 문재인이란 정치인을 검증하겠다고 몇 번에 걸쳐 면담을 하고, 자료를 찾아본 것은 이명박, 박근혜 정부에서 겪은 통절한 실망감과 분노 때문이었다. 윤리, 양심, 자기반성, 수치심 같은 인간으로서의 기본적인 소양이 없는 이들이 정치 지도자가 되었을 때 국가가 어떻게 망가지고 국민이 어떻게 불행하게 되는지 뼈저리게 본 탓에, 또다시 그런 실수를 되풀이하고 싶지는 않다는 뜻에서 제일 지지율이 높은 문재인을 평범한 국민의 눈으로 검증해보겠다는 생각을 감히 해본 것이다. 다행히 그런 제안에 대해 그는 거부감 없이 아주 솔직하게, 별다른 수사나 포장 없이, 있는 그대로 자신을 드러내 보였다. 그런 점이 정치인에 대해 내가 갖고 있던 기존의 편견과는 꽤 많이 달랐다.

박근혜 대통령에 대해 박사모가 보이는 아낌없는 애정과 어떤 사안에도 흔들리지 않는 완벽한 신뢰를 나는 정치인에게서 느낀 적은 없다. 나 자신도 완전하지 못하고 여러 가지 실수나 잘못을 많이 하는 사람이다. 그와 마찬가지로, 역대의 대통령들 모두 따지고 보면 평범한 사람들에 비해 현격하게 차이가 나는 성인군자일 수는 없다고 생각한다. 진심으로 우리가 존경할 사람은 대통령 같은 정치인보다는 사심 없이 제자들을 키우는 학자나 어려운 이들을 위해 헌신하는 종교 지도자일 수도 있다. 이제 상식적인 한국인들은 이승만이나 박정희 시대처럼 종교 지도자 같은 카리스마나 우상화된 이미지를 정치인에게 요구하지 않는다. 여러 번의 시행착오 끝에 대통령을 포함해 대부분의 정치인들이 강고한 권력 콤플렉스에 사로잡혀 해로운 악수를 둘 수도 있다는 사실을 알게 된 것이다.

그래서 만약 문재인이 대통령이 된다 해도, 그가 개인적인 어떠한 흠결도 없이 완벽하게 모든 국민들을 행복하게 해줄 것이라는 기대를 하는 이들도 실은 그리 많지 않을 것이다. 그 역시 적지 않은 실망과 좌절을 국민들에게 안겨줄 수 있고, '혹시나 했는데 역시'라는 냉소적인 말들을 들을 수도 있다. 많은 이들을 불안하게 할 언행을 하지 않으리라는 법도 없다. 그래서 정치인을 뽑는 일은 사실 최선을 뽑는 것이 아니라 차악을 뽑는다는 말이 맞는 것도 같다. 문재인에게도 몇몇 단점이 있을 것이다. 나는 그가 자신이 그런 약점이 있다는 사실을 볼 수 있고, 그것에 대해 인정하고, 또 고치려고 노력할 수 있는 사람인지, 그래서 앞으로의 희망을 걸어볼 수 있는 사람인지 파악해보고 싶었다.

문재인은 자신의 약점이나 공격받아온 맹점들에 대해 경청하려는 태도를 갖고 있었고, 수용할 부분은 수용하면서 자신의 의견을 차근히 설명하려고 했다. 정치 경험도 없는 문외한인 내가 생각 없이 던지는 질문에도 겸허한 태도로 진중하게 생각하는 모습이었다. 말을 하면서 더 좋은 생각이 나면 취합하고 추가하기도 했다. 그럼 되었다. 믿을 만하다는 생각이 들게 하는 열린 태도였다.

구중궁궐 같은 청와대를 들어가면 또 사람이 어떻게 변할지 모른다는 걱정은 물론 있다. 노무현 대통령처럼 많은 세력들의 반대에 좌절하게 되지 말란 법도 없다. 김영삼 대통령처럼 크게 사심도 없고 윤리적으로도 큰 문제는 없지만 너무 순진하고 단순해서 나라를 위험한 지경으로 몰고 갈까 봐 걱정이라는 사람도 있다. 앞날을 예측할 수 있는 대단한 선구자의 능력이 내게는 없기 때문에 이 책이 문재인이란 사람에게 나라를 맡기면 절대로 좋은 일만 일어날 것이라는 주장을 할 수는 없다.

다만, 그는 적어도 미국의 트럼프나 필리핀의 로드리고 두테르데처럼 죄의식 없이 막말을 하며 폭력적인 방법으로 정치를 할 사람은 절대 아니다. 도론은커녕 사람 자체를 아예 만나지 않아 최순실 같은 이에게 절대적인 의존을 보였던 박근혜 대통령처럼 폐쇄적인 외톨이도 아니다. 환경과 복지에 대해 무지해 온 국토를 함부로 유린하고 가난한 이들을 무시했던 이명박 대통령처럼 특권의식에 젖은 이도 아니다. 무수히 많은 사람들을 고문하고 없애고 유폐시켰던 전두환 대통령 같은 폭력자도 아니다.

더욱 안심이 되는 것은 격식 없고 검소하면서도 유쾌해서 남편의 기분을 항상 유쾌하게 만들어주는 아내와, 아버지에게 격의 없는 쓴소리도 하고 자기 생각을 내세울 수 있을 만큼 세상 이치를 좀 아는 아들딸이 있다는 점, 그리고 도움받지 못할 줄 뻔히 알면서도 그의 결벽증에 가까운 윤리의식, 올바른 의리를 높이 사서 대가 없이 도와주는 좋은 친구나 선후배들이 많다는 점 등이다. 그가 권력의 극점에 올라가서 혹시라도 애초의 뜻과 다른 아주 이상한 방면으로 나아가더라도 얼마든지 조언을 해주어 잘못된 것을 바로잡을 수 있는 완충 시스템이 그에게는 있는 것 같아 다행이란 생각이 든다.

좋은 대통령을 만드는 것은 물론 정치하는 사람들의 자질이 제일 중요하지만, 그만큼 좋은 정치 환경, 성숙한 유권자의 올바른 정치활동도 시급하지 않을까.

문재인의 앞날을
생각한다

문재인이 대통령이 될지, 다시 야인으로 돌아갈지 알 수 없는 일이다. 하지만 사실 문재인이 앞으로 맞닥뜨릴 정말 어려운 과제는 오히려 그가 대통령이 된 다음에 일어날 수도 있다. 우선 이명박, 박근혜 정부 동안 사람들의 마음이 매우 피폐해지고 강퍅해졌기 때문에 정권이 바뀌면 그만큼 기대치가 높아질 것이다. 그렇기 때문에 그만큼 실망감도 클 수 있다. 정권은 바뀌었는데, 세상을 바꿀 것이라고 분명 큰소리를 쳤는데 "왜 여전히 나는 이렇게 불공평하고 부당한 대우를 받고 있느냐" 하고 아우성칠 국민들이 한둘이 아닐 것이다. 뭐든 빨리빨리 해치우려는 심리에 익숙해 있으니 정권이 바뀌고 일이 년도 되지 않아 "실망했다. 뭐가 달라졌냐!"라고 말할 사람들도 많을 것이다. 그런 실망감을 인내심 있게 잘 다루며 설득하기 위해서는 그야말로 어마어마한 노력을 해야 하는데, 대통령뿐 아니라 다른 정치인이나 관료들이 잘 따라주어 국민들의 상처받은 마음을 어루만져줄 수 있을지가 관건일 것이다.

두 번째로는 기본적으로 내향형이고 사실은 낯도 가렸던 문재인이라는 개인이 그의 일정을 관리해주는 몇 사람의 장막 안에 다시 갇히게 될 가능성이다. 박근혜가 문고리 삼인방과 최순실 등 몇 사람만 지근거리에 두고 다른 모든 사람과의 접촉을 꺼렸던 이유를 그래서 잘 들여다봐야 할 것이다.

박근혜 대통령은 깊은 상처가 많은 사람이다. 그래서 세상 사람들을 기본적으로 잘 믿지 않았다. 정말로 배신하지 않을 것 같다는 확신이 있는 사람만 사람으로 여겼지, 나머지 사람들은 하나의 수단이나 대상으로 여기면서 살았던 인물같이 보인다.

물론 문재인은 근본적으로 선한 환경에서 자랐고 고생도 많이 했기 때문에 박근혜와 그 시발점이 다르지만, 권력이라는 속성이 사람을 금방 고립시킬 가능성도 있다. 문재인은 특히 또 신뢰를 하는 대상에 대해서는 웬만하면 그 신뢰를 거두지 않고 끝까지 가는 성품이기 때문에 주변 사람들이 자신의 눈과 귀를 막아도 그것을 보지 못할 가능성도 전혀 배제할 수는 없다. '문재인이 대통령이 되면 제2의 박근혜가 될 것'이라고 일종의 마타도어[1]를 하는 정치인들의 말은 대부분 틀리지만, 그래서 경계를 해야 하는 이유다.

세 번째로는 인생의 전반부를 약자의 입장에서 아주 깊숙이 살았기 때문에 강자에 대한 막연한 거부감 혹은 의심이 있을 수 있다는 점이다. 물론 돈과 권력은 사람들을 망가뜨리기도 하고 비윤리적으로 만들기도 하지만, 모든 부자와 권력자가 비윤리적인 것은 아니다. 좋은 정치인들은 부자와 권력자들이 비윤리적인 행동을 하지 않도록 잘 유도하는 것이다. 부자에 대한 적개심과 분노는 이 땅에 자유 민주주의 정부가 수립된 이후, 어쩌면 최고조로 치닫고 있는 것 같다. 만델라가 대통령이 된 다음, 백인들을 내쫓을 수도 있었음에도 불구하고 모순과 빈부 차등 일정 부분 감수하면서 점진적인 개혁을 해나간 점은 참고할 만하다.

네 번째는 본인 자신의 강직함 때문에 육체나 정신 건강이 상하는 상황이다. 민정수석을 하면서 이가 다 빠져서 거의 모든 이를 임플란트 했다는 이야기, 지난 대선 이후 총선에서 같은 당 후보의 선거운동을 한다고 발톱이 다 빠졌다는 이야기도 있지 않은가. 본인이 책임감

---

1 근거 없는 사실을 조작해 상대편을 중상모략하거나 그 내부를 교란시키기 위해 하는 흑색선전의 의미로 정치권에서 널리 쓰이는 말이다. 마지막에 소의 정수리를 찔러 죽이는 투우사를 뜻하는 스페인어 Matador(마따도르)에서 유래한 것이다.

이 강하게 되면, 자기 몸은 돌보지 않고 주어진 과제에만 몰두하다 그만 건강을 잃게 될 수도 있다. 대통령에게 만약 그런 일이 있다면 그야말로 국가의 유고가 아닐 수 없다. 그러니 페이스를 잃지 말고 자기 몸을 잘 챙겨야 할 책임과 의무가 대통령에게는 있다.

정신건강 역시 마찬가지다. 오랫동안 인권변호사, 관료, 정치인 생활을 하면서 보통 사람에게는 없는 엄청난 맷집이 생기긴 했지만 대통령도 사람이다. 어느 지점을 넘으면 급격하게 우울증, 불안, 사회적 고립감 등에 빠질 수 있다. 노무현 대통령이나 김대중 대통령처럼 특히 자신에게 엄격한 사람이라면 더욱 그럴 수 있는 가능성이 많다. 오히려 전두환, 이명박, 박근혜 대통령들은 그런 정신질환에 걸릴 확률이 낮다. 문재인은 노무현이나 김대중에 가까운 사람이기 때문에 자신의 정신건강에 더 유념해야 할 것이다.

마지막으로 노무현 대통령 때 간접경험 한 바 있겠지만, 대통령이라는 자리는 무엇이든 할 것 같지만 사실은 혼자서는 아무것도 할 수 없는 자리일 수 있다는 점을 항상 잊지 말아야 할 것이다. 대통령에 당선된 다음부터는 개인이 아니라 시스템의 하나에 들어가는 것이다. 그런데 그 시스템이란 것이 매우 강고하고 비효율적이란 사실도 이미 다른 누구보다 잘 알고 있을 터다. 대통령이 된 다음부터는 파악할 수도 없고, 싸우기도 힘든 시스템과의 지리한 싸움이 될 것이다. 때로는 그래서 그 시스템을 만든 주범이 자신의 정적인 것처럼 생각해 박근혜 대통령이 블랙리스트를 만든 것처럼 거칠게 제거하고 싶은 마음이 들 수도 있다. 또 대중들에 대한 원망과 실망으로 좌절할 수도 있다. 하지만 대통령을 꼼짝 못하게 하는 시스템은 어떤 특정인이 만드는 것이 아니다. 인간이 만드는 어떤 종류의 시스템도 부정적인 작동을 언제든 하게 될 수 있다는 원형적인 진실일 뿐이다. 인간을 편리하게 하기 위해 만든 시스템이 반대로 인간을 억압할 수 있다는 아이러니는 시대와 공간을 초월해 얼마든지 관찰할 수 있다. 작은 조직도 언제든 파괴적으로 돌아가는데, 한 국가라는 거대한 조직은 오죽하겠는가. 대통령이 된 사람은 누구든, 자신의 역할이 그만큼 제한되고 보잘것없다는 사실을 항상 잊지 말아야 한다. 그런 가정 하에 정말로 내가 할 수 있는 최소한의 일은 무엇인지 다시 시작하면 오히려 주변 사람에게 많은 도움을 받을 수 있을 것이다.

그러기 위해서는 끊임없는 자기반성, 다른 사람들의 비난과 비판을 수용하는 열린 태도가 있어야 한다. 문재인이란 개인에게 그런 가능성을 보았기 때문에 여러 가지로 불안하고 미흡한 점이 있지만 이런 책을 썼다는 사실을 이 책을 읽는 독자든, 또 문재인이든 이해해주었으면 좋겠다. 정치에 대해서는 문외한이기 때문에 오히려 용감하게 이런 저런 글을 앞뒤 가리지 않고 쓰게 된 점 아무쪼록 넓은 아량으로 받아들여주길 바란다.

이나미

문재인이 말하고,
심리학자 이나미가 분석하다

운명에서 희망으로

초판 1쇄 발행 2017년 3월 23일
초판 5쇄 발행 2017년 5월 17일

지은이 이나미, 문재인
펴낸이 김선식

경영총괄 김은영
책임편집 한보라 **디자인** 이주연 **책임마케터** 최혜령, 이승민
콘텐츠개발팀장 한보라 **콘텐츠개발1팀** 봉선미, 임보윤, 이주연, 노희선
마케팅본부 이주화, 정명찬, 최혜령, 최하나, 최혜진, 김선욱, 이승민, 이수인, 김은지
전략기획팀 김상윤
경영관리팀 허대우, 권송이, 윤이경, 임해랑, 김재경
외부스태프 조판디자인 김연정

펴낸곳 다산북스 **출판등록** 2005년 12월 23일 제313-2005-00277호
주소 경기도 파주시 회동길 357 3층
전화 02-702-1724(기획편집) 02-6217-1726(마케팅) 02-704-1724(경영관리)
팩스 02-703-2219 **이메일** dasanbooks@dasanbooks.com
홈페이지 www.dasanbooks.com **블로그** blog.naver.com/dasan_books
종이 (주)한솔피엔에스 **출력·인쇄** (주)갑우문화사

ISBN 979-11-306-1171-6 (03300)

ⓒ 이나미, 문재인, 2017

다산북스(DASANBOOKS)는 독자 여러분의 책에 관한 아이디어와 원고 투고를 기쁜 마음으로 기다리고 있습니다.
책 출간을 원하는 아이디어가 있으신 분은 이메일 dasanbooks@dasanbooks.com 또는 다산북스 홈페이지 '투고원고'란
으로 간단한 개요와 취지, 연락처 등을 보내주세요. 머뭇거리지 말고 문을 두드리세요.